农村生态环境管理与实践

主　编　董旭辉

副主编　王亚男　陈　颖

中国环境出版集团·北京

图书在版编目（CIP）数据

农村生态环境管理与实践/董旭辉主编. —北京：中国环境出版集团，2019.9（2024.8 重印）
ISBN 978-7-5111-4062-3

Ⅰ. ①农… Ⅱ. ①董… Ⅲ. ①农村生态环境—环境管理—研究—中国 Ⅳ. ①F323.22

中国版本图书馆 CIP 数据核字（2019）第 168691 号

责任编辑 董蓓蓓
责任校对 任 丽
封面设计 艺友品牌

出版发行 中国环境出版集团
（100062 北京市东城区广渠门内大街 16 号）
网 址：http：//www.cesp.com.cn
电子邮箱：bjgl@cesp.com.cn
联系电话：010-67112765（编辑管理部）
010-67113412（第二分社）
发行热线：010-67125803，010-67113405（传真）
印 刷 北京中科印刷有限公司
经 销 各地新华书店
版 次 2019 年 9 月第 1 版
印 次 2024 年 8 月第 3 次印刷
开 本 787×1092 1/16
印 张 15.5
字 数 330 千字
定 价 75.00 元

前　言

实施乡村振兴战略，是以习近平同志为核心的党中央从党和国家全局出发、着眼于实现“两个一百年”奋斗目标、顺应亿万农民对美好生活的向往做出的重大决策。中国要强，农业必须强；中国要美，农村必须美；中国要富，农民必须富。近年来，在习近平生态文明思想的指引下，大力实施理论创新、实践创新、制度创新，加大农村环境综合治理力度，重点抓好污水垃圾处理、厕所革命、村容村貌提升，农村生态环境保护工作取得积极进展。

但是，总体来看，农村生态环境保护依然是“三农”工作和生态环境保护工作的短板。农村生态环境“脏乱差”现象依然较为普遍，农村生活污水垃圾等处理处置基础设施的建设仍然滞后，农业面源污染问题突出，可持续的污染治理模式尚未建立，适合我国“三农”特点的生态环境管理体制机制仍需探索。按照国家打好污染防治攻坚战的统一部署，农业农村污染治理攻坚战作为七大标志性战役之一，要确保到2020年明显见效。因此，加快建立农村生态环境管理体系和污染治理体系，成为当前生态环境保护工作的重要课题和历史使命。

本书立足史情、国情、民情，力求深入研究我国农业农村污染问题症结，以同为东亚小农型农业的日本为参照，在借鉴吸收国外经验的同时，探索我国乡村振兴战略下补齐农村生态环境短板的路径选择和具体举措。上篇梳理了我国农村生态环境管理的历程、污染治理的成效和环境管理现状，抓住城乡二元结构这一根本症结，剖析农村生态环境问题突出、工作滞后的主要原因。同时，深入研究日本在其社会经济发展历程中如何化解农业农村污染问题，更加客观地看待我国当前面临问题的必然性，提出适应我国“三农”特点、科学有效的生态环境管理体系建议。

下篇涵盖了农村人居环境整治、养殖业污染防治、种植业污染防治三大方面，总结了近年来各地农村环境综合整治和农业污染治理的实践经验，提炼了一些可复制、可推广的治理模式。借鉴国内外经验，形成农村生活污水垃圾治理、畜禽和水产养殖污染防治、农药化肥减施增效、秸秆农膜资源化利用等四大类技术集成，提出了农业农村主要生态环境问题的治理对策和措施，既是多年来全国各地经验做法的总结提升，也是课题组近年来在此领域深入研究的成果凝练。

本书是在国家水体污染控制与治理科技重大专项“农业面源污染控制治理技术集成与应用”、生态环境部“农业农村生态环境监管”项目、中日合作交流项目“环境友好型社会建设”等课题的支持下，由生态环境部环境发展中心联合全国10余家高校及科研院所，对全国农村生活污水治理现状和种植、畜禽及水产养殖三大农业面源污染防治现状开展系统调研，并对日本农业农村污染防治体系开展深入研究的基础上总结的成果。

全书共分6章，第1章“我国农村生态环境管理发展及现状”由吴娜伟、贾小梅编写；第2章“日本农村生态环境管理发展及现状”由贾小梅、董旭辉编写；第3章“探索建立乡村振兴战略下的农村生态环境管理体系”由王亚男、贾小梅编写；第4章“农村生活污染治理实践”由赵芳、陈颖编写；第5章“养殖业污染治理实践”由崔艳智、吴娜伟编写；第6章“种植业污染治理实践”由于奇、赵芳编写。全书由董旭辉、王亚男、陈颖统稿。

本书编著过程中，得到了中国农业科学院、农业农村部政策研究中心、农业农村部规划设计研究院、复旦大学、重庆大学、清华大学、河北科技大学、华中农业大学、常州大学、北京桑德环境工程有限公司、北方工程设计研究院有限公司等单位和科研院所的大力支持，在此表示深深的感谢！

本书编著过程中，得到了中日友好环境保护中心主任任勇的悉心指导，得到了生态环境部土壤生态环境司的大力支持，得到了中日合作交流项目“环境友好型社会建设”日本专家组组长染野宪治的友好协助，在此表示感谢！

本书旨在为农村生态环境管理领域的相关人员打好污染防治攻坚战提供支撑，同时，也为建立城乡融合的生态环境管理机制和政策体系提供决策参考，对加快推进农村环境综合整治和农业面源污染防治工作有重要参考价值。由于时间和水平有限，书中观点和内容尚不完善，疏漏之处在所难免。敬请各位专家同行和广大读者批评指正！

编写组

2019年7月

目 录

上篇 农村生态环境管理研究

第 1 章 我国农村生态环境管理发展及现状 3
1.1 我国农村生态环境管理发展历程 3
1.1.1 自然发展阶段（中华人民共和国成立—1998 年） 3
1.1.2 政策引导起步阶段（1999—2007 年） 5
1.1.3 局部治理探索阶段（2008—2017 年） 9
1.1.4 全面推动阶段（2018 年至今） 20
1.2 我国农村生态环境管理制度现状 21
1.2.1 农村生态环境保护法律法规 21
1.2.2 农村生态环境保护政策规划 27
1.2.3 农村生态环境保护标准规范 40
1.3 我国农村生态环境治理现状 42
1.3.1 农村人居环境治理初见成效 43
1.3.2 农业面源污染治理有序推进 43
1.3.3 农村生态环境管理机构及队伍建设尚处初期阶段 45
1.4 我国农村生态环境管理的主要挑战 45
1.4.1 农村地区环境基础设施严重不足 45
1.4.2 农业粗放式发展带来面源污染积重难返 47
1.4.3 农村社会结构变化增加环境管理难度 48
1.4.4 农村生态环境管理责任仍未充分落实 49
1.4.5 适应农村社会经济特点的环境监管机制亟待建立 50
1.4.6 便捷有效的农业农村污染治理模式严重欠缺 51
1.4.7 农村生态环境保护技术帮扶和宣传教育任重道远 52

第 2 章 日本农村生态环境管理发展及现状 54
2.1 日本环境管理发展历程 54
2.1.1 明治时代：城镇化起步阶段（1868—1920 年） 55
2.1.2 战前及“二战”时代：城镇化过渡阶段（1921—1945 年） 56
2.1.3 战后时代：城镇化加速发展阶段（1946 年至今） 57
2.2 日本农村生态环境管理制度现状 66
2.2.1 日本农村生活污水污染防治相关管理制度体系 66
2.2.2 日本农村生活垃圾管理政策 76
2.2.3 日本养殖业环境管理政策 81
2.2.4 日本种植业环境管理政策 84
2.2.5 日本农村生态环境管理的特征 85
2.3 中日农村生态环境管理对比研究 89
2.3.1 中日两国环境管理发展历程对比 89
2.3.2 中日两国社会经济背景对比 91
2.3.3 中日两国农村生态环境管理机构及机制对比 92
2.3.4 日本农村生态环境管理对我国的启示 93

第 3 章 探索建立乡村振兴战略下的农村生态环境管理体系 96
3.1 我国农村生态环境管理的战略定位 96
3.1.1 农村生态环境管理是乡村振兴战略的重要组成和抓手 96
3.1.2 农村生态环境管理是生态环境保护新的关键领域 97
3.1.3 农村生态环境管理是生态文明建设的显著标志 97
3.2 农村生态环境管理的重要原则 97
3.2.1 坚持环境管理与乡村振兴同步谋划、同步实施、同步推进 98
3.2.2 坚持山水林田湖草系统治理、统筹规划 98
3.2.3 坚持预防为主、资源化优先的综合利用 98
3.2.4 坚持因地制宜、循序渐进、协同发力 99
3.3 关于加强农村生态环境管理体系建设的构想 99
3.3.1 夯实各级政府和部门的农村生态环境保护责任 99
3.3.2 建立全面协调的农村生态环境管理政策体系 100
3.3.3 构建适应农村特点的环境监管体系 100
3.3.4 探索便捷有效的农村环境治理模式 101
3.3.5 完善农村环境教育和帮扶体系 102

3.4 我国农业农村生态环境管理的关键领域及污染治理对策……103
3.4.1 农业农村生态环境管理关键领域及目标任务……103
3.4.2 农村生活污水治理的对策建议……105
3.4.3 农村生活垃圾治理的对策建议……107
3.4.4 养殖业污染治理的对策建议……109
3.4.5 种植业污染治理的对策建议……111

下篇 农村生态环境管理实践

第 4 章 农村生活污染治理实践……119
4.1 我国农村生活污水治理实践……119
4.1.1 农村生活污水的产排污特征……120
4.1.2 农村生活污水治理技术模式……123
4.1.3 典型地区农村生活污水治理经验……135
4.2 农村生活垃圾治理实践……143
4.2.1 农村生活垃圾的产生特征……143
4.2.2 农村生活垃圾的收集处理模式……144
4.2.3 典型地区农村生活垃圾治理经验做法……145
4.3 农村环境综合整治项目推进经验……150
4.3.1 浙江省安吉县经验……151
4.3.2 四川省丹棱县经验……152
4.3.3 江苏省南通市通州区经验……154
4.3.4 小结……155

第 5 章 养殖业污染治理实践……156
5.1 我国养殖业污染来源及现状……156
5.1.1 畜禽养殖……156
5.1.2 水产养殖……166
5.2 国内外养殖业污染防治模式及典型案例……172
5.2.1 畜禽养殖污染防治模式及典型案例……172
5.2.2 水产养殖污染防治模式及典型案例……184

第 6 章　种植业污染治理实践 199
6.1　我国种植业污染来源及现状 199
6.1.1　化肥 200
6.1.2　农药 205
6.1.3　秸秆 209
6.1.4　农膜 211
6.2　国内外种植业污染防治模式及典型案例 214
6.2.1　化肥污染防治模式及典型案例 214
6.2.2　农药污染防治模式及典型案例 224
6.2.3　秸秆综合利用模式及典型案例 226
6.2.4　农膜污染防治模式及典型案例 231

参考文献 235

上篇

农村生态环境管理研究

◆ 第 1 章　我国农村生态环境管理发展及现状
◆ 第 2 章　日本农村生态环境管理发展及现状
◆ 第 3 章　探索建立乡村振兴战略下的农村生态环境管理体系

第 1 章　我国农村生态环境管理发展及现状

长期以来，我国生态环境保护发展总体滞后于经济发展，生态环境质量成为全面建成小康社会的“短板”，同时，农村生态环境管理发展又滞后于整个生态环境保护，成为“短板”中的“短板”。党的十八大以来，以习近平同志为核心的党中央把生态文明建设作为统筹推进“五位一体”总体布局和协调推进“四个全面”战略布局的重要内容，深化开展了一系列根本性、长远性、开创性工作，推动生态文明建设和生态环境保护从实践到认识发生了历史性、转折性、全局性变化。党的十九大明确提出实施乡村振兴战略，开启全面推进农村生态环境保护的新阶段。当前，我们亟须对农村生态环境管理发展历程及现状进行系统梳理，明确未来农村生态环境管理面临的主要挑战，以问题为导向加以针对性地解决。

1.1　我国农村生态环境管理发展历程

环境问题总是与经济发展相伴生，本书以中华人民共和国成立以来社会经济发展为脉络，按照不同时期农村环境问题及其管理政策的特征，通过分析与之密切相关的工业化、城镇化和社会经济发展状况，将我国农村生态环境管理的发展历程划分为四个阶段：第一阶段（中华人民共和国成立—1998 年），农村生态环境管理自然发展阶段；第二阶段（1999—2007 年），政策引导农村生态环境管理起步阶段；第三阶段（2008—2017 年），局部治理探索推进农村生态环境管理阶段；第四阶段（2018 年至今），全面推动综合施策阶段。

1.1.1　自然发展阶段（中华人民共和国成立—1998 年）

这一阶段，我国农业生产和农村生活基本延续着千百年来的生产生活方式，农村生态环境基本处于自然原始状态。中华人民共和国成立到 20 世纪 70 年代后期，在提高农业生产水平、解决温饱问题的主基调下，农村生态环境问题开始显现，但并没有得到重视。80—90 年代，随着乡镇经济的快速发展，农业生产生活污染和工业污染在农村地区集中爆发，农农村生态环境管理问题开始得到广泛关注。

中华人民共和国成立到 1978 年，我国农村生态环境保护工作总体特征表现为以水土保持和农业资源保护为主。这一阶段，在法律层面尚未有关于农村生态环境保护的相关规定，但在各种行政性法规和党的政策文件中已经出现农村生态环境保护的相关要求，主要内容为保障农业生产服务的水土保持和农业生态资源的保护行为，且较为分散，不成体系。

1979—1998 年，我国农村生态环境保护工作以乡镇企业污染控制为主，农业面源污染防治开始起步。20 世纪 80 年代农村经营制度和市场体制进行了一系列改革，国家鼓励农村地区发展非农产业活动和乡镇企业，农业农村实现了超常规的快速发展。因缺少环境规划和监管，乡镇企业的发展加速了农村生态环境的破坏。农业生产过程中化肥农药过量使用，导致农业面源污染也日渐凸显。这一阶段的农村生态环境保护工作重点围绕乡镇企业污染防治展开，国家层面已经意识到农村人居环境和农业生态环境是制约农业稳定、全面发展亟待解决的问题。这一阶段我国农村生态环境保护领域的主要政策具体见表 1-1。

表 1-1　1979—1998 年我国农村生态环境保护领域的相关政策

文件名称	发布时间	发布单位	主要内容
关于加强乡镇、街道企业环境管理的规定	1984 年	国务院	首次提出“生态农业”的概念，要求“坚决制止污染转嫁”
关于开展生态农业　加强农业生态环境保护工作的意见	1985 年	国务院环境保护委员会	要求推广生态农业
中华人民共和国环境保护法	1989 年	中华人民共和国主席令	首次将“加强农村环境保护”“合理使用农药、化肥等农业生产投入”写入法律文件，成为我国农村生态环境保护的重要法律依据
村庄和集镇规划建设管理条例	1993 年	国务院	要求建立村庄、集镇总体规划，“维护村容镇貌和环境卫生”“保护和改善生态环境，防治污染和其他公害，加强绿化和村容镇貌、环境卫生建设”
关于环境保护若干问题的决定	1996 年	国务院	明确加强乡镇企业环境管理

我国农村生态环境管理起步历时半个世纪，是由当时特殊的国情决定的。中华人民共和国成立之初，各领域百废待兴，大力发展经济、解决我国众多人口的温饱问题是政府首先要面对的主要问题之一，加之认识有限，以牺牲农业农村生态环境获取社会稳定和经济发展成为时代的选择。

1.1.2　政策引导起步阶段（1999—2007 年）

这一阶段，我国社会经济进入快速发展阶段，在农业产业结构发生改变、农村居民生活水平日渐提高的同时，农村的生态环境问题逐步显现。以 1999 年国家环境保护总局首次针对农村生态环境保护发布的专项文件——《关于加强农村环境保护工作的若干意见》为标志，政府开始通过一系列政策引导，推动农村生态环境保护工作。

1.1.2.1　经济进入高速增长期，乡镇企业行业快速扩张

随着 2001 年我国正式加入世界贸易组织，我国经济进入全面高速增长期。2003—2007 年连续 5 年的 GDP 以每年 10%以上的增幅上升。各年度国民经济和社会发展统计公报显示，经济增速稳步提高的同时，高耗能、高污染的重化工业得以快速扩张。1999—2007 年，第二产业在三产中的占比居高不下，其中最高时达到 53%；各年度重工业在工业中的占比呈现先上升后平缓降低的趋势，2004 年重工业对经济的贡献达到最高，重工业生产总值占工业生产总值的 68%，具体见图 1-1。

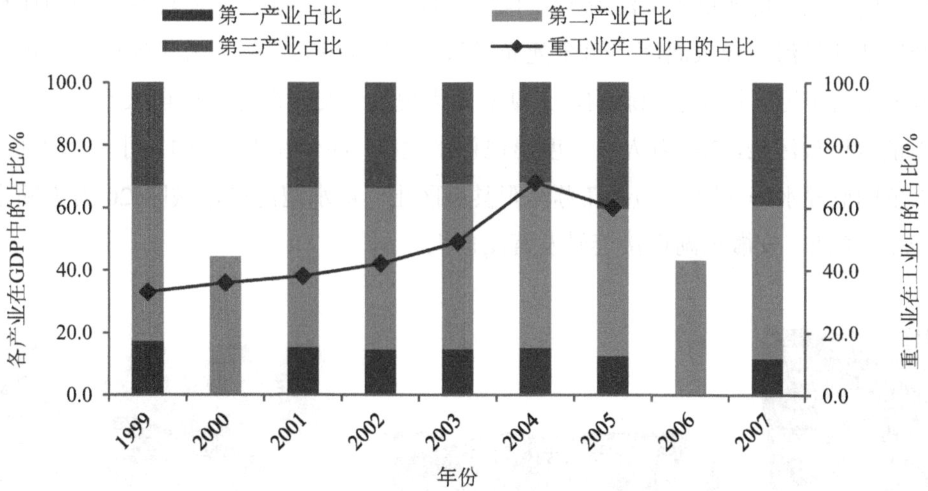

图 1-1　1999—2007 年我国工业经济发展情况

注：2005 年之后历年《国民经济和社会发展统计报告》不再发布重工业占比信息。

这一阶段乡镇企业布局集中，呈现井喷式发展，产业规模和产能双双实现大幅提高。截至 2006 年，全国乡镇企业各类工业园区共有 5 661 个，入园企业达 84 万家。其中，沿海地区的江苏、浙江、山东等省的乡镇企业发展更为迅猛，已成为全国乡镇中企业结构调整、产业集群发展、技术水平和产能提高的典型区域。经济快速发展带动全国城市化水平不断提升，我国城市化率由 2000 年的 36%上升到了 2007 年的 45%。

该阶段另一显著特点就是农业产业结构进入调整期，虽然粮食总产量略有降低，但是畜牧业和水产养殖业供给总量呈现快速增长态势。1999—2007 年，我国粮食总产量呈现先降后升的趋势。畜禽养殖业和水产养殖业快速发展，2007 年全国肉类和水产品供应量分别高达 8 100 万 t 和 5 250 万 t，较 1999 年供应总量分别增加了 2 147 万 t 和 1 150 万 t。全国肉类和水产品供应量更是较 1979 年分别增长了 7.6 倍和 12 倍，畜产供应总量增速加快。

乡镇企业的快速发展和农业产量的大幅提升，同步带来农村地区污染物排放量的急剧增长，广大农村地区的生态环境面临着前所未有的压力。

1.1.2.2　生态环境状况总体持续恶化，农村生态环境问题凸显

20 世纪 90 年代中后期，随着我国全面进入重化工业阶段，全国生态环境呈现出局部改善、总体恶化、压力持续加大的状况。21 世纪初，由于重化工工业和城镇化进一步加速，生态环境状况总体持续恶化，同时农村生态环境问题开始凸显：农村地区的点源污染与面源污染共存，生活污染和工业污染叠加，农村生态环境形势日趋严峻。

这一阶段农村生态环境问题不断出现，恶性污染事件不断见诸报端。2006 年，江西婺源农村家庭造纸作坊严重污染河流（图 1-2）。2007 年，周口市扶沟县江村镇芦白庄村一家小造纸厂非法排污，导致涡河“鱼全死光了”，河水被污染，颜色为酱油色。同年，受农业面源、生活排污等长期累积影响，太湖蓝藻大规模暴发使得无锡市自来水出现臭味，全市 70%的水厂被污染，200 万人口一度出现供水危机，即使在当年的 11 月，太湖部分区域仍有大范围蓝藻水华（图 1-2）；江苏沭阳县城区生活供水遭污染，城区 20 万人断水超过 40 h；云南滇池、安徽巢湖也接连暴发蓝藻危机。

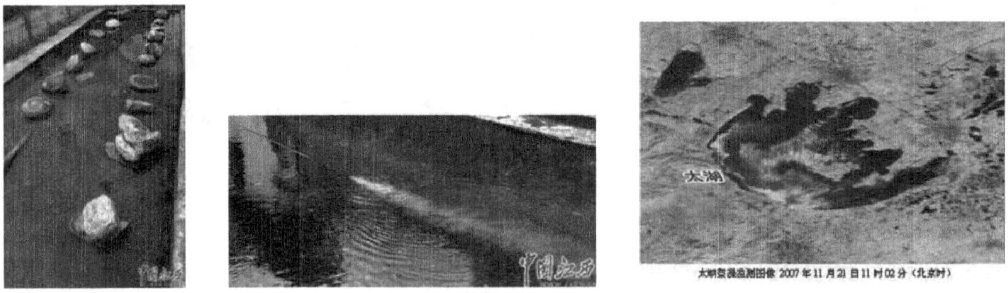

药水浸泡毛竹　　生产污水直排河道　　2007 年 11 月太湖蓝藻水华监测影像

图 1-2　农村生态环境污染事件

这一阶段粮食总产量虽然呈现先降后增的趋势（图 1-3），但全国化肥施用量持续保持增长态势（图 1-4），2007 年全国化肥施用量达 5 108 万 t。农药施用量与粮食总产量的趋势基本一致（图 1-5），2007 年全国农药施用量达 162 万 t。肥料施用量中有机肥仅占 25%，

耕地质量退化趋势加重，退化面积占耕地总面积的 40%以上。土壤养分失衡，耕地缺磷面积达 51%、缺钾面积达 60%。

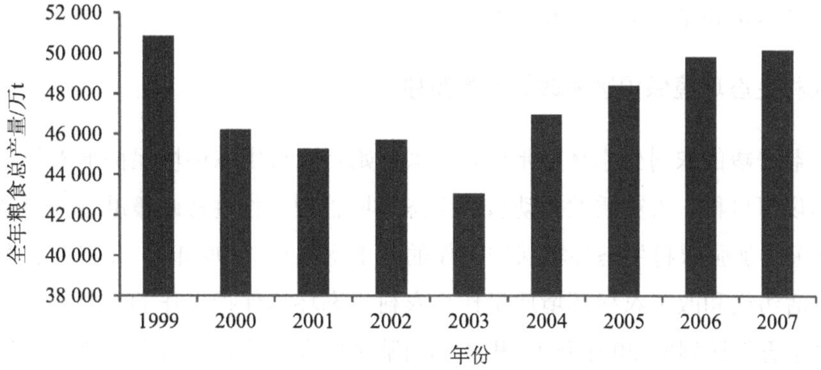

图 1-3 1999—2007 年我国粮食总产量

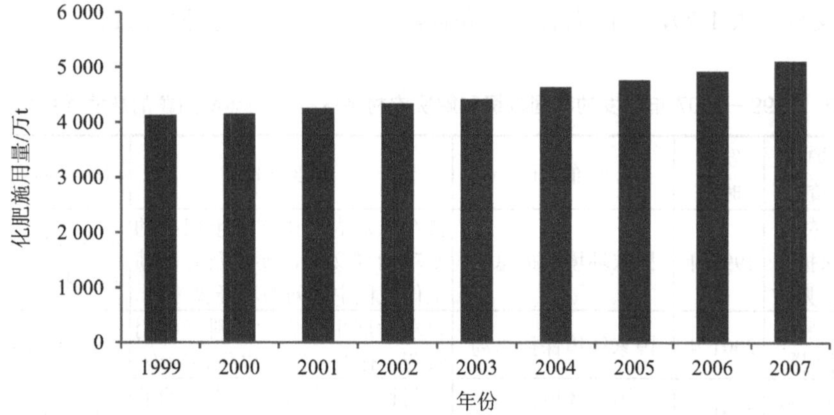

图 1-4 1999—2007 年我国农用化肥施用量

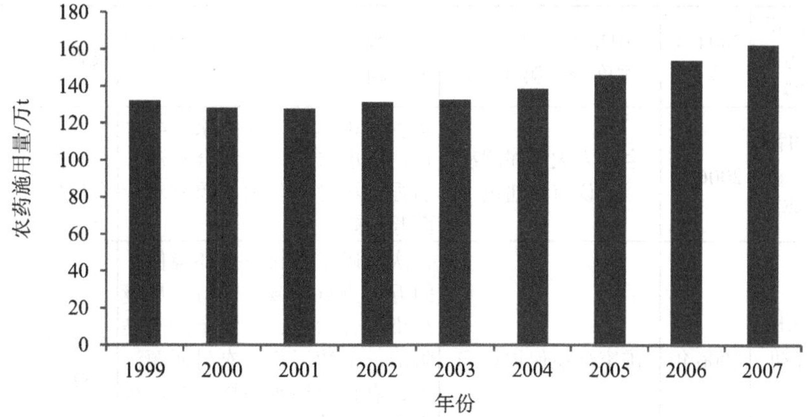

图 1-5 1999—2007 年我国农药施用量

2007年《中国环境状况公报》显示，全国地表水污染严重，七大水系总体为中度污染，湖泊富营养化问题突出。工业及城市污染向农村转移，危及农村饮用水安全和农产品安全，农村面临环境污染和生态破坏的双重威胁。

1.1.2.3 农村生态环境保护进入政策准备阶段

面对日益严峻的农村生态环境形势，国家开始将农村生态环境保护纳入整个生态环境保护工作的议事日程，为实质性推动农村生态环境管理工作进行政策准备。国家环境保护总局印发《关于加强农村生态环境保护工作的若干意见》（1999年），并将控制农业面源污染、农村生活污染和改善农村环境质量作为农村生态环境保护工作的重要任务纳入《国家环境保护“十五”计划》（2001年），相关部门陆续印发或修订《畜禽养殖污染防治管理办法》（2001年）、《中华人民共和国农业法》（2002年修订）、《国家农村环境保护小康行动计划》（2006年）、《关于进一步加强秸秆综合利用禁止秸秆焚烧的紧急通知》（2007年）等一系列文件（表1-2），全面布置减缓和解决农村地区的生态环境问题。

表1-2 1999—2007年印发的我国减缓和解决农村地区存在的环境问题的环境保护相关政策

环境保护相关政策	发布时间	发布单位	主要内容	拟解决的农村环境问题
《关于加强农村生态环境保护工作的若干意见》	1999年	国家环境保护总局	首个针对农村生态环境保护的专项指导文件，要求及时反馈工作过程中的问题和经验	农业面源污染、农村生活污染等
《国家环境保护“十五”计划》	2001年	国家环境保护总局	要求发展生态农业，科学使用农药、化肥，防止农作物污染	农业面源污染
《畜禽养殖污染防治管理办法》	2001年	国家环境保护总局令 第9号	专门针对畜禽养殖污染防治的法规	畜禽养殖污染
《中华人民共和国农业法》	2002年修订	中华人民共和国主席令 第81号	要求农业生产过程中防控面源污染	农业面源污染
《中华人民共和国固体废物污染环境防治法》	2004年修订	中华人民共和国主席令 第31号	对农膜、农药的污染防治提出了明确要求	农膜、农药污染
《国民经济和社会发展第十一个五年规划纲要》	2006年	全国人大十届四次会议审议通过	要求实施农村环保小康行动计划，开展农村环境综合整治，加强土壤污染防治，控制农业面源污染等	农业面源污染防治、农村生活污染防治
《国家农村环境保护小康行动计划》	2006年	国家环境保护总局	首次明确了农村生态环境保护的五大重点领域，即村庄环境污染综合治理、工业企业污染防治、土壤污染与农村面源污染、农村饮用水环境安全、规模化畜禽养殖污染，并提出对应的治理措施，实施以创促治	农村“脏、乱、差”的问题

环境保护相关政策	发布时间	发布单位	主要内容	拟解决的农村环境问题
《关于进一步加强秸秆综合利用禁止秸秆焚烧的紧急通知》	2007 年	农业部办公厅	专门针对农业生产废弃物秸秆焚烧污染的文件	秸秆焚烧污染
《关于加强农村环境保护工作的意见》	2007 年	国务院办公厅	明确了农村内源性和外源性污染防治及生态环境保护的工作要求	农业面源污染防治、农村生活污染防治、农村工业污染防治、农村自然生态保护等

虽然这一阶段中央层面印发了一系列关于农村生态环境保护的文件，在修订的《农业法》《固体废物污染环境防治法》中也细化完善了农业生产污染防治的要求，并专门针对畜禽养殖污染防治出台了文件，关于农村生活和农业生产污染防治的内容逐渐清晰，但是这些文件缺乏明确的资金、技术等保障，政策的操作性较弱，更多的是提出了解决农村生态环境问题的要求，并没有实际减缓农村环境污染的发展趋势。

1.1.3　局部治理探索阶段（2008—2017 年）

这一阶段，伴随着社会经济快速发展，农村产业结构、生活方式和居住方式等发生了巨大变化，农村内源性污染和外源性污染持续加重，生态环境管理面临巨大挑战。2008 年起实施“以奖促治”政策，以实施“农村环境综合整治”为抓手，从部分地区试点示范开始，到在 32 个省（区、市）全面开展，渐进式地推进农村生态环境管理。10 年间，农村生态环境管理在制度建设、资金保障、能力建设等方面有了质的飞跃。这一阶段，社会经济发展状况、农村环境问题及相关政策供给等发生了巨大变化，农村地区的局部治理活动取得了积极进展。

1.1.3.1　经济增速放缓，经济发展进入新常态

2008 年以来，受全球金融危机影响，我国经济增速逐步放缓，产业结构进入深度调整期。我国 GDP 增速自 2010 年以来进入中速增长阶段，GDP 增速从 2010 年的 10.6%逐步回落到 6.6%。同时，产业结构发生较大变化：第一产业作为基础产业，产业总值逐年增长，但占比不断下降；第二产业作为支柱产业，在三产中的占比偏高，对能源、资源、环境压力依然很大；第三产业总产值不断增长，2013 年第三产业在国内生产总值中的占比首次超过第二产业，占比为 46.1%（26 万亿元），比第二产业占比高 2.2 个百分点。此后第三产业占比持续上升，2017 年达到 51.6%，最终消费对经济增长的贡献率 2017 年达到 58.8%，成为第一推动力。这标志着我国工业化总体上进入中后期阶段，增速换挡、结构调整、动

能转换成为经济发展的新常态，供给侧结构性改革不断加快结构调整和新动能转换的步伐。这一阶段第一、第二、第三产业在国内生产总值中的占比变化趋势见图 1-6。

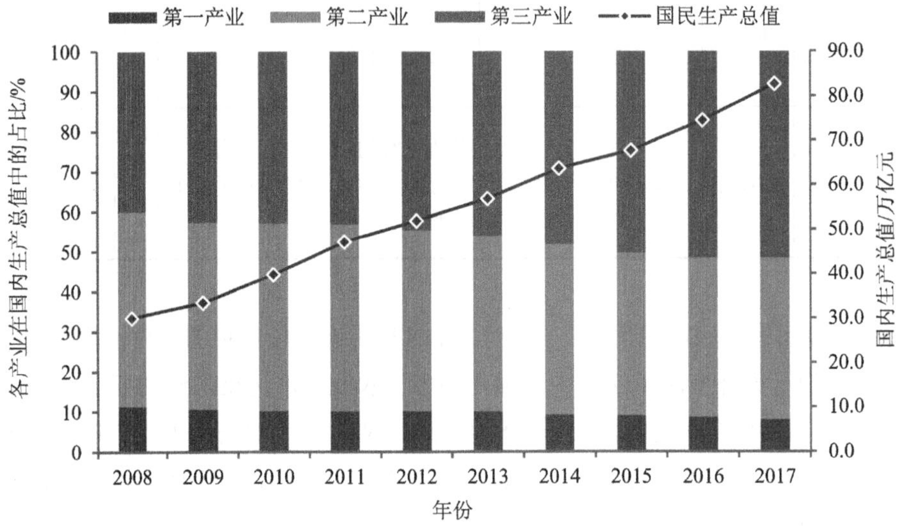

图 1-6　2008—2017 年我国经济发展情况

这一阶段随着农村经济的发展以及城市区域环境管理要求的提高，大量高污染、高耗能及中小企业向农村地区转移。20 世纪 90 年代末，随着我国全面进入重化工业阶段，生态环境呈现出局部改善、总体恶化、压力持续加大的状况。城市地区环境管理工作日益严格，大量新（改、扩）建的高耗能、高污染企业在农村地区落户，并带动周边地区形成各类中小企业和作坊。中西部农村地区尤其是城市周边区域，小企业、小作坊快速发展，“小、散、乱、污”企业带来的环境风险日趋增大。

农产品供给量不断增长，农民收入显著提高。2008—2017 年，农业生产全面丰收，粮食产量连续 9 年增产（图 1-7），2015 年粮食产量达到最高峰，达 62 143 万 t。同时，畜禽养殖量和水产养殖量持续增长，2014 年畜禽养殖最高峰时全年肉类产量达 8 707 万 t，较 1999 年供应量增加了 2 754 万 t（图 1-8），人均可消费量达到 65.6 kg/a。2017 年全年水产品产量达 6 938 万 t，较 1999 年供应量增加了 2 838 万 t（图 1-8），人均可消费量达到 50 kg/a。农民人均收入显著提高，2017 年农村人均收入达 13 432 元，是 2008 年农村人均收入的 2.8 倍（是 1999 年农村人均收入的 6 倍）。而城市人均收入在 2017 年达到 36 396 元，是 2008 年城市人均收入的 2.3 倍（是 1999 年城市人均收入的 6.2 倍）。以上统计数据也带来了一个新的问题，就是中国二元的剪刀差依然存在，而且并未随着经济的发展以及经济结构的调整有所好转，城镇居民收入依旧远远高于农村居民收入，是其 2.7 倍，城乡收入的差异为进一步改善农村人居环境和生态环境带来巨大挑战。

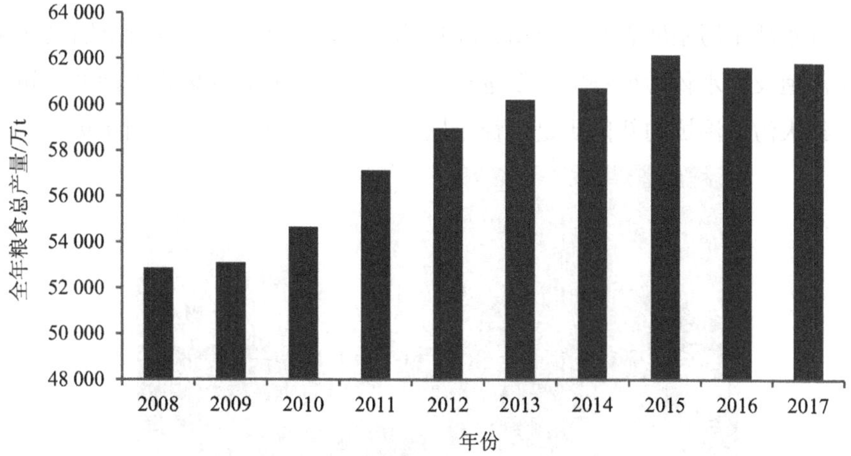

图 1-7　2008—2017 年我国粮食总产量

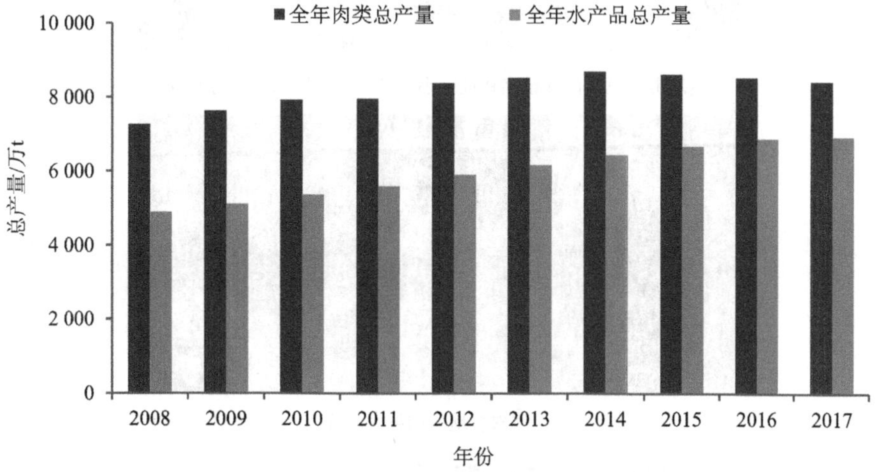

图 1-8　2008—2017 年我国畜禽养殖和水产养殖总产量

1.1.3.2　农村环境压力持续增加

随着农村经济的发展，以及城市环境管理要求的提高，农村外源性污染及内源性污染压力越来越大。

农村地区的大量中小企业主要集中在造纸、印染、电镀、化工、建材等少数产业，大多数设备相对落后，污染防治措施不规范，治理设备技术层次不高，再加上监督管理不力以及企业的环保意识较差等原因，环境污染严重。往往是一个小冶炼厂、小采选厂就毁掉一座山；一家小造纸厂、小印染厂就污染一条河流，甚至一个流域。相关报道在各大媒体屡见不鲜。如 2010 年网易新闻转载了安徽巢湖市居巢区散兵镇高林社区一家小山村内的小型造纸厂排水严重污染地表水和农田；2012 年，《工人日报》对重庆市铜梁县西泉镇小造纸厂污染河道及因水体污染癌症高发进行了报道；2017 年，媒体报道河北廊坊、天津等多地出现超级大污染渗坑的新闻更是震惊全国，污染状况触目惊心（图 1-9）。

巢湖市居巢区散兵镇高林社区小造纸厂非法排水污染的河道

天津农村地区的超大渗坑

廊坊大城县农村地区的超大渗坑

图 1-9　农村地区工矿企业导致污染

这一阶段，农村内源性污染问题也呈频发态势。农业生产方式及产业结构的变化，导致水污染和土壤质量下降问题集中爆发。伴随着粮食总产量的 9 年连续增长，全国化肥产量和施用量持续增长，化肥折纯施用量在 2015 年更是达到最高峰，达 6 023 万 t；农药折纯施用量 2014 年达到最高峰，达 180 万 t（图 1-10 和图 1-11）。在提高粮食产量的同时，由于耕地长期大量施用化学肥料、农药导致土壤质量退化，化肥和农药及农药包装废弃物污染土壤及水体。同时，随着养殖业的快速发展，天然水体大量设置网箱养殖；养殖业和种植业分离，导致畜禽养殖粪便"无处安放"，引发一系列水、土环境污染等问题，加速了水、土环境质量的恶化。

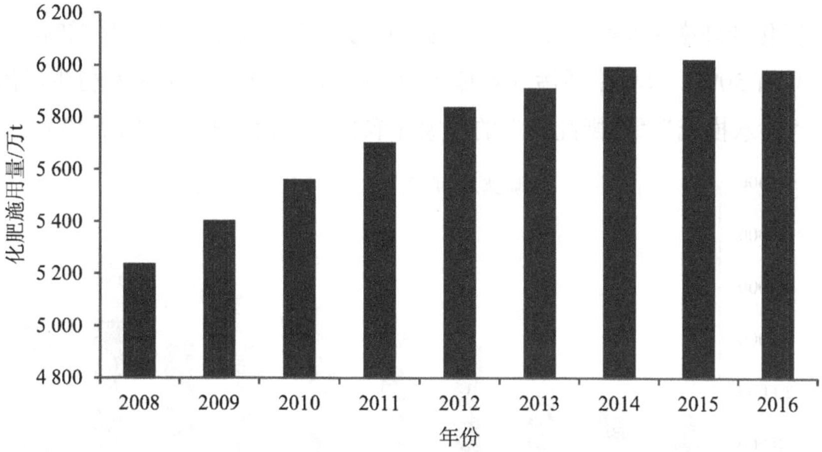

图 1-10 2008—2016 年我国农用化肥施用量

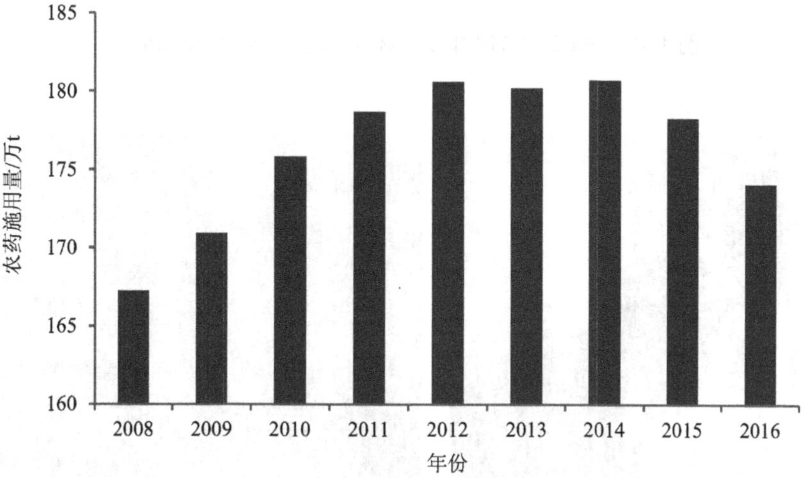

图 1-11 2008—2016 年我国农药施用量

据不完全统计，我国由于过度施用化肥已造成82%的江河湖泊遭受污染，1亿～8亿 hm^2 农田土壤出现不同程度的板结。截至 2017 年，经过长期治理的太湖湖体仍为轻度污染，全湖为轻度富营养化状态，环湖河流为轻度污染；巢湖湖体为中度污染，全湖为轻度富营养化状态，环湖河流为中度污染；滇池湖体逐步恶化为重度污染，全湖为中度富营养状态。主要湖泊的主要污染物均涉及氨氮和总磷，全国 109 个监测营养状况的湖库中富营养化问题仍不容忽视。

此外，经济快速发展的同时城乡差距越来越大，农村生活污染问题日益突出。2008—2017 年，城乡居民收入不断增长的同时，城乡居民的收入差距越来越大，2017 年，城乡居民收入差已扩大到 22 964 元（图 1-12）。2016 年年底，我国城市污水处理率达 90%以上，生活垃圾无害化处理率达 95%以上，同期我国农村生活垃圾处理率仅为 74%，一部分地区垃圾处理率只有 50%，农村生活污水处理率为 17.4%，甚至有的地区农村生活污水处理率只有 7.8%，“污水横流”“苍蝇乱飞”的现象在农村地区较为普遍（图 1-13）。

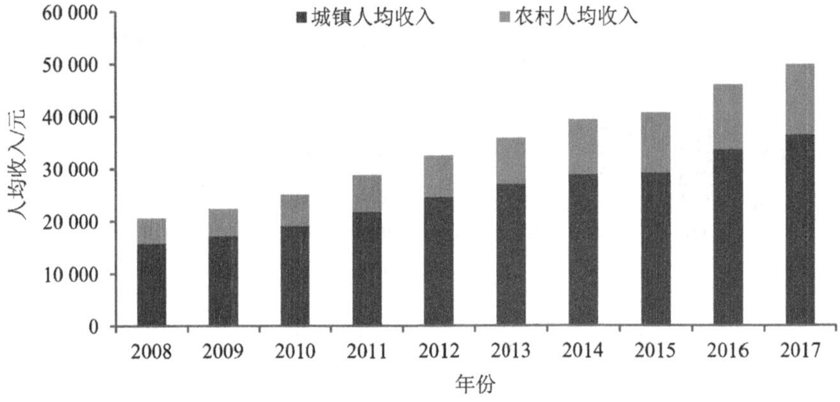

图 1-12 2008—2017 年我国城乡居民人均收入基本情况

农村生活污水直排入河道　　农村生活垃圾在河道边倾倒

图 1-13 农村污水、垃圾乱排、乱堆问题

总体来看，这一阶段农村生态环境问题延续了上一阶段的总体特征，点源污染与面源污染共存，生活污染和工业污染叠加，但是这一阶段农村生态环境污染范围更广，程度更深，且以农村超级大渗坑为代表的工业污染向农村地区转移的污染事件，对农村生态环境和公众健康产生了长远的影响。

1.1.3.3　农村生态环境保护管理体系不断完善

以 2008 年启动实施“农村环境综合整治”专项行动为标志，我国农村生态环境保护工作进入局部治理探索阶段。这一阶段农村生态环境管理政策、能力建设、宣传教育等多方面逐步得到加强。

（1）农村生态环境保护政策密集出台

自 2008 年起，为解决农村地区突出环境问题，党中央、国务院从城乡协调发展与农业可持续发展角度进行统筹谋划，农村生态环境管理工作的重点围绕农村生产生活、污染防治开展，相关政策由解决单领域问题逐步走向促进农村社会、经济、环境的协调发展，资金及技术支撑保障不断加强。2008 年，作为开展农村环境治理的标志性行动，首次召开全国农村环境保护工作电视电话会议，部署安排农村环境保护工作，并提出实施“以奖促治”政策，开展农村环境综合整治，加快解决群众反映强烈、危害农村居民健康的突出环境问题。同年，中央财政首次针对农村环境保护设立专项资金，支持各地开展以农村生活污水和垃圾治理、畜禽养殖污染防治等为主要内容的农村环境综合整治。各地在具体开展农村环境综合整治工作遇到的共性问题，国家层面及时通过一系列政策措施进行指导帮扶。这一阶段制定的农村生态环境保护政策逐步覆盖农村生活、生产的方方面面，既有综合性指导政策又有专项指导政策，涵盖了实施规划（方案）、资金保障、实施程序、技术指导、监督考核等内容，具有较强的指导性和操作性（表 1-3）。同期，发布了《农村生活污染控制技术规范》《农村饮用水水源地环境保护技术指南》等一系列标准，指导各地开展农村生态环境保护工作。

表 1-3　2008—2017 年出台的农村环境保护相关政策

环境保护相关政策	发布时间	发布单位	主要内容
关于实行“以奖促治”加快解决突出的农村环境问题的实施方案	2009 年	国务院办公厅	明确了农村环境综合整治范围和内容，并规范了实施程序
中央农村环境保护专项资金管理暂行办法	2009 年	财政部、环境保护部	明确了农村环境综合整治资金使用方向
中央农村环境保护专项资金环境综合整治项目管理暂行办法	2009 年	环境保护部、财政部	明确了农村环境综合整治项目申报程序

环境保护相关政策	发布时间	发布单位	主要内容
关于深化“以奖促治”工作促进农村生态文明建设的指导意见	2010年	环境保护部	针对“以奖促治”政策实施过程中的问题，明确要求处理好3个关系、把握好3个关键环节等
全国农村环境连片整治工作指南（试行）	2010年	环境保护部	规范了全国农村环境综合整治工作
农村环境综合整治“以奖促治”项目成效评估办法（试行）	2010年	环境保护部办公厅	建立了农村环境综合整治年度成效评估工作机制
关于加大统筹城乡发展力度 进一步夯实农业农村发展基础的若干意见	2010年	中共中央 国务院	要求稳步推进农村环境综合整治，改善农村人居环境
关于进一步加强农村环境保护工作的意见	2011年	环境保护部	要求积极探索农村环境保护新道路，加快解决农村突出环境问题
关于加快推进农业科技创新持续增强农产品供给保障能力的若干意见	2011年	中共中央 国务院	要求以农村环境整治作为农村环保工作的重点，逐步推行城乡同治，改善农村人居环境。引导农民合理使用化肥农药，加快农业面源污染治理
全国农村环境综合整治“十二五”规划	2012年	环境保护部、财政部	对“十二五”期间农村环境综合整治工作进行了系统谋划
关于加快发展现代农业进一步增强农村发展活力的若干意见	2012年	中共中央 国务院	要求强化农村生态文明建设，推动农业废弃物综合利用、农村生活污染防治和土壤污染防治
畜禽规模养殖污染防治条例	2013年	国务院	确定了畜禽养殖污染防治的法律地位，对畜禽养殖污染的预防、综合利用和无害化处理等做出了详细的规定
关于改善农村人居环境的指导意见	2014年	国务院办公厅	指导要求各地结合实际情况，因地制宜，循序渐进开展农村生活污染防治
中华人民共和国环境保护法	2014年修订	全国人大常委会	在农业污染源监测、农村环境综合整治、农药化肥污染防治、畜禽养殖污染防治以及农村生活污染防治等方面做出了较全面的规定，对各级政府在农业农村环境保护方面的作用做出了界定
关于加强“以奖促治”农村环境基础设施运行管理的意见	2015年	环境保护部	指导各地开展农村环境基础设施运行管理
关于加强农村饮用水水源保护工作的指导意见	2015年	环境保护部	对农村饮用水水源保护提出了明确要求
水污染防治行动计划	2015年	国务院	对农业农村污染防治进行了细化分解
关于加快生态文明建设的意见	2015年	中共中央 国务院	除明确目标、重点任务等外，还明确要求建立领导干部任期生态文明建设责任制
全国农村环境综合整治“十三五”规划	2017年	环境保护部、财政部	对“十三五”期间农村环境综合整治工作进行了系统谋划

随着农村生态环境保护政策的不断完善细化，各部门积极落实相关工作责任。其中，农业部门通过开展农业投入品减量化、生产清洁化、废弃物资源化、产业模式生态化等，推动农业面源污染治理；住建部门通过开展村镇农村生活污水垃圾治理，持续改善农村人居环境质量；生态环境保护主管部门通过强化考核督导，确保农村生态环境保护政策得到有效落实。

（2）农村生态环境管理机构得到强化

自 2008 年机构改革以来，从中央到地方农村生态环境管理机构得到加强。

1）中央层面

2008 年，国家组建成立环境保护部，成为国务院组成部门，环境保护机构的职能和能力进一步得到加强，农业农村的环境保护工作也加快了进程。但这一阶段农村生态环境保护工作仍呈多部门多元管理状态。

原农业部承担着主要工作，承担指导农用地的保护和管理，农村可再生能源开发利用，生态农业、循环农业和农村节能减排等工作职责，统筹制定农业面源污染防治的相关政策；畜牧业司承担指导畜牧业结构调整、标准化生产和规模饲养等工作职责，同时指导规模化畜禽养殖企业配套建设污染防治设施；种植业管理司承担耕地质量管理，发展节水农业，肥料、农药登记及监督管理等相关工作职责，组织实施秸秆等农业生产有机物资源化利用和化肥、农药减量施用等工作。

住房和城乡建设部承担镇、乡、村庄规划的编制和实施、指导小城镇和村庄人居生态环境的改善等工作职责，具体负责农村生活污水和垃圾治理、改水改厕、传统村落保护等工作。全国爱国卫生运动委员会承担改善城乡生产、生活环境的卫生质量，提高人民健康水平等工作职责，参与农村改水改厕工作。

水利部承担指导农村饮水安全、节水灌溉、排水及雨洪资源利用等工程建设与管理等工作职责，实施农村饮用水安全巩固提升工程和水生态及中小河流治理等工作。

原国家卫生和计划生育委员会承担制定疾病预防控制规划、国家免疫规划、严重危害人民健康的公共卫生问题的干预措施并组织落实等。承办全国爱国卫生运动委员会的具体工作。

环境保护部作为国家环境保护行政主管部门，对全国的环境保护工作实施统一管理。国务院组成部门中有关农村生态环境管理部门的职责如图 1-14 所示。

在环境保护部内部，农村生态环境管理工作也分散在多个部门。其中，水环境管理司农村环境管理处负责开展以农村生活污水、垃圾、畜禽养殖污染防治、农村饮用水水源地保护等为主要内容的农村环境综合整治，指导生态农业建设，组织国家有机食品基地创建等工作；大气环境管理司大气处，负责开展秸秆禁烧监管工作；环境影响评价司、环境监察局负责对规模化畜禽养殖企业建设和污染防治开展监督管理；环境监测司、土壤环境管理司、自然生态保护司、宣传教育司分别负责包括农村地区在内的环境质量监测、土壤环境监管和固体废物监管、生态环境保护监管、宣传教育等工作。环境保护部涉及农村生态环境管理的组织机构及其分工如图 1-15 所示。

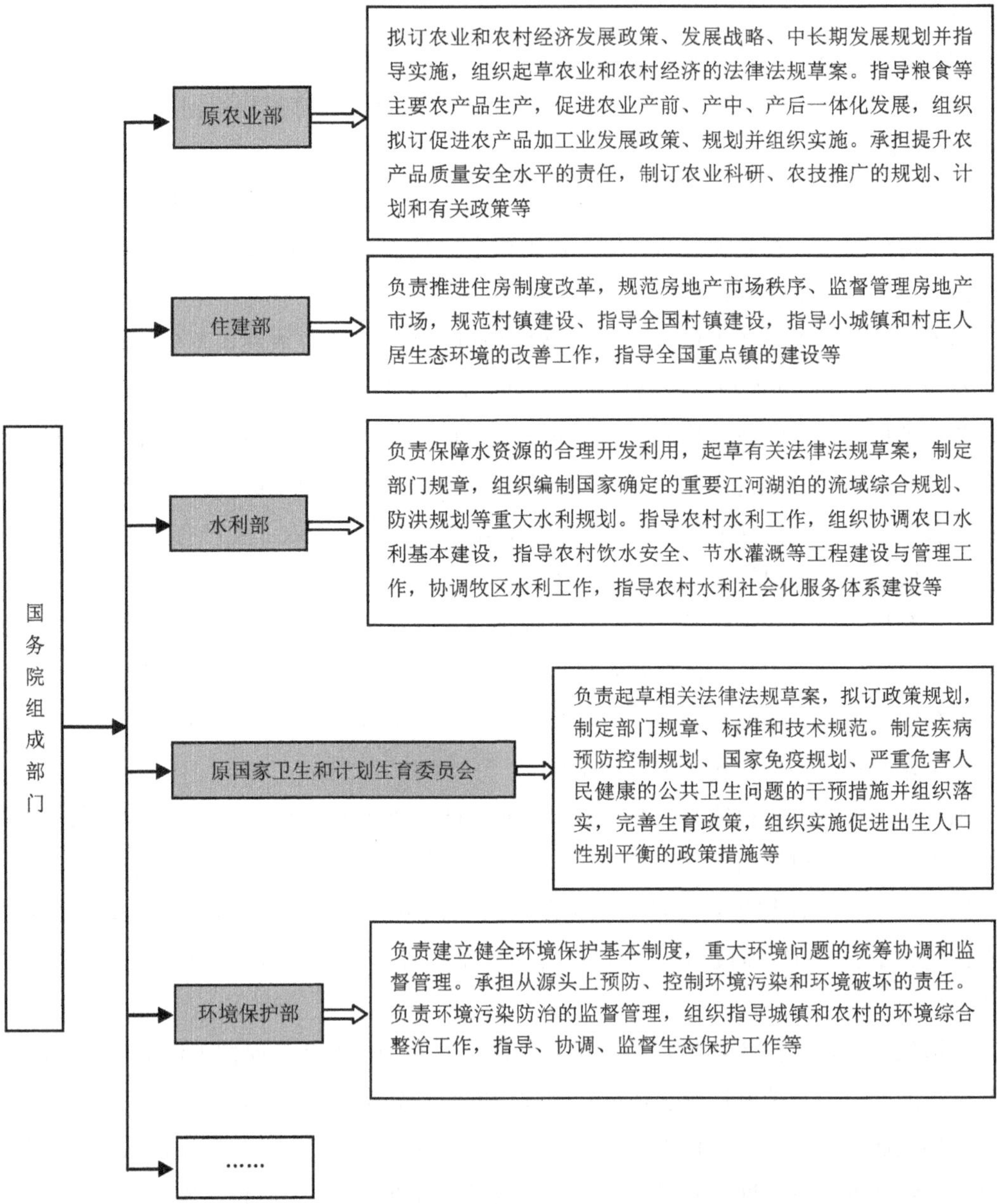

图 1-14　国务院组成部门中有关农村生态环境管理部门的职责

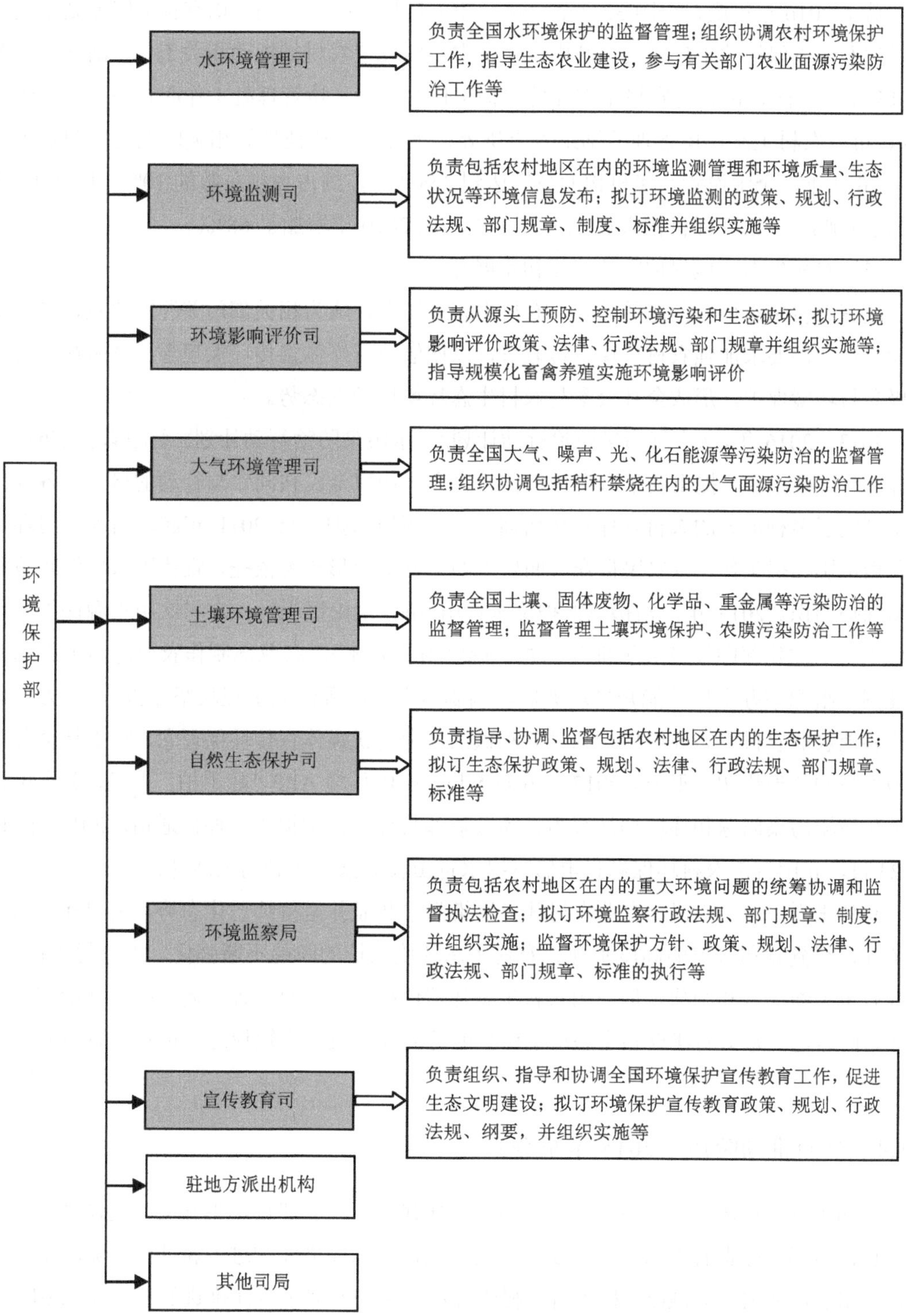

图 1-15　环境保护部涉及农村生态环境管理的组织机构及其分工

2）地方层面

截至 2016 年年底，全国 32 个省（区、市）环境保护厅（局）均有相关职能处室履行农村生态环境保护的工作职责。其中，辽宁省专门设置农村处推动相关工作，浙江、江苏等 15 个省（区、市）将农村生态环境保护工作纳入水环境管理处工作职责中，其他各省（区、市）农村生态环境管理分别纳入土壤处、生态处或科技处等相关职能处室职责中。截至 2014 年，全国设置环保机构的乡镇达到 2 968 个，约占乡镇总数的 10%，比 2010 年增加了 60%，乡镇环保机构人员 11 900 多人，比 2010 年增加了 68%。

（3）农村生态环境保护宣传工作初步展开

随着农村生态环境问题的凸显，农村生态环境保护成为相关部门关注的热点，多部委陆续出台文件要求加强农村环保宣传教育，以期借助新媒体宣传环保理念、吸引社会公众积极参与环境保护，形成全社会参与农村生态环境保护的态势。

2013—2016 年，《大气污染防治行动计划》《水污染防治行动计划》《土壤污染防治行动计划》陆续出台，提出要采取多种宣传教育方式构建全民共同参与行动的格局。各部门组织开展了多种形式的农村环保宣传培训工作。环境保护部自 2011 年起，启动农村环保科普微电影拍摄工作，以农民群众喜闻乐见的喜剧电影形式为依托，宣传国家环保政策和环境保护知识。2014 年，拍摄《保护绿水青山 留住金山银山——农村饮用水源保护》环保微电影，住建部印发《关于推荐优秀村规民约的通知》，农业部制作农村清洁工程示范点挂图，组织举办农垦节能减排培训班，编制《农业面源污染治理攻坚专报》，大力宣传推广各地农业农村生态环境保护的经验和做法。利用新媒体宣传环保理念、吸引社会公众积极参与的新形势初步形成。2017 年 6 月 5 日，中国环境 APP“随手拍”上线，公众可拍摄上传环境污染问题和环境违法行为，为公众参与环境保护提供了便捷通道。2017 年 12 月 23 日，我国首部农村环保题材电影《绿水青山我的家》在湖南长沙开拍。

总体来看，这一阶段，农业农村环境污染问题凸显并呈持续恶化态势，引起社会的广泛关注，得到党和国家的高度重视。农村生态环境保护的职能不断强化，地位得到提高，相关政策不断完善和细化，但我国农村生态环境保护工作的总特征是起步晚、基础弱、保障差，仍然是生态文明建设和生态环境保护的薄弱环节及突出短板这一现状没有得到根本性改变。

1.1.4 全面推动阶段（2018 年至今）

党的十八大提出经济建设、政治建设、文化建设、社会建设、生态文明建设“五位一体”总体布局，标志着生态文明建设走向新时代，生态环境保护进入新征程。党的十九大明确提出实施乡村振兴战略，标志着农村生态环境保护开启了全面推进的新阶段。2018 年 2 月，中共中央办公厅、国务院办公厅发布《农村人居环境整治三年行动方案》，明确大力推进农村基础设施建设和城乡基本公共服务均等化，加快推进农村人居环境整治，进一步提升农村人居环境水平。同年 4 月，习近平总书记在中央财经委员会第一次会议上指出，要打好包括农业农村污染治理攻坚战在内的七大攻坚战，明确治理农业农村污染是实施乡村振兴战略的一项重要任务，事关全面建成小康社会，事关农村生态文明建设。在 2018 年 5 月 18 日召开的全国生态环境保护大会上，习近平总书记进一步强调，要持续开展农村人居环境整治行动，打造美丽乡村，为老百姓留住鸟语花香，田园风光。党中央、国务院将农村生态环境保护工作提到了前所未有的高度。

2018 年，国家组建生态环境部。新组建的生态环境部整合分散在 7 个部门的生态环境保护职责，统一行使生态和城乡各类污染排放监管与行政执法职责。打通了地上和地下、岸上和水里、陆地和海洋、城市和农村、大气污染防治和气候变化应对等多项职能。其中，城市和农村的“打通”，为进一步加强农村生态环境保护创造了更好的条件。生态环境部自组建以来，印发了《关于加快制定地方农村生活污水处理排放标准的通知》，明确要求各地要因地制宜制定农村生活污水排放标准，不搞“一刀切”；同时该标准明确了农村生活污水治理设施出水考核污染物及排放限值参考范围，为地方管理部门和农村生活污水治理设施生产设计单位指明了方向；印发了《农业农村污染治理攻坚战行动计划》，以农业农村突出环境问题为导向，明确了农村生态环境保护的路线、时间和任务，指导各地因地制宜加快补齐农村生态环境管理的“短板”，提升农村生态环境保护与“三农”工作融合的深度和水平，助推乡村振兴。

1.2　我国农村生态环境管理制度现状

随着农村生态环境保护工作日益得到重视，我国农村生态环境管理在法律法规、政策、标准规范、规划、宣传教育等方面不断推陈出新，但仍不能满足农村生态环境管理的需求，尚需不断补充完善、不断细化衔接和不断巩固加强。

1.2.1　农村生态环境保护法律法规

截至目前，我国相继出台了《环境保护法》《大气污染防治法》《水污染防治法》《固体废物污染环境防治法》和《畜禽规模养殖污染防治条例》等，以及《农业法》《循环经济促进法》《农药管理条例》《基本农田保护条例》《水产资源繁殖保护条例》以及《环境保护税法》等多部涉及农业农村环境保护的法律法规（图 1-16）。其中，《农业法》作为指导农业生产的基本法于 2002 年进行了修订，提出了农业资源和农业环境保护的要求；《环境保护法》《大气污染防治法》《水污染防治法》以及《固体废物污染环境防治法》作为指导环境保护的基本法和要素法，“十二五”以来先后进行了修订，均新增了农业农村环境保护的相关内容。2018 年 1 月 1 日开始实施的《环境保护税法》以费改税为契机，将规模化养殖列入征税范畴，首次将农业生产者的污染防治责任具体化。

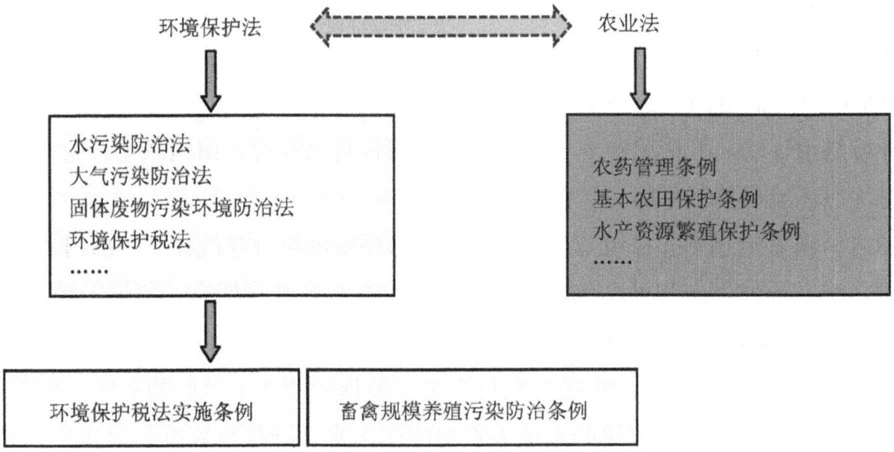

图 1-16 农业农村环境保护的主要法律法规

1.2.1.1 各项法律法规中关于农村生态环境保护的具体要求

《农业法》从保障农业生产的角度出发，提出农业农村生态环境保护要求。2013 年颁布的《畜禽规模养殖污染防治条例》是我国第一部专门针对畜禽养殖污染防治的法规性文件，从行业健康持续发展的角度提出污染防治的要求。《环境保护法》从保护环境的角度出发，增加了农业农村环境保护的要求，此后陆续修订的环境保护要素法中，均补充完善了农业农村生态环境保护的相关内容。

（1）各项法律法规从不同角度明确了农村生态环境保护的责任主体和工作要求

《农业法》明确要求农民、农业生产经营者及各级政府在组织和实施农业农村生产经营活动中必须保护和改善生态环境。

《环境保护法》首次明确基层政府是提高农村公共环境保护水平的责任主体，农业部门是农业生产污染防治的主要负责部门，以及各级政府在农村生态环境保护及畜禽养殖、屠宰单位和个人在农业污染防治中的责任。

《畜禽规模养殖污染防治条例》明确了各地各级政府、县级以上人民政府环境保护主管部门、农牧部主管部门、循环经济发展综合管理部门、从事畜禽养殖以及畜禽养殖废弃物综合利用和无害化处理活动的单位及个人的责任。

《大气污染防治法》《固体废物污染环境防治法》《水污染防治法》从环境要素保护角度出发，清晰地明确了地方各级人民政府和农业行政等有关部门、农业生产经营者、畜禽养殖单位及个人等污染防治的责任。

各项法律法规对各级人民政府、行业主管部门、从事农业生产活动的单位或个人关于农业农村生态环境保护的具体工作要求见表 1-4。

表 1-4　农业农村生态环境保护相关责任主体的具体工作要求

<table>
<tr><th colspan="2">责任主体</th><th>工作要求</th><th>法律法规</th></tr>
<tr><td rowspan="12">政府</td><td>中央政府</td><td>支持农村农业水污染防治设施建设。支持农村污水垃圾处理设施、畜禽养殖场（小区）畜禽粪便和废水的综合利用或者无害化处理设施建设，以改善水环境质量</td><td>水污染防治法</td></tr>
<tr><td rowspan="4">各级人民政府</td><td>采取措施，加强小流域综合治理，预防和治理水土流失</td><td rowspan="2">农业法</td></tr>
<tr><td>采取措施，依法执行捕捞限额和禁渔、休渔制度，增殖渔业资源，保护渔业水域生态环境</td></tr>
<tr><td>加强对农业环境的保护，促进农业环境保护新技术的使用，加强对农业污染源的监测预警，统筹有关部门采取措施，防治土壤污染和土地沙化等</td><td>环境保护法</td></tr>
<tr><td>负责畜禽养殖污染防治工作的组织领导，采取有效措施，加大资金投入，扶持畜禽养殖污染防治以及畜禽养殖废弃物综合利用</td><td>畜禽规模养殖污染防治条例</td></tr>
<tr><td rowspan="2">地方各级人民政府</td><td>划定禁止露天焚烧秸秆、落叶等的区域，并加大对废弃物综合处理的支持力度</td><td>大气污染防治法</td></tr>
<tr><td>统筹规划建设农村污水、垃圾处理设施，并保障其正常运行。畜禽散养密集区所在地县、乡级人民政府负责组织对畜禽粪便污水进行分户收集、集中处理利用</td><td>水污染防治法</td></tr>
<tr><td>县级以上人民政府</td><td>采取措施，督促有关单位进行治理，防治废水、废气和固体废物对农业生态环境的污染</td><td>农业法</td></tr>
<tr><td>县级人民政府</td><td>负责组织农村生活废弃物的处置</td><td>环境保护法</td></tr>
<tr><td>县级人民政府</td><td>组织建立秸秆收集、贮存、运输和综合利用服务体系，采用财政补贴等措施支持农村集体经济组织、农民专业合作经济组织、企业等开展秸秆收集、贮存、运输和综合利用服务</td><td>大气污染防治法</td></tr>
<tr><td>县级、乡级人民政府</td><td>提供农村环境保护公共服务，推动农村环境综合整治</td><td>环境保护法</td></tr>
<tr><td>乡镇人民政府</td><td>协助有关部门做好本行政区域的畜禽养殖污染防治工作</td><td>畜禽规模养殖污染防治条例</td></tr>
<tr><td colspan="2">各级人民政府及其农业等有关部门和机构</td><td>指导农业生产经营者科学种植和养殖，科学施用农药、化肥和处置农业废弃物等</td><td>环境保护法</td></tr>
<tr><td colspan="2">县级以上地方人民政府农业主管部门和其他有关部门</td><td>采取措施，指导农业生产者科学、合理地施用化肥和农药，推广测土配方施肥技术和高效低毒低残留农药，控制化肥和农药的过量使用，防止造成水污染</td><td>水污染防治法</td></tr>
</table>

<table>
<tr><th colspan="2">责任主体</th><th>工作要求</th><th>法律法规</th></tr>
<tr><td rowspan="5">行业主管部门</td><td>各级农业行政主管部门</td><td>引导农民和农业生产经营组织采取生物措施或者使用高效低毒低残留农药、兽药，防治动植物病、虫、杂草、鼠害</td><td>农业法</td></tr>
<tr><td>农业行政等相关部门</td><td>鼓励和支持采用先进适用技术，对秸秆、落叶等进行肥料化、饲料化、能源化、工业原料化、食用菌基料化等综合利用，加大对秸秆还田、收集一体化农业机械的财政补贴力度</td><td>大气污染防治法</td></tr>
<tr><td>县级以上人民政府环境保护主管部门</td><td>负责畜禽养殖污染防治的统一监督管理</td><td rowspan="3">畜禽规模养殖污染防治条例</td></tr>
<tr><td>县级以上人民政府农牧主管部门</td><td>负责畜禽养殖废弃物综合利用的指导和服务</td></tr>
<tr><td>县级以上人民政府循环经济发展综合管理部门</td><td>负责畜禽养殖循环经济工作的组织协调</td></tr>
<tr><td colspan="2" rowspan="11">农业生产经营组织（单位）和农民</td><td>合理使用化肥、农药、农用薄膜，增加使用有机肥料，防止农用地的污染</td><td rowspan="5">农业法</td></tr>
<tr><td>农产品采收后的秸秆及其他剩余物质应当综合利用、妥善处理，防止造成环境污染和生态破坏</td></tr>
<tr><td>从事可能引起水土流失的生产建设活动的，必须采取预防措施，并负责治理因生产建设活动造成的水土流失</td></tr>
<tr><td>从事畜禽等动物规模养殖的，应当对粪便、废水及其他废弃物进行无害化处理或者综合利用</td></tr>
<tr><td>从事水产养殖的，应当合理投饵、施肥、使用药物，防止造成环境污染和生态破坏等</td></tr>
<tr><td>使用农用薄膜的单位和个人，采取回收利用等措施，防止或者减少农用薄膜对环境的污染</td><td rowspan="3">固体废物污染环境防治法</td></tr>
<tr><td>按照国家有关规定收集、贮存、利用或者处置养殖过程中产生的畜禽粪便，防止污染环境</td></tr>
<tr><td>在人口集中地区、机场周围、交通干线附近以及当地人民政府划定的禁烧区域禁止露天焚烧秸秆</td></tr>
<tr><td>改进施肥方式，科学合理施用化肥并按照国家有关规定使用农药，减少氨、挥发性有机物等大气污染物的排放</td><td rowspan="2">大气污染防治法</td></tr>
<tr><td>及时对污水、畜禽粪便和尸体等进行收集、贮存、清运和无害化处理，防止排放恶臭气体</td></tr>
<tr><td>从事畜禽养殖和屠宰的单位和个人应当科学处置畜禽粪便、尸体和污水等废弃物，防止污染环境</td><td rowspan="2">环境保护法</td></tr>
<tr><td colspan="2">企业</td><td>畜禽养殖场、养殖小区、定点屠宰企业的选址、建设和管理应当符合有关法律法规规定</td></tr>
</table>

总体来看，各部法律均对农村生态环境保护的责任主体及其工作要求进行了明确，农业农村环境保护的责任主体主要是各级人民政府、行业主管部门、从事农业生产活动的单位（组织）或个人，需要开展的污染防治工作分别涉及生活污染治理、生产污染防治以及环境保护监管、循环经济发展等。尽管对农村生态环境保护的要求众多，但多分散于各项法律文件，在具体执行过程中难以对农村生态环境保护工作形成系统认识。在实际管理和操作上，尚不能形成总体把握、分工合作以及相互衔接的环境管理机制和运行体系。

（2）法律法规多通过激励措施引导农业产业加强环境保护，推动行业可持续发展

为推动将综合利用作为防治畜禽养殖污染的根本手段，《畜禽规模养殖污染防治条例》特设专章对综合利用的激励措施做出了规定，如对污染防治和废弃物综合利用设施建设进行补贴、对有机肥购买使用实施不低于化肥的补贴等优惠政策、鼓励利用废弃物生产沼气以及发电上网等。这些规定，贯彻落实了生态文明建设的要求，从根本上对提高畜禽养殖废弃物综合利用水平、实现以环境保护促进产业优化和升级、促进实现畜禽养殖产业发展与环境保护的和谐统一提供了有力的制度保障。

《环境保护税法》首次明确对规模化畜禽养殖企业污染物排放征税，其他农业生产排放应税污染物则暂予免征环境保护税。2018 年配套制定的《环境保护税法实施条例》对规模化畜禽养殖环境保护税缴纳办法进行了细化。明确达到省级人民政府确定的规模标准并且有污染物排放口的畜禽养殖场，要依法缴纳环境保护税。依法对畜禽养殖废弃物进行综合利用和无害化处理的，不属于直接向环境排放污染物，不缴纳环境保护税。通过环境保护税的征收，强化规模化畜禽养殖企业环境监管，促进规模化畜禽养殖企业推进畜禽养殖废弃物资源化利用。

虽然以上各项法律法规在责任主体及其具体工作要求上均予以明确，但却鲜有明确针对农业农村环境保护违法违规问题的惩戒条款，对大力推进农村生态环境保护、补齐这“短板中的短板”还存在“空子”。

1.2.1.2 各项法律法规在具体实施过程中存在明显的部门痕迹，生态环境问题未完全落实

《农业法》虽然明确了农业生产活动中生产者和地方政府的环境保护责任及工作内容，但是在实施过程中，各级政府及农业主管部门长期以来一直以提高或保持粮食产量为工作重中之重，忽视农业生态环境保护工作，农业可持续发展的理念难以有效落实，尤其是在农药化肥等农业投入品的管理、畜禽养殖污染治理设施配套建设等方面，环境保护的责任落实不够，致使多年来农业面源污染问题持续加剧，地表水体氮磷污染突出。

《环境保护法》虽然明确了各方责任，但是作为一部综合性的基本法，其实际操作性不强，尚没有相应的实施细则与之相匹配。目前在国家层面只能借助中央对地方政府履职情况的督查，督促地方政府履行农业农村生态环境保护职责，这是通过行政推动的自上而

下的强制执行，不是来自农民自下而上的推动。虽然通过中央环保督察等制度能够在短期内取得一些成效，但长期来看，地方政府长期执行动力不足。

《大气污染防治法》《固体废物污染环境防治法》和《水污染防治法》均对农村生态环境保护提出了具体要求，但在具体执行过程中碍于农村点多面广、农村生态环境保护队伍能力薄弱等状况，同时适合农村生态环境管理的体制机制尚未健全，难以实现农村生态环境保护监管的有效开展。

《畜禽规模养殖污染防治条例》虽然是由生态环境主管部门和农业主管部门共同起草、由国务院颁布的专门针对畜禽养殖行业环境保护的专项法律，但各地政府及相关行业主管部门在具体执行过程中普遍存在以下几点误解，使得畜禽养殖污染防治工作进展参差不齐：一是误认为畜禽养殖污染治理就是要达标排放。不少地方存在将工业污染治理的思路、模式简单机械套用于畜禽养殖污染治理领域的现象，认为畜禽养殖污染治理就是要搞粪尿污水处理工程、要搞达标排放，其原因在于没有正确理解该条例的基本精神是以粪便等废弃物综合利用作为治理畜禽养殖污染的根本途径，而不是简单地进行达标排放。二是误认为粪肥等还田是在向环境排污。不少地方主管部门对畜禽粪肥、粪浆液态肥、沼渣、沼液等还田利用心存疑虑，看到液态肥、沼液等还田就认为这是“将污染物排到田里”，是污染环境的行为。三是误认为“禁养区”就是“无畜禽区”。有些地区在“禁养区”实行全面禁养，即划定区域内现有养殖活动一律限期清理。由此可见，农业生产行业主管部门与农村生态环境保护主管部门在管理上各自为政，在日常管理和工作推进中沟通协调融合不足，致使基层在具体实施中出现各种问题。畜禽规模养殖污染防治工作涉及面广、社会关注度高，是一项环保工程，也是一项产业工程，更是一项民生工程。因此，各地在落实《畜禽规模养殖污染防治条例》相关要求时应统筹养殖业、种植业和环境保护之间内在关系及其平衡，在实现环境效益的同时，兼顾经济效益和社会效益。

综上所述，我国目前针对农村生态环境保护已经制定了一系列法律法规，但是对于农村生态环境管理的法律法规总体上呈现两大突出特征：

（1）部门间的法律法规缺少衔接

农业农村领域与环境保护领域相关基本法和要素法中虽然均有关于农业农村环境保护的相关要求，但是各项要求分散于多项法律法规中，缺少一部联结生态环境保护与农业生产生活、确定农业可持续发展法律地位的上位法，导致目前农业生产生活与生态环境保护“两张皮”，农业生产生活与生态环境保护之间存在不协调。

（2）关于农村生态环境保护的法律责任界定不清晰，执行力差

与工业污染防治一样，农业农村污染防治也面临着厘清污染者和监管者责任的问题，但更为复杂的是，农民在污染治理方面的能力明显弱于工业生产者，难以完全承担“谁污染谁治理”的责任。现行法规一方面强调了地方政府对农村生态环境保护的责任，另一方

面弱化了农业生产经营者的污染直接责任和治理的法律责任，对其通常只提出原则要求而缺少罚则，仅在《环境保护税法》中通过对规模养殖征税真正落实了污染者责任。

1.2.2　农村生态环境保护政策规划

与法律法规的制订情况相比，我国近年来出台的农村生态环境保护政策和规划相对更成体系，体现了国家开展农村环保工作的具体思路和工作重点。其中，《国务院关于加强环境保护重点工作的意见》《生态文明体制改革总体方案》《中共中央关于加快推进生态文明建设的意见》《中共中央 国务院关于实施乡村振兴战略的意见》《国务院办公厅关于改善农村人居环境的指导意见》以及《国务院办公厅关于加快推进畜禽养殖废弃物资源化利用的意见》等综合性引导政策统筹部署了农村地区生态文明建设、农业污染治理、农村人居环境改善等多方面农村生态环境保护工作；《水污染防治行动计划》《土壤污染防治行动计划》和《农村人居环境整治三年行动方案》等专项指导政策细化了农业农村环境保护工作要求、内容和时限；《农业环境突出问题治理总体规划（2014—2018 年）》《全国农业可持续发展规划（2015—2030 年）》《“十三五”生态环境保护规划》和《全国农村环境综合整治“十三五”规划》等进一步细化落实各项农村生态环境保护工作。2018 年 11 月经国务院同意，生态环境部、农业农村部联合印发《农业农村污染治理攻坚战行动计划》，更是细化明确了 2018—2020 年农业农村污染防治的重点工作任务和阶段性目标。

1.2.2.1　国家高度重视农村地区生态文明建设

自 2015 年以来，国家先后印发《关于加快推进生态文明建设的意见》《生态文明体制改革总体方案》以及《关于实施乡村振兴战略的意见》等一系列文件，初步形成了包括农村生态环境保护在内的生态文明建设的总体思路、治理体制机制建设要求及乡村振兴战略要求等，是农村生态文明建设的重要制度安排，具体见表 1-5。

表 1-5　涉及农村地区生态文明建设的政策文件及其核心内容

文件名称	发布时间	发布单位	核心内容
关于加快推进生态文明建设的意见	2015 年 4 月	中共中央 国务院	提出包括农业农村生态环境保护在内的生态文明建设的总体要求、目标愿景、重点任务、制度体系，要求建立领导干部任期生态文明建设责任制
生态文明体制改革总体方案	2015 年 9 月	中共中央 国务院	统筹部署生态文明改革，提出建立农村环境治理体制机制，提高改革的系统性、整体性和协同性
关于实施乡村振兴战略的意见	2018 年 2 月	中共中央 国务院	明确乡村振兴的时间表和农村生态文明建设的具体内容

由表 1-5 可以看出，以上 3 个文件均由中共中央、国务院印发，体现了推进农村地区生态文明建设的国家意志。其中，在生活污染治理方面，支持通过农村环境集中连片整治开展农村垃圾专项治理，加大农村污水处理和改厕力度等，提高农村人居环境质量。在农业生产污染防治方面，支持加快转变农业发展方式，大力发展农业循环经济，加强农业面源污染防治，加大种养业特别是规模化畜禽养殖污染防治力度，科学施用化肥、农药，推广节能环保型炉灶，净化农产品产地和农村居民生活环境。在涉农其他相关方面，要求加强农村水环境治理和农村饮用水水源保护，实施农村生态清洁小流域建设。推进重金属污染耕地防控和修复，开展土壤污染治理与修复技术应用试点。严禁工业和城镇污染向农业农村转移。加强农村环境监管能力建设，落实县乡两级农村生态环境保护主体责任。

在具体措施方面，明确要求建立以绿色生态为导向的农业补贴制度，加快制定和完善相关技术标准和规范，加快推进化肥、农药、农膜减量化以及畜禽养殖废弃物资源化和无害化，鼓励生产使用可降解农膜。完善农作物秸秆综合利用制度。健全化肥农药包装物、农膜回收贮运加工网络。采取财政和村集体补贴、住户付费、社会资本参与的投入运营机制，加强农村污水和垃圾处理等环保设施建设。采取政府购买服务等多种扶持措施，培育发展各种形式的农业面源污染治理、农村污水垃圾处理市场主体。强化县乡两级政府的环境保护职责，加强环境监管能力建设。财政支农资金的使用要统筹考虑增强农业综合生产能力和防治农村污染。

在推进时间及目标方面，明确到 2020 年，乡村振兴要取得重要进展，农村人居环境明显改善，农村生态环境明显好转。到 2035 年，农村生态环境根本好转，美丽宜居乡村基本实现。到 2050 年，乡村全面振兴，全面实现“农业强、农村美、农民富”的目标。

在责任主体及罚则方面，明确各级党委、政府对本地区生态文明建设负总责，实行差别化的考核机制，要大幅增加资源、环境、生态等指标的考核权重，发挥好“指挥棒”的作用。对于造成资源环境生态严重破坏的领导干部，还要终身追责。

1.2.2.2 出台多项政策措施指导农村污染治理

2011 年 10 月，国务院印发《关于加强环境保护重点工作的意见》，该文件成为“十二五”及之后农村生态环境保护工作的纲领性文件，要求深化“以奖促治”和“以奖代补”政策，扩大连片整治范围，集中整治存在突出环境问题的村庄和集镇，重点治理农村土壤和饮用水水源地污染；推动环境保护基础设施和服务向农村延伸，加强农村生活垃圾和污水处理设施建设；发展生态农业和有机农业，科学使用化肥、农药和农膜，切实减少面源污染；严格农作物秸秆禁烧管理，推进农业生产废弃物资源化利用；加强农村人畜粪便和农药包装无害化处理；加大农村地区工矿企业污染防治力度，防止污染向农村转移。开展农业和农村环境统计等，为“十二五”及之后的农村生态环境保护指明了重点方向。

1.2.2.2.1 各部门针对农村生活和生产污染防治分别出台指导政策

"十二五"时期以来，相关部门陆续以农村人居环境、农村生活垃圾治理、农业面源污染防治、畜禽养殖废弃物资源化利用及推进农业绿色发展为方向出台相关政策措施，指导各地开展农村污染治理，具体内容见表 1-6。

表 1-6 农村污染防治政策措施

文件名称	发布时间	发布单位	主要内容	
			核心概要	农村生态环境保护主要内容/措施
关于改善农村人居环境的指导意见	2014 年 5 月	国务院办公厅	提出到 2020 年，全国农村居民住房、饮水和出行等基本条件明显改善，人居环境基本实现干净、整洁、便捷，建成一批各具特色的美丽宜居村庄	明确要求各地从实际出发，循序渐进，在尊重农民意愿、方便生产生活的前提下，加快农村环境综合整治，重点治理农村垃圾和污水；要按照全面建成小康社会和建设社会主义新农村的总体要求，以保障农民基本生活条件为底线、以村庄环境整治为重点、以建设宜居村庄为导向，通过长期艰苦努力，全面改善农村生产生活条件
关于全面推进农村垃圾治理的指导意见	2015 年 11 月	住房和城乡建设部等十部门	提出要指导地方因地制宜建立"村收集、镇转运、县处理"的农村垃圾治理模式；有效治理农业生产生活垃圾、建筑垃圾、农村工业垃圾等	提出到 2020 年全面建成小康社会时，全国 90%以上村庄的生活垃圾得到有效治理，实现有齐全的设施设备、有成熟的治理技术、有稳定的保洁队伍、有长效的资金保障、有完善的监管制度；农村畜禽粪便基本实现资源化利用，农作物秸秆综合利用率达到 85%以上，农膜回收率达到 80%以上；农村地区工业危险废物无害化利用处置率达到 95%。这些指标明确了农村垃圾治理工作目标，为后续相关文件提供了依据
关于打好农业面源污染防治攻坚战的实施意见	2015 年 4 月	农业部	明确把转变农业发展方式作为防治农业面源污染的根本出路，促进农业发展由主要依靠资源消耗向资源节约型、环境友好型转变，走产出高效、产品安全、资源节约、环境友好的现代农业发展道路	提出到 2020 年农业面源污染加剧的趋势得到有效遏制，实现"一控两减三基本"[①]，这一要求成为目前农业绿色发展的标志性口号，用于全面指导各项农业污染防治工作

文件名称	发布时间	发布单位	主要内容	
			核心概要	农村生态环境保护主要内容/措施
关于加快推进畜禽养殖废弃物资源化利用的意见	2017年5月	国务院办公厅	推进畜禽养殖废弃物资源化利用	明确了畜禽养殖废弃物资源化利用的指导思想、制度体系、扶持政策和保障措施。要求到 2020 年建立科学规范、权责清晰、约束有力的畜禽养殖废弃物资源化利用制度，全国畜禽粪污综合利用率达到75%以上，规模养殖场粪污处理设施装备配套率达到95%以上
关于创新体制机制推进农业绿色发展的意见	2017年9月	中共中央办公厅、国务院办公厅	推进农业绿色发展	要求把绿色农业发展摆在生态文明建设全局的突出位置，全面建立以绿色生态为导向的制度体系，基本形成与资源环境承载力相匹配、与生产生活生态相协调的农业发展格局，努力实现耕地数量不减少、耕地质量不降低、地下水不超采，化肥、农药使用量零增长，秸秆、畜禽粪污、农膜全利用，实现农业可持续发展。细化了 2020 年和 2030 年资源利用、产地环境、生态系统、绿色供给能力的目标

注：①一控两减三基本："一控"，即严格控制农业用水总量，大力发展节水农业，确保农业灌溉用水量保持在 3 720 亿 m^3，农田灌溉水有效利用系数达到 0.55；"两减"，即减少化肥和农药使用量，实施化肥、农药零增长行动，确保测土配方施肥技术覆盖率达 90%以上，农作物病虫害绿色防控覆盖率达 30%以上，肥料、农药利用率均达到 40%以上，全国主要农作物化肥、农药使用量实现零增长；"三基本"，即畜禽粪便、农作物秸秆、农膜基本资源化利用，大力推进农业废弃物的回收利用，确保规模畜禽养殖场（小区）配套建设废弃物处理设施比例达 75%以上，秸秆综合利用率达 85%以上，农膜回收率达 80%以上。

上述文件，针对《关于加强环境保护重点工作的意见》中指出的重点方向进行了细化，对基层实际开展工作的指导效果显著提高。

1.2.2.2.2 中央和地方不断调整和完善化肥和有机肥金融扶持政策

中央和地方不断调整和完善化肥和有机肥扶持政策，引导化肥、有机肥产业向有利于促进农业面源污染防治的方向发展。为控制农业面源污染、减少化肥施用量、增施有机肥，国家针对化肥逐步取消了一系列补贴政策，对有机肥适时出台了补贴政策。

（1）化肥补贴政策逐步取消

为推动化肥减施，国家逐步取消各类化肥补贴政策。2008 年之前，我国化肥的补贴政策包括化肥生产用电补贴、天然气价格补贴、铁路运输补贴、淡季储存补贴、增值税补贴以及向农户发放的农资综合补贴（含化肥补贴资金）6 项，补贴范围覆盖化肥生产、运输、存储、销售及使用全流程，具体内容见表 1-7。

表 1-7　我国化肥补贴情况

化肥补贴项目		补贴起始时间	补贴终止时间
生产环节	化肥生产用电补贴	—	2016 年 4 月 20 日起
	天然气价格补贴	—	2016 年 11 月 10 日起
运输环节	铁路运输补贴	—	2015 年 2 月 1 日起
存储环节	淡季储存补贴	2004 年起	尚未终止
销售环节	增值税补贴	1994 年起	2015 年 9 月 1 日起
使用环节	农资综合补贴	2006 年	尚未终止

2008 年之后相关部委对涉及化肥的 6 项补贴制度进行了调整。具体如下：

1）化肥生产用电补贴

2009 年国家发展和改革委员会再次发文调整电价，要求全国销售电价每千瓦时上调 2.8 分（不含居民用电），此次上调包括化肥生产用电价格。2012 年之后国内化肥供应充足，为化肥生产退出优惠电价奠定了基础。2015 年国家发展和改革委员会印发《关于降低燃煤发电上网电价和工商业用电价格的通知》（发改价格〔2015〕748 号），明确自 2016 年 4 月 20 日起全部取消化肥生产用电的电价优惠政策，化肥生产用电全部执行工商业用电价格。自此，在市场经济体制下，我国实施长达十多年的化肥生产企业电价优惠政策终止。

2）化肥生产原料（天然气）价格补贴

2013 年，化肥生产用气价格只上调了 0.25 元/m^3，比其他非居民用气少上调了 0.15 元/m^3。2015 年 2 月，国家发展和改革委员会印发《关于理顺非居民用天然气价格的通知》，调整天然气价格并轨，理顺非居民用天然气价格，由于当时正值全国春耕备肥高峰期，通知中特别给予化肥用气一定的优惠。2016 年国家发展和改革委员会印发《关于推进化肥用气价格市场化改革的通知》（发改价格〔2016〕2350 号），决定自 2016 年 11 月 10 日起，全面放开化肥生产用气价格，由供需双方协商确定。鼓励化肥生产用气进入石油天然气交易中心等交易平台，通过市场交易形成价格，实现价格公开透明，自此化肥生产用气优惠政策完全取消。

3）化肥企业铁路运输补贴

自 1998 年起，我国对化肥铁路运输实行优惠运价，并且免征 0.033 元/（t·km）的铁路建设基金。2003 年 12 月，国家发展和改革委员会、铁道部统一铁路货运价格，对化肥的铁路运价执行优惠政策，仅相当于其他产品运价的 40%左右，并免征铁路建设基金 49 元/t。2008 年、2009 年铁路运价上调时，农用化肥铁路整车运输价格仍享有优惠政策。直至 2015 年 1 月，国家发展和改革委员会印发《关于调整铁路货运价格　进一步完善价格形成机制的通知》(发改价格〔2015〕183 号)，才明确自 2015 年 2 月 1 日起，农用化肥不再执行化肥铁路运输优惠运价，与粮食运价执行同一标准，但继续免收铁路建设基金。同年 8 月 1 日起，铁路运输企业可以在国家规定的各运价号基准运价的基础上上浮 10%，下浮不限。自此，化肥铁路运输补贴大部分也被取消。

4）化肥淡季储存补贴

为解决化肥常年生产、季节使用的矛盾，保证农业产业在用肥旺季能够得到足够数量和价格低廉的化肥产品，2005 年国家发展和改革委员会、财政部联合发布《化肥淡季商业储备管理办法》《化肥淡季商业储备管理办法补充规定》，建立了以化肥生产企业和流通企业为承储主体的化肥淡季储备制度。我国化肥淡储已从 2004 年的 800 万 t 发展到 2015 年的 1 200 万 t。承储企业从最初的 20 余家逐步扩大，已覆盖了全国 27 个省（区、市）。截至 2017 年，财政部仍在持续下达化肥淡储补贴资金，化肥淡储补贴政策仍有效。

5）化肥企业增值税补贴

自 1994 年以来，国家对国内生产（原料采购）、流通（销售）和进口的部分化肥品种一直实行免征或者先征后返增值税等优惠政策。到 2004 年，由于化肥生产原料如煤、天然气、生产用电等价格大幅上涨，使得化肥生产企业陷入困境。于是，国家在 2004 年出台《关于尿素产品增值税先征后返问题的通知》，规定自 2004 年 1 月 1 日到 2005 年 12 月 31 日，对化肥生产企业实行先征后返 50%的增值税政策。2005 年，由于能源供应不足问题依然未解决，加上铁路运力紧张，运费上升，化肥价格进一步上涨。因此，国家为降低农户用肥成本，又印发《关于暂免征收尿素产品增值税的通知》(财税〔2005〕87 号)，该通知规定：自 2005 年 7 月 1 日起，对国内企业生产销售的尿素产品增值税由先征后返 50%调整为暂免征收增值税。该政策相当于使每吨尿素获得 56 元左右的补贴收入。2015 年财政部等部门印发了《关于对化肥恢复征收增值税政策的通知》，规定自 9 月 1 日起，对纳税人销售和进口的化肥，统一按 13%的税率征收增值税，原有的增值税免税和先征后返政策相应停止执行，自此化肥增值税补贴优惠政策被取消。

6）向农户发放的农资综合补贴（含化肥补贴资金）

我国自 2006 年开始实施农资综合补贴。农资综合补贴是政府对农民购买农业生产资料（包括化肥、柴油、种子、农机）实行的一种直接补贴制度。综合考虑影响农民种粮成本、收益等变化因素，通过农资综合直补及各种补贴，来保证农民种粮收益的相对稳定，促进国家粮食安全。其资金来源于粮食风险基金，通过粮食风险基金专户下拨。补贴资金按照动态调整制度，根据化肥、柴油等农资价格变动，遵循“价补统筹、动态调整、只增不减”的原则及时安排和增加补贴资金，合理弥补种粮农民增加的农业生产资料成本。

我国通过对化肥生产用电补贴、天然气价格补贴、铁路运输补贴、淡季储存补贴、增值税补贴，以及向农户发放的农资综合补贴的调整，逐步减少了化肥施用量。

（2）有机肥补贴政策逐步完善

为鼓励增施有机肥、推动解决农业面源污染问题，国家配套出台了一系列有机肥产业扶持政策，具体内容见表 1-8。

表 1-8　国家关于有机肥的扶持政策

文件名称	发布单位	发布时间	主要内容
关于有机肥产品免征增值税的通知	财政部、国家税务总局	2008 年	首次对有机肥生产流通全环节实行免征增值税的优惠政策
关于 2009 年促进农业稳定发展　农民持续增收的若干意见	中共中央、国务院	2009 年	开展鼓励农民增施有机肥奖补试点
土壤有机质提升补贴项目实施指导意见	农业部、财政部	2009 年、2010 年、2011 年、2012 年、2013 年	对施用有机肥的用户按 20～30 元/亩的标准予以补贴
关于支持有机肥生产试点的指导意见	国家农业综合开发办公室	2014 年	中央财政安排资金试点省份建设了一批以农作物秸秆为主要原料的有机肥厂，适当扶持养殖业畜禽粪便资源循环利用，支持一批高效肥料的生产；单个试点项目安排中央财政补助资金为 300 万元左右
关于加大改革创新力度加快农业现代化建设的若干意见	中共中央、国务院	2015 年	大力推广生物有机肥区域性示范，按规定享受相关财税政策
到 2020 年化肥使用量零增长行动方案	农业部	2015 年	增加有机肥资源利用，减少不合理化肥投入
土壤污染防治行动计划	国务院	2016 年	鼓励农民增施有机肥、减施化肥，对畜禽规模养殖集中区鼓励农作物种植与畜禽粪便综合利用相结合
关于推进农业废弃物资源化利用试点的方案	农业部、国家发展改革委、财政部、住房和城乡建设部、环境保护部、科学技术部	2016 年	在 30 个左右的县（市）开展包括有机肥生产在内的试点，采取“以奖代补”的方式，引导农民投资投劳参与，积极营造良好的社会氛围
关于深入推进农业供给侧结构性改革　加快培育农业农村发展新动能的若干意见	中共中央、国务院	2017 年	开展有机肥替代化肥试点
开展果菜茶有机肥替代化肥行动方案	农业部	2017 年	明确提出 2017 年选择 100 个果菜茶重点县（市、区）开展有机肥替代化肥示范，创建一批果菜茶知名品牌，集成一批可复制、可推广、可持续的有机肥替代化肥的生产运营模式，国家对每个示范县补助 1 000 万元，资金由示范县自主安排，主要用于基础性工作补助、物化投入补助、社会化服务补助、技术推广服务补助等四个方面

文件名称	发布单位	发布时间	主要内容
关于做好2018年畜禽粪污资源化利用项目实施工作的通知	农业农村部、财政部	2018年	中央财政继续通过“以奖代补”对畜牧大县畜禽粪污资源化利用工作予以支持，原则上对猪当量（以生猪、牛存栏量折算猪当量）为50万头以下的项目县，累计补助上限为3 500万元；猪当量为51万～70万头的项目县，累计补助上限为4 000万元；猪当量为71万～99万头的项目县，累计补助上限为4 500万元；猪当量为100万头以上的项目县，累计补助上限为5 000万元。同时，农业农村部在全国选择150个县，继续开展有机肥替代化肥、增施有机肥补贴支持行动，试点地区补贴标准为购买商品有机肥每亩施用量达到250 kg的，每亩给予补贴100元，即每吨补贴400元

在地方层面，各地各级政府根据其财政实力和资源情况，对有机肥实施不同的补贴政策。上海、江苏、北京、山东、吉林、浙江等地分别从2004年、2006年、2007年、2008年、2009年和2011年开始实施鼓励农民施用有机肥的补贴政策。部分省（市、区）对有机肥的生产环节进行补贴，如浙江省对有机肥生产企业的建设用地、生产用电、有机肥加工设备给予优惠或补贴；江苏省自2006年起在试点地区开展有机肥补贴试点示范项目，依托有机肥补贴财政专项，对有机肥生产企业实行定向补贴。大部分省（市、区）对有机肥的使用或销售环节进行补贴。如上海市自2004年起率先开展有机肥财政补贴，按照有机肥施用面积和购买数量进行一次性补贴。最初全市统一采购1.5万t有机肥作为试点，此后推广数量逐年增加，到2016年已达到23万t，补贴资金4 600万元。山东省自2008年起，由省政府采取公开招标的方式采购12万t有机肥，由市、县级政府出资购买运输车，将有机肥直接送到农户手中，省财政补贴标准为100～300元/t。江苏省鼓励农民购买项目推广应用的商品有机肥，省级和地方财政补贴200元/t，其中省财政补贴150元/t、市、县级财政补贴50元/t，即农户购买有机肥时只需要支付零售价扣除财政补贴后的部分。2015年吉林省在农安等9个县对每亩施用商品有机肥66.7 kg以上（含66.7 kg）补贴50元；2018年宁夏回族自治区发布《商品有机肥替代化肥补贴行动计划方案》，对自治区内使用有机肥的相关单位和个人给予每亩100元的补贴。

1.2.2.3 出台多项专项行动计划细化农业农村污染治理

为推动农村地区生态环境质量改善，自2015年以来，国务院先后印发的《水污染防治行动计划》和《土壤污染防治行动计划》均对农业农村污染防治工作进行了细化分解，

2018 年 2 月，中共中央办公厅、国务院办公厅印发《农村人居环境整治三年行动方案》，以农村生活污水、垃圾治理为主，对农村生活污染治理提出明确要求。为确保“十三五”最后三年农业农村污染防治工作取得显著成效，同年 11 月，生态环境部、农业农村部联合印发《农业农村污染治理攻坚战行动计划》，细化 2018—2020 年三年期间农村污染治理工作要求和内容，具体内容见表 1-9。

表 1-9 “十二五”以来涉及农业农村污染治理的专项行动计划

文件名称	治理方向	主要内容	落实单位
水污染防治行动计划	畜禽养殖污染防治	要求科学划定畜禽养殖禁养区，2017 年年底前，依法关闭或搬迁禁养区内的畜禽养殖场（小区）和养殖专业户，京津冀、长三角、珠三角等区域提前一年完成；现有规模化畜禽养殖场（小区）要根据污染防治需要，配套建设粪便污水贮存、处理、利用设施；散养密集区要实行畜禽粪便污水分户收集、集中处理利用；自 2016 年起，新建、改建、扩建规模化畜禽养殖场（小区）要实施雨污分流、粪便污水资源化利用	农业部牵头，环境保护部参与
	农业面源污染控制	要求制定实施全国农业面源污染综合防治方案；推广低毒、低残留农药使用补助试点经验，开展农作物病虫害绿色防控和统防统治；实行测土配方施肥，推广精准施肥技术和机具；完善高标准农田建设、土地开发整理等标准规范，明确环保要求，新建高标准农田要达到相关环保要求；敏感区域和大中型灌区，要利用现有沟、塘、窖等，配置水生植物群落、格栅和透水坝，建设生态沟渠、污水净化塘、地表径流集蓄池等设施，净化农田排水及地表径流。到 2020 年，测土配方施肥技术推广覆盖率达到 90%以上，化肥利用率提高到 40%以上，农作物病虫害统防统治覆盖率达到 40%以上；京津冀、长三角、珠三角等区域提前一年完成	农业部牵头，发展改革委、工业和信息化部、国土资源部、环境保护部、水利部、质检总局等参与
	农村环境综合整治	要求以县级行政区域为单元，实行农村污水处理统一规划、统一建设、统一管理，有条件的地区积极推进城镇污水处理设施和服务向农村延伸；深化“以奖促治”政策，实施农村清洁工程，开展河道清淤疏浚，推进农村环境连片整治；到 2020 年，新增完成环境综合整治的建制村 13 万个	环境保护部牵头，住房和城乡建设部、水利部、农业部等参与
土壤污染防治行动计划	农业污染控制	合理使用化肥农药。鼓励农民增施有机肥，减少化肥使用量。科学施用农药，推行农作物病虫害专业化统防统治和绿色防控，推广高效低毒低残留农药和现代植保机械。加强农药包装废弃物回收处理，自 2017 年起，在江苏、山东、河南、海南等省份选择部分产粮（油）大县和蔬菜产业重点县开展试点；到 2020 年，推广到全国 30%的产粮（油）大县和所有蔬菜产业重点县。推行农业清洁生产，开展农业废弃物资源化利用试点，形成一批可复制、可推广的农业面源污染防治技术模式。严禁将城镇生活垃圾、污泥、工业废物直接用作肥料。到 2020 年，全国主要农作物化肥、农药使用量实现零增长，利用率提高到 40%以上，测土配方施肥技术推广覆盖率提高到 90%以上	农业部牵头，国家发展改革委、环境保护部、住房和城乡建设部、供销合作总社等参与

文件名称	治理方向	主要内容	落实单位
土壤污染防治行动计划	废弃农膜回收利用	严厉打击违法生产和销售不合格农膜的行为。建立健全废弃农膜回收贮运和综合利用网络，开展废弃农膜回收利用试点；到2020年，河北、辽宁、山东、河南、甘肃、新疆等农膜使用量较高省份力争实现废弃农膜全面回收利用	农业部牵头，国家发展改革委、工业和信息化部、公安部、工商总局、供销合作总社等参与
	畜禽养殖污染防治	严格规范兽药、饲料添加剂的生产和使用，防止过量使用，促进源头减量。加强畜禽粪便综合利用，在部分生猪大县开展种养业有机结合、循环发展试点。鼓励支持畜禽粪便处理利用设施建设，到2020年，规模化养殖场、养殖小区配套建设废弃物处理设施比例达到75%以上	农业部牵头，国家发展改革委、环境保护部参与
	灌溉水水质管理	开展灌溉水水质监测。灌溉用水应符合农田灌溉水水质标准。对因长期使用污水灌溉导致土壤污染严重、威胁农产品质量安全的，要及时调整种植结构	水利部牵头，农业部参与
	生活污染防治	建立政府、社区、企业和居民协调机制，通过分类投放收集、综合循环利用，促进垃圾减量化、资源化、无害化。建立村庄保洁制度，推进农村生活垃圾治理，实施农村生活污水治理工程。整治非正规垃圾填埋场。深入实施“以奖促治”政策，扩大农村环境连片整治范围	住房和城乡建设部牵头，国家发展改革委、财政部、环境保护部参与
农村人居环境整治三年行动方案	农村生活垃圾治理	要求统筹考虑生活垃圾和农业生产废弃物利用、处理，建立健全符合农村实际、方式多样的生活垃圾收运处置体系。有条件的地区要推行适合农村特点的垃圾就地分类和资源化利用方式。开展非正规垃圾堆放点排查整治，重点整治垃圾山、垃圾围村、垃圾围坝、工业污染“上山下乡”	—
	农村生活污水治理	要求根据农村不同区位条件、村庄人口聚集程度、污水产生规模，因地制宜采用污染治理与资源利用相结合、工程措施与生态措施相结合、集中与分散相结合的建设模式和处理工艺。推动城镇污水管网向周边村庄延伸覆盖。积极推广低成本、低能耗、易维护、高效率的污水处理技术，鼓励采用生态处理工艺。加强生活污水源头减量和尾水回收利用。以房前屋后河塘沟渠为重点实施清淤疏浚，采取综合措施恢复水生态，逐步消除农村黑臭水体。将农村水环境治理纳入河长制、湖长制管理。明确到2020年，东部地区、中西部城市近郊区等有基础、有条件的地区，基本实现农村生活垃圾处置体系全覆盖，农村生活污水治理率明显提高，管护长效机制初步建立。中西部有较好基础、基本具备条件的地区，力争实现90%左右的村庄生活垃圾得到治理，生活污水乱排乱放得到管控。地处偏远、经济欠发达等地区，实现人居环境干净整洁的基本要求	—

文件名称	治理方向	主要内容	落实单位
农业农村污染治理攻坚战行动计划	农村饮用水水源保护	要求加快农村饮用水水源调查评估和保护区划定	生态环境部牵头，地方各级人民政府负责落实
		要求加强农村饮用水水质监测	生态环境部、卫生健康委、水利部、住房和城乡建设部按职责分工负责
		要求开展农村饮用水水源环境风险排查整治	生态环境部牵头，农业农村部、水利部、住房和城乡建设部参与
	农村生活垃圾污水治理	要求加大农村生活垃圾治理力度	农业农村部牵头，住房和城乡建设部、水利部、生态环境部按职责分工负责
		要求梯次推进农村生活污水治理	农业农村部、住房和城乡建设部、生态环境部、卫生健康委、水利部按职责分工负责
		要求保障农村污染治理设施长效运行	农业农村部、国家发展改革委、财政部、住房和城乡建设部、生态环境部按职责分工负责
	养殖业污染治理	要求推进养殖生产清洁化和产业模式生态化	农业农村部牵头
		要求加强畜禽粪污资源化利用，到 2020 年全国畜禽粪污综合利用率达到 75%以上	农业农村部牵头
		要求严格畜禽规模养殖环境监管，将规模以上畜禽养殖场纳入重点污染源管理，2019 年大规模养殖场实现粪污处理设施装备全配套，到 2020 年所有规模养殖场粪污处理设施装备配套率达到 95%以上	农业农村部牵头，生态环境部参与
		要求加强水产养殖污染防治和水生生态保护	农业农村部、生态环境部牵头，自然资源部、水利部参与
	种植业污染防控	要求持续推进化肥、农药减量增效，到 2020 年，全国主要农作物化肥、农药使用量实现负增长，化肥、农药利用率均达到 40%以上	农业农村部牵头
		要求加强秸秆、农膜废弃物资源化利用，到 2020 年，全国秸秆综合利用率达到 85%以上，农膜回收率达到 80%以上	农业农村部、国家发展改革委、财政部牵头，生态环境部参与
		要求大力推进种植产业模式生态化，到 2020 年农业灌溉用水控制在 3 720 亿 m^3 以内；实施耕地分类管理，开展涉镉等重金属重点行业企业排查整治	农业农村部、水利部牵头
	农村环境监管能力提升	要求严守生态保护红线，强化农业农村生态环境监管执法	生态环境部、自然资源部、水利部、农业农村部、财政部、卫生健康委按职责分工负责

由表 1-10 可以看出，国家层面出台的多项行动计划（或方案），分别针对农村生活污染、农业面源污染、养殖业和种植业污染防控以及农村环境监管能力提升等提出了更加细化的要求，并明确了相关工作的责任部门，有助于各项政策措施的实施，指导性和可操作性显著提高。

1.2.2.4 出台多项污染治理规划指导农业农村污染治理

“十二五”以来，相关部门出台多项规划，指导农村环境污染治理工作。其中，国家发展和改革委员会于 2013 年印发《农业环境突出问题治理总体规划（2014—2018 年）》，指出了农业生产导致的突出环境问题，明确要通过一批示范工程，总结出解决农业环境突出问题的范例和模式；农业部、国家发展和改革委员会、财政部、环境保护部等 8 部门于 2015 年联合印发《全国农业可持续发展规划（2015—2030 年）》，对农业农村环境保护进行了统筹规划；国务院于 2016 年印发《“十三五”生态环境保护规划》，明确了包括农业农村环境综合治理在内的生态环境保护要求。同年，财政部、环境保护部联合印发《全国农村环境综合整治“十三五”规划》，对“十三五”期间农村环境综合整治工作进行细化分解；农业部于 2017 年印发《关于实施农业绿色发展五大行动的通知》，明确通过实施五大行动，推行绿色生产方式，增强农业可持续发展能力，相关具体内容见表 1-10。

表 1-10 “十二五”以来涉及农业农村污染治理的规划

文件名称	主要内容	
农业环境突出问题治理总体规划（2014—2018 年）	要求利用五年时间，重点针对当前农业水土污染、水资源过度开发、农业生态环境破坏等农业环境突出问题，通过在部分地区实施耕地重金属污染治理、农业面源污染综合治理、地表水过度开发和地下水超采综合治理、退耕还林还草、退耕还湿等工程，初步解决或缓解试点范围内农业环境问题，总结出一批成功治理范例和适用模式	
全国农业可持续发展规划（2015—2030 年）	推进生态循环农业发展	优化调整种养业结构，促进种养循环、农牧结合、农林结合。到 2020 年国家现代农业示范区和粮食主产县基本实现区域内农业资源循环利用，到 2030 年全国基本实现农业废弃物趋零排放。严格控制工矿企业排放和城市垃圾、污水等农业外源性污染。防治耕地重金属污染和有机污染
	农田污染防治	全面加强农业面源污染防控，科学合理使用农业投入品，提高使用效率，减少农业内源性污染。到 2020 年全国测土配方施肥技术推广覆盖率达到 90%以上，化肥利用率提高到 40%，努力实现化肥施用量零增长。到 2020 年全国农作物病虫害统防统治覆盖率达到 40%，努力实现农药施用量零增长；京津冀、长三角、珠三角等区域提前一年完成。综合治理地膜污染，推广加厚地膜，开展废旧地膜机械化捡拾示范推广和回收利用，到 2030 年农业主产区农膜和农药包装废弃物实现基本回收利用

文件名称	主要内容	
全国农业可持续发展规划（2015—2030年）	养殖污染治理	支持规模化畜禽养殖场（小区）开展标准化改造和建设，控制畜禽养殖污染排放。到2020年和2030年养殖废弃物综合利用率分别达到75%和90%以上，规模化养殖场畜禽粪污基本资源化利用，实现生态消纳或达标排放。在饮用水水源保护区、风景名胜区等区域划定禁养区、限养区，全面完善污染治理设施建设。2017年年底前，依法关闭或搬迁禁养区内的畜禽养殖场（小区）和养殖专业户，京津冀、长三角、珠三角等区域提前一年完成
	改善农村环境	加快农村环境综合整治，保护饮用水水源，加强生活污水、垃圾处理，加快构建农村清洁能源体系。禁止秸秆露天焚烧，推进秸秆全量化利用，到2030年农业主产区农作物秸秆得到全面利用。围绕畜禽粪污综合利用、化肥农药氮磷控源治理、农膜和农药包装物回收利用和秸秆综合利用实施一批农业农村环境治理工程
“十三五”生态环境保护规划	农村环境综合整治	以南水北调沿线、三峡库区、长江沿线等重要水源地周边为重点，实施新一轮农村环境连片整治，有条件的省份开展全覆盖拉网式整治。因地制宜开展治理，完善农村生活垃圾“村收集、镇转运、县处理”模式，鼓励就地资源化，加快整治“垃圾围村”“垃圾围坝”等问题，切实防止城镇垃圾向农村转移。到2020年，新增完成环境综合整治建制村13万个
	畜禽养殖污染防治	划定禁止建设畜禽规模养殖场（小区）区域，加强分区分类管理，以废弃物资源化利用为途径，整县推进畜禽养殖污染防治。养殖密集区推行粪污集中处理和资源化综合利用。2017年年底前，各地区依法关闭或搬迁禁养区内的畜禽养殖场（小区）和养殖专业户。支持畜禽规模养殖场（小区）标准化改造和建设
	农业面源污染治理	优化调整农业结构和布局，推广资源节约型农业清洁生产技术，推动资源节约型、环境友好型、生态保育型农业发展。实施环水有机农业行动计划。推进健康生态养殖。实行测土配方施肥。推进种植业清洁生产，开展农膜回收利用，率先实现东北黑土地大田生产地膜零增长。制定农药包装废弃物回收处理办法。到2020年，实现化肥、农药使用量零增长，化肥利用率提高到40%以上，农膜回收率达到80%以上；京津冀、长三角、珠三角等区域提前一年完成
	秸秆综合利用与禁烧	建立逐级监督落实机制，疏堵结合、以疏为主，完善秸秆收储体系，支持秸秆代木、纤维原料、清洁制浆、生物质能、商品有机肥等新技术产业化发展，加快推进秸秆综合利用；强化重点区域和重点时段秸秆禁烧措施，不断提高禁烧监管水平
	实施农村环境综合整治、土壤环境治理等重点工程	以企业和地方政府为主，中央财政适当支持，实施农村环境综合整治和土壤环境治理，实施农村生活垃圾专项治理行动，推进13万个行政村环境综合整治，实施农业废弃物资源化利用示范工程，梯次推进农村生活污水治理，确保“十三五”期间实现90%的行政村生活垃圾得到治理，75%以上的畜禽养殖场（小区）配套建设固体废物和污水贮存处理设施。完成100个农用地污染治理试点，开展67万 hm^2 受污染耕地治理修复和246万 hm^2 受污染耕地风险管控

文件名称	主要内容
全国农村环境综合整治“十三五”规划	要求以南水北调东线、中线水源地及其输水沿线、京津冀、长江经济带作为优先整治区域，以“好水”和“差水”周边的村庄①为整治重点，重点抓好农村饮用水水源地保护、生活垃圾和污水治理、畜禽养殖污染防治。到 2020 年，新增完成环境综合整治的建制村 13 万个，累计达到全国建制村总数的 1/3 以上。建立健全农村环保长效机制，确保整治过的 7.8 万个建制村的环境不断改善，确保已建农村环保设施长期稳定运行
关于实施农业绿色发展五大行动的通知	明确启动实施畜禽粪污资源化利用行动、果菜茶有机肥替代化肥行动、东北地区秸秆处理行动、农膜回收行动和以长江为重点的水生生物保护行动等农业绿色发展行动。力争到 2020 年，基本解决大规模畜禽养殖场粪污处理和资源化问题；果菜茶优势产区化肥用量减少 20%以上，果菜茶核心产区和知名品牌生产基地（园区）化肥用量减少 50%以上；东北地区秸秆综合利用率达到 80%以上，基本杜绝露天焚烧现象；农膜回收率达 80%以上，农田“白色污染”得到有效控制；长江流域水生生物资源衰退、水域生态环境恶化和水生生物多样性下降的趋势得到遏制，水生生物资源得到恢复性增长，实现海洋捕捞总量与海洋渔业资源总承载能力相协调

注：①“好水”周边的村庄指南水北调东线、中线水源地及其输水沿线，以及其他重要饮用水水源地涉及的村庄。“差水”指 343 个水质需改善控制单元范围内的村庄。

部分省（市、区）的相关主管部门也在此基础上相应发布了地方实施方案。如安徽省结合本省情况印发了《安徽省农业环境突出问题治理实施方案（2015—2020 年）》，江西省印发了《江西省农业可持续发展规划（2015—2030 年）》，河南省印发了《河南省“十三五”生态环境保护规划》，但也有部分省份仅转发了国家相关规划，未针对本地情况进行细化和衔接。

综上所述，我国农村生态环境保护政策和规划的特征表现为“两多两不足”：一是国家层面的政策规划多，而基层政府与之匹配的相关实施办法和方案不足。针对农村环保政策和规划，省级及以下地方政府通常直接转发国家文件，较少制订有本地地域特点的相应政策和规划，缺少对国家政策和规划的细化和解读，极大影响了政策和规划的落地和实施效果。二是政策规划理论指导多，实践指导不足。我国地域辽阔，自然条件和经济社会发展水平差异较大，国家出台的政策多以目标要求和指导原则为主，只提出了“做什么”和“做到什么程度”，没给出“如何做”的方法，缺少对各地具体开展工作的指导，使得各项要求在操作层面的分解严重不足。国家出台的规划虽然在一定程度上对政策进行了细化分解，但仍不能满足基层操作需要，被一些地方指责为“不接地气”。

1.2.3 农村生态环境保护标准规范

我国农村生态环境保护工作在实施层面仍然缺少技术指导和操作规范，影响了农村环保各项制度的落地。特别是在标准制定方面，尚未建立适应农业农村污染物排放特征的技术管理体系。

农村水、大气、土壤环境，固体废物污染控制和畜禽养殖污染防治，农村环境综合整治等目前中央和地方关注较多的领域，已经制定了 30 多项标准规范，具体见表 1-11。

表 1-11　我国现行农村环境标准规范

序号	分类	标准规范名称	标准号
1	水环境	农田灌溉水质标准	GB 5084—92
2		渔业水质标准	GB 11607—89
3		地表水环境质量标准	GB 3838—2002
4		地下水质量标准	GB/T 14848—93
5		农村饮用水水源地环境保护技术指南	HJ 2032—2013
6		饮用水水源保护区划分技术规范	HJ 338—2018
7		分地区农村生活污水处理技术指南	—
8		河北省农村生活污水排放标准	DB 13/2171—2015
9		浙江省农村生活污水处理设施水污染物排放标准	DB 33/973—2015
10		宁夏回族自治区农村生活污水排放标准	DB 64 T 700
11		山西省农村生活污染水处理设施污染物排放标准	DB 14/726—2013
12	固体废物	农用污泥中污染物控制标准	GB 4284—84
13		农业固体废物污染控制技术导则	HJ 588—2010
14		生活垃圾焚烧污染控制标准	GB 18485—2014
15		生活垃圾填埋场污染控制标准	GB 16889—2008
16		生活垃圾处理技术指南	—
17	大气	农用运输车自由加速烟度排放限值及测量方法	GB 18322—2002
18	土壤	食用农产品产地环境质量评价标准	HJ 332—2006
19	畜禽养殖	畜禽养殖污染治理最佳可行技术指南	—
20		畜禽养殖业污染防治技术规范	HJ/T 81—2001
21		畜禽养殖业污染物排放标准	GB 18596—2001
22		畜禽养殖业污染治理工程技术规范	HJ 497—2009
23		畜禽养殖禁养区划定技术指南	—
24		畜禽粪便农田利用环境影响评价准则	GB/T 26622—2011
25		畜禽粪便监测技术规范	GB/T 25169—2010
26		畜禽粪便无害化处理技术规范	NY/T 1168—2006
27		畜禽粪便还田技术规范	GB/T 25246—2010
28		畜禽粪便安全使用准则	NY/T 1334—2007
29		粪便无害化卫生要求	GB 7959—2012
30		山东省畜禽养殖业污染物排放标准	DB 37/534—2005
31		广东省畜禽养殖业污染物排放标准	DB 44/613—2009
32	农村环境综合整治	村镇生活污染防治最佳可行技术指南（试行）	HJ-BAT-9
33		农村生活污染控制技术规范	HJ 547—2010
34		村庄整治技术规范	GB 50445—2008
35		农村环境连片整治技术指南	HJ 2031—2013

注：部分地方标准规范未在原环境保护部备案，本书未纳入统计范围。

仔细研究这些标准，发现目前我国现行农村环境标准存在几个突出问题：一是农村环境标准少。我国现行环境标准体系是以城市工业源污染防治为基础建立起来的。从 1973 年第一部环境标准——《工业“三废”排放试行标准》颁布起，我国环境保护标准制订工作已开展 40 多年，标准的数量不断增加，标准的种类日益丰富。截至 2017 年年底，累计发布国家环境保护标准 2 126 项，废止 293 项，现行标准 1 833 项，其中涉及农村生态环境保护的标准仅 20 余项，占比不足现行标准的 1.6%；在原环境保护部备案的地方环境保护标准共 186 项，其中与农村生活污水、垃圾、畜禽养殖相关的标准仅 6 项，占备案标准的 3.2%。标准数量少进一步加剧了农村环保政策在操作层面指导不足的矛盾。二是标准制订存在大量空白。在水环境标准方面，缺乏农村生活污水排放标准、农业面源污染物控制排放标准、农村小型无动力/微动力污水处理设施排放标准、农田退水水质标准等。在大气污染防治方面，没有农药喷洒对大气的影响、沼气设施气体排放控制标准等。在土壤污染防治方面，缺乏农药、化肥污染控制标准。在固体废物管理方面，目前农村生活垃圾处理处置参考的是城市《生活垃圾焚烧污染控制标准》《生活垃圾填埋场污染控制标准》《生活垃圾处理技术指南》等，缺乏适用于农村地区的生活垃圾处理处置标准、农膜残留回收利用标准等。三是部分标准标龄过长。虽然水、大气、土壤、畜禽养殖等方面涉农环境标准制定时间主要集中在 2006—2013 年，但现行涉农环境标准中有少部分标准标龄已超过 20 年。如现行的《渔业水质标准》（GB 11601—89）已实施 29 年，不能适应当前的农业生产需要和环境管理要求，在控制项目、标准设定、监测方法上都需要及时更新。四是标准适用范围存在“一刀切”现象。我国农业生产水平不高，经济水平差异大，标准化程度低，不同农村地区差异较大，农业面源污染排放总量和排放强度呈现出显著的区域异质性。亟须打破制订统一的污染物排放标准的传统管理思路，由国家层面制定相关管理政策，明确环境监管的重点环节，基层政府突出因地制宜原则，制订适合当地的农业面源治理方法和具体监管要求。

同时，也应看到农村生态环境保护标准的内容和思路在不断调整和完善。从 1984 年颁布的《农用污泥中污染物控制标准》（我国第一个涉农环境保护标准）到 2001 年的《畜禽养殖业污染物排放标准》，再到 2013 年的《农村环境连片整治技术指南》，标准的主要内容从控制外来污染物对农村环境的影响逐渐发展到减少农村自身产生的污染物的影响，进而着眼于从技术层面对污染物进行预防控制，标准制订的思路在逐渐拓宽，更有利于从源头进行污染控制。

1.3 我国农村生态环境治理现状

我国农村环保工作起步晚、基础差、保障不足，距离乡村振兴战略提出的“生态宜居”

“构建人与自然和谐共生发展新格局”仍有相当大的差距。近十年来，各级政府在农村人居环境治理、农业面源污染防治及环境管理机构队伍建设等方面开展了大量工作，取得了一定成效。

1.3.1　农村人居环境治理初见成效

2008 年，国务院召开全国农村环境保护工作电视电话会议，要求实施“以奖促治”政策、开展农村环境综合整治，标志着我国农村环境保护进入实质性进展阶段。按照国务院统一部署，自 2008 年以来，环境保护部、财政部指导推动各地大力实施“以奖促治”政策、开展农村环境综合整治。2008—2017 年，中央财政累计安排农村环保专项资金（农村环境综合整治资金）435 亿元，支持各地开展农村环境综合整治。截至 2017 年年底，全国已有 13.8 万个村庄完成环境综合整治，近 2 亿农村人口直接受益。各地已建成生活污水处理设施 30 多万套，生活垃圾收集、转运、处理设施 1 000 多万个（辆）。其中，各省农村生活污水处理设施建设规模显示，浙江省集中式农村生活污水处理设施数量最多，达到 4 000 多套；重庆市农村分散式污水处理设施建设数量最多，达到 6 万多台（套），这与区域的自然村落分布及经济发展水平等密切相关。通过实施“以奖促治”政策，带动相关部门和地方加大农村人居环境改善力度。截至 2016 年年底，全国 73.9%的行政村生活垃圾得到集中处理或部分集中处理，17.4%的村庄生活污水得到集中处理或部分集中处理，53.5%的村庄完成或部分完成改厕。

同时，必须清醒地认识到，全国尚有近 80%的村庄生活污水没有得到处理，近 50%的村庄没有实施改厕。以简单收集为标准，仍有 26.1%的村庄生活垃圾没有得到处理。已经完成整治的村庄的环保设施长效运行维护仍然困难重重。

1.3.2　农业面源污染治理有序推进

农业面源污染主要来源于养殖业污染物排放、农药化肥流失以及水土流失和暴雨径流情况下土壤中氮、磷等的流失。近年来，农业农村部、生态环境部督促指导各地开展农业面源污染防治，此项工作整体上有序推进。

在畜禽养殖污染防治方面，2013 年国务院颁布了《畜禽规模养殖污染防治条例》，这是我国第一部畜禽养殖污染防治专项法规。该条例明确要求通过引导产业模式和布局的优化、加强环境监管，营造有利于畜禽粪便等废弃物综合利用的政策环境，通过扶持、鼓励和引导，打通畜禽粪便等废弃物综合利用的渠道，从根本上解决畜禽养殖废弃物资源浪费导致的污染问题，促进畜牧业持续健康发展。此后，生态环境部门更多地参与到畜禽养殖污染防治工作中，政策方向从简单要求畜禽养殖场污水达标排放和总量控制，逐步过渡到与农业农村部门共同规划布局和推动养殖废弃物综合利用。尤其是“十三五”以来，国家层面密集出台了加快推动畜禽养殖废弃物资源化利用和污染防治的相关文件。2016年，环境保护部和农业部联合发布了《关于进一步加强畜禽养殖污染防治工作的通知》《关于印发〈畜禽养殖禁养区划定技术指南〉的通知》，要求各地加强畜禽养殖污染防治和综合利用工作。其中划定畜禽养殖禁养区是落实“水十条”的要求，依法关闭或搬迁禁养区内的畜禽养殖场（小区）和养殖专业户，推动规模化畜禽养殖场（小区）配套建设污染防治设施，鼓励种养结合，推进畜禽养殖废弃物资源化利用。截至2017年年底，绝大多数地区已完成畜禽养殖禁养区划定工作，优化了养殖场的布局，从源头解决养殖对环境的风险隐患。2017年，国务院办公厅印发了《关于加快推进畜禽养殖废弃物资源化利用的意见》（以下简称“意见”），要求全面推进畜禽养殖废弃物资源化利用，并提出了畜禽粪污综合利用率和规模养殖场粪污处理设施装备配套率目标。为落实“意见”要求，原环境保护部和农业部印发了《关于畜禽养殖废弃物资源化利用过程中加强环境监管的通知》《关于印发〈畜禽养殖废弃物资源化利用工作考核办法（试行）〉的通知》，加强畜禽养殖废弃物资源化利用和环境监管工作。目前全国畜禽养殖废弃物综合利用率已达到64%。

在水产养殖污染防治方面，《渔业法》规定国家对养殖水域利用进行统一规划；中共中央、国务院《关于加快推进生态文明建设的意见》提出，要科学合理布局和整治生产空间，控制发展水产养殖；国务院《关于印发水污染防治行动计划的通知》提出，推进生态健康养殖，在重点河湖及近岸海域划定限制养殖区。2016年年底，农业部启动新的养殖水域滩涂规划编制工作，印发《养殖水域滩涂规划编制工作规范》和《养殖水域滩涂规划编制大纲》，要求各地合理布局水产养殖生产，依法划定禁止养殖区、限制养殖区和允许养殖区，促进水产养殖业规范有序发展。这次养殖水域滩涂的重新规划，使水产养殖水域从原有的产业规划变成区域规划。养殖水域滩涂规划是渔业管理的基本制度，是水产养殖业发展的布局依据，也是推进产业转型升级的重要抓手。目前，约77%的主产县政府已发布了规划，下一步将推动实现全覆盖。2019年2月，经国务院批准，农业农村部等10部委联合印发了《关于加快推进水产养殖业绿色发展的若干意见》，围绕加强科学布局、转变养殖方式、改善养殖环境、强化生产监管、拓宽发展空间、加强政策支持及落实保障措施等方面作出全面部署。这是中华人民共和国成立以来第一个经国务院同意、专门针对水产养殖业的指导性文件，是当前和今后一个时期指导我国水产养殖业绿色发展的纲领性文件，对水产养殖业的转型升级、绿色高质量发展具有重大而深远的意义。

在种植业污染防治方面，原农业部组织开展农药使用量零增长行动，加大农作物重大病虫统防统治，推动农药减量增效。截至2016年年底，粮食、蔬菜、果树、茶叶等主要作物绿色防控技术应用面积超过3.4亿hm^2，绿色防控覆盖率达到25.2%。实施测土配方施肥，指导有条件的地区科学合理施用化肥。截至2016年年底，测土配方施肥项目基本覆盖到全国所有县级农业行政区，技术推广面积达1.1亿hm^2·次。2017年，又在100个县

（市、区）开展有机肥替代化肥示范，减少化肥污染。

近年来的《环境统计年报》相关数据显示：农业源化学需氧量、氨氮排放呈逐年下降趋势，分别由 2011 年的 1 186.1 万 t、82.7 万 t 下降至 2015 年的 1 068.6 万 t、72.6 万 t。农业源总氮、总磷的排放基本保持稳定，未出现大幅增长现象。但由于我国农业源污染物排放总量基数大，降低农业面源污染物总量仍任重道远。

1.3.3　农村生态环境管理机构及队伍建设尚处初期阶段

在中央本级，原环境保护部作为环境保护主管部门，水环境管理司专门设置农村处负责组织协调全国农村生态环境保护工作。在省一级，截至 2016 年年底，全国 32 个省（区、市）环境保护厅（局）均有相关职能处室履行农村生态环境保护的工作职责。其中，辽宁省专门设置农村处推动相关工作，浙江、江苏等 15 个省（区、市）将农村生态环境保护工作纳入水环境管理处工作职责中，其他各省（区、市）农村生态环境管理分别纳入土壤处、生态处或科技处等相关职能处室职责中。截至 2014 年，全国设置环保机构的乡镇数量达到 2 968 个，约占乡镇总数的 10%，比 2010 年增加了 60%，乡镇环保机构人员 11 900 多人，比 2010 年增加了 68%。

虽然农村生态环境管理机构和队伍建设得到强化，但是相对农村生态环境保护的工作量和工作难度，现有的机构和队伍配置远远不能够满足农村生态环境保护工作的需求，农村生态环境管理机构及人才建设面临严峻的挑战。以经济较为发达的苏南某县为例，其县级环境监测站和监察局在职人员仅 20 多人，需要负责全县近 400 家企业的环境监测和监管工作，城镇及工业领域的环境监测和监管压力巨大，无暇顾及农村地区的环境监测和监管工作。

1.4　我国农村生态环境管理的主要挑战

随着生态环境保护工作的不断深入，其工作重点范围逐渐从工业和城市污染治理向农业农村污染治理拓展。我国农村生态环境管理工作面临农村地区社会经济发展滞后、情况复杂多样以及农村地区环境保护基础工作薄弱的双重挑战。在社会经济文化方面，城乡二元结构、农业粗放式生产、农村社会结构变化等带来的农村环境问题的复杂性和多样性，增加了农村生态环境管理的难度；在工作基础方面，农村生态环境管理尚未解决职责分工、政策标准、资金机制、监管机制、科学治理和农民参与等关键问题。

1.4.1　农村地区环境基础设施严重不足

我国城乡二元经济结构由来已久，主要表现为：城市经济以现代化的大工业生产为主，而农村经济以典型的小农经济为主；缺乏城乡一体化的总体发展规划，电力、道路等城乡基础设施建设存在明显差异，城市的道路、通信、卫生和教育等基础设施发达，而农村的基础设施落后；城乡收入存在巨大剪刀差，城市的人均消费水平远远高于农村；国家在税收等方面反哺农业和农村的政策力度不足等。

在农村生态环境保护方面，集中表现为农村生活污水、垃圾处理等环保基础设施不完善。根据国家统计局《第三次全国农业普查主要数据公报（第 3 号）》，截至 2016 年年底，全国只有 73.9%的村庄生活垃圾得到集中处理或部分集中处理，17.4%的村庄生活污水得到集中处理或部分集中处理，53.5%的村庄完成或部分完成改厕。全国及不同区域乡镇、村卫生处理设施配套建设情况见表 1-12。

表 1-12 2016 年全国及不同区域乡镇、村卫生处理设施建设情况

	全国	东部地区	中部地区	西部地区	东北地区
生活垃圾集中处理或部分集中处理的村比例/%	73.9	90.9	69.7	60.3	53.1
生活污水集中处理或部分集中处理的村比例/%	17.4	27.1	12.5	11.6	7.8
完成或部分完成改厕的村比例/%	53.5	64.5	49.1	49.1	23.7

根据《2016 年城市建设统计年鉴》，截至 2016 年年底，全国城市污水处理率达 93.4%、生活垃圾处理率达 98.4%。城市生活污水处理率高于农村生活污水处理率 76 个百分点，城市生活垃圾处理率高于农村生活垃圾处理率 24.5 个百分点，城市地区环境基础设施建设及处理能力远高于农村地区。

在饮用水水源方面，我国农村饮用水水源地底数不清，水源地保护范围划定和规范化整治等工作滞后，农村饮用水水源地安全缺乏保障。2016 年，中国环境监测总站对全国 32 个省份和新疆生产建设兵团共 2 053 个村庄的 2 210 个饮用水水源地水质状况进行监测，结果显示农村饮用水水源地水质达标率为 79.3%，与城市饮用水水源地水质达标率（90%以上）和《水污染防治行动计划》中要求的饮用水卫生合格率（90%以上）有较大差距。

城乡二元结构给我国开展农村生态环境管理工作带来独特的挑战：一方面，城乡二元结构造成农村地区基础设施不足；另一方面，城乡二元结构造成农民支付能力低，难以承担环境改善责任。这就使得我们难以直接套用日本等发达国家开展农村生态环境管理的经验。但是也应该认识到，虽然目前城乡二元结构是造成农村地区人居环境较差的根本原因，但解决这一问题不能简单地等待城乡二元结构的消除。城镇化发展是一个漫长而复杂的过程，在这一进程中，我们必须找到一条具有中国特色的农村生态环境管理道路，提升广大农民的幸福感和获得感。

1.4.2　农业粗放式发展带来面源污染积重难返

根据 2015 年《环境统计年报》，全国废水中化学需氧量排放量 2 223.5 万 t，其中农业源化学需氧量排放量 1 068.6 万 t，占总排放量的 48.1%；全国废水中氨氮排放量 229.9 万 t，其农业源氨氮排放量 72.6 万 t，占总排放量的 31.6%。农业源污染基本占到了全国废水污染物总排放量的“半壁江山”。农业面源占比大的根本原因在于农业生产方式粗放，农业投入品利用效率低，未利用部分最终形成污染。

禽畜养殖是农业面源的最主要来源。据最新的《中国畜牧兽医年鉴》显示，我国生猪出栏数、家禽存栏量、奶牛存栏量、肉牛存栏量连续多年居世界第一。按照生猪年出栏 500 头、奶牛存栏 50 头、肉牛出栏 50 头、蛋鸡存栏 1 万只和肉鸡出栏 5 万只为规模化养殖标准统计，全国主要畜禽规模化养殖比例为生猪 42%、奶牛 51%、肉牛 28%、蛋鸡 36%、肉鸡 45%。尽管近年来规模化养殖水平有所提高，但除奶牛外，目前生猪、肉牛、蛋鸡、肉鸡总体仍以分散式养殖为主。与规模化养殖相比，分散式养殖存在着设施不健全、管理粗放、污染分散等突出特点，是产生和排放污染物的“大户”。畜禽养殖废水的污染物排放量在农业面源污染中占较大份额，2015 年畜禽养殖业排放化学需氧量 1 015.5 万 t，占农业源的 95%；排放氨氮 55.2 万 t，占农业源的 76%。

水产养殖业是农业面源的另一重要来源。我国淡水养殖空间分布过于集中、发展方式粗放，导致重点流域部分控制单元污染超标。目前我国是世界上最大的鱼类捕捞国、水产养殖国和海产品出口国。在养殖空间布局方面，2016 年我国水产养殖量约占全国海产品总量的 75%，比上年增长 4%，但水产养殖面积比上年降低 1%。其中 80%以上的淡水养殖产量集中在长江、珠江流域，主要水产养殖区广东、湖北、江苏等 3 个省份的水产养殖产量占全国总产量的 31%，形成了高密度的养殖格局。在环境管理方面，一些地方采用网箱养殖、肥水养殖等粗放的水产养殖方式，加之投入品管理不规范、缺少养殖尾水排放标准等，导致大量氮、磷进入水体造成水体污染和生态破坏。

种植业面源污染主要来源于化肥和农药的过度施用。我国农药使用总量近年已实现连续下降，但农药施用强度仍然较高。2016 年全国化肥施用强度为 443.5 kg/hm^2，是国际施肥上限的 1.97 倍；全国平均农药施用强度为 12.9 kg/hm^2，是国际限值的 1.84 倍。虽然我国化肥、农药总使用量开始下降，但是其施用强度依然非常高，主要原因是农药、化肥利用效率低，三大粮食作物氮肥、磷肥和钾肥利用效率分别只有 33%、24%和 42%，农药利用效率为 35.2%，低于发达国家 10～15 个百分点，除作物吸收外，大部分农药、化肥进入了水体和土壤，对环境造成危害，加剧了农业面源污染日益严峻的形势。

与农村生活污染源相比，农业面源产生量更大、源头更多、治理更加困难，对生态环境的破坏也更为严重。长期以来，我国农业以提高农产品数量、养活更多人口为目标，近年来才将生态环境保护纳入工作范畴，农业生产的“小、散、乱、污”特征明显。不改变农业生产方式、从源头加强农业环境管理，就不可能真正解决农业面源污染问题，全国范围的环境质量改善也不可能真正实现。

1.4.3 农村社会结构变化增加环境管理难度

当代农村正经历着深刻的社会结构变化，这些变化在一定程度上加大了农村生态环境管理的难度。

不同区域及农民个体的收入差距扩大增加了农村生态环境管理的复杂性。随着农村地区第二产业和第三产业在经济结构中的占比不断上升，逐渐降低了农业在农村社会中的经济地位，也拉大了不同区域农村的收入差距。即使在同一地区，由于外出打工、建立私营企业等因素，也会出现农民个体间收入差距较大的情况。农村地区由于市场机制不完善、公共财政供给不足，集体经济能力和农民个人经济能力在解决环保等社会问题方面发挥重要作用，因此不同地区开展环保工作的能力相差较大。实践证明，东部沿海经济发达地区的农村生态环境保护工作远远走在中西部经济相对落后地区之前。这使得在全国范围内实施统一的农村生态环境管理几乎不可能。

人口流动造成的村庄空心化增加了农业农村污染治理的艰巨性。村庄人口流失在许多地方成为常态，青壮年男性劳动力外出打工，幼儿、妇女、老人留守农村，外出打工人员只在春节等重要节日短期回乡。这种新的农村人口结构和周期变化，一方面加大了农村环境治理难度，主要是劳动力减少使得污染治理设施的运营维护更加困难，同时由于人口周期性变化较大，造成生活污染源稳定性差，增加了治理设施的运行难度；另一方面，由于家庭收入主要依靠外出打工，农业不再是主要收入来源，农民提升农业规模化、标准化水平的积极性差，为实现农业绿色转型、从根本上解决农业面源污染问题增加了障碍。

农村社会经济结构变化带来的传统文化流失削弱了农村开展自我环境管理的能力。农村深刻的社会变革首先改变了农村传统的生产生活方式，而城市基础设施并未随之建设，带来许多新的污染问题。如农村厕所逐步向卫生实用方向改进，但传统的粪尿收集和综合利用则被抛弃，加大了农村污水处理的难度，减少了农业有机肥的施用；又如农村传统的用于包装物品的荷叶、苇叶等植物逐渐被经济耐用的塑料包装品代替，加大了生活垃圾的产生量和处理难度。农村地区的社会结构变化对遵守礼法、尊敬老人等传统美德的冲击不可小觑，使得农村传统的社会治理手段失灵，对农村生态环境管理的能力带来新的挑战。农村传统社会关系是基于血缘关系和地缘关系建立起来的，人们重视宗族，重视邻里，重视舆论，依靠乡规民约和德高望重的老人可以有效实现村庄自我管理。但随着农村社会结构变化，家庭内部和邻里之间社会经济关系减少，人际关系陌生化，传统的村庄治理体系难以在环境管理中发挥作用。

农村社会结构变化是现代化进程中的必然结果，既为农村生态环境管理工作提出了挑战，也为建立现代化的农村人居环境和提升农业生产效率提供了契机。我们要利用好变化中的有利因素，积极作为，开展工作。

1.4.4 农村生态环境管理责任仍未充分落实

我国农村环保工作模式属于自上而下的政府主导型，基层政府是开展农村环保工作的主要力量，但各级政府部门关于农村环保工作协调推动不足，各部门职能和相关人员责任未得到有效落实。

一是各部门尚未形成顺畅的协同工作机制。农业农村环境治理的政策分散在生态环境部、住房和城乡建设部、农业农村部等多个部门，职责不清，相互之间配合也不顺畅。以有机肥补贴政策为例，虽然《畜禽规模养殖污染防治条例》围绕有机肥的项目审批、生产用电、税收、运输以及购买和使用环节给予扶持政策，为有机肥更广泛的应用奠定了制度基础，但是相关扶持政策迟迟未能落地。究其原因是《畜禽规模养殖污染防治条例》规定的有机肥补贴政策涉及财政部、国家发展和改革委员会、交通运输部、工业与信息化部、农业农村部、生态环境部等多部门，未明确补贴政策的责任部门或牵头部门，未制定落实补贴政策的责任部门或牵头部门，未制定落实补贴政策的时间表和路线图。目前，国务院机构改革的思路和部门分工还需要时间逐级落实，尚未形成顺畅的部门合作机制。随着中央环境保护督查工作的开展，一些地方政府摸索出行之有效的工作模式，如江苏、重庆等地区形成了多部门分工明确、相互协作的工作机制。但绝大部分地区农业农村环境治理工作仍存在相互推诿的现象。

二是基层政府农村环保意识缺失。由于各种原因，部分地区农村重经济发展、轻环境保护的发展观尚未扭转，没有将农村环保纳入重点工作范畴，基层政府意识欠缺严重阻碍农村生态环境保护工作开展。在生态环境保护方面，一些地方忽视农民对美好生态环境的需求，认为农村地区出现“脏、乱、差”现象理所当然。在资金投入上，农业农村污染治理长期投入不足。很多地方过度依赖中央政府投资，地方财政对农村生态环境保护工作支持甚少。各级政府绩效考核中，几乎没有地区将农村环保工作纳入考核内容。

三是基层生态环境保护力量薄弱。生态环境保护机构设置从中央到地方呈“倒金字塔”结构，越到基层政府，生态环境管理机构数量越少，专业环保人员配给越不足，环境监管能力越弱。农业农村环境保护工作主要由乡镇一级具体承担，但乡镇环保办尚不具备监测和监察执法的能力。同时，地方生态环境保护部门在履行监管职责时，追责环节频现有权责任部门轻松脱责、生态环境保护部门屡屡成为政府追责对象的现象，形成环保管得越多、责任越多、受到的处罚越多的恶性循环，严重影响农村环境监管工作实施。

四是作为污染主体的农民环境保护意识淡薄。受传统小农思想影响，若无直接经济利益激励，农民对履行农村环境治理主体的义务难有自知。此外由于长期信息不对称和专业知识缺乏，农民对表达环保诉求、监督举报农村环境污染行为的权利认知程度不足，存在置身事外的心理。

造成各级政府、各个部门以及农村从业人员未充分落实环保责任的原因十分复杂。一方面在顶层设计上，政府与农民之间、各级政府之间、同级政府的不同部门之间均存在责任分工不清晰的问题；另一方面，人力、财力和技术支撑严重不足也加大了各级政府履职的难度。在今后相当长一段时间内，以政府为主导的治理模式仍将是我国开展农村环保工作的主要方式，尽快明确政府职责、调动各级政府积极性、提升对基层政府的支持力度是当务之急。同时农村从业人员的积极参与也是解决农村环境污染的重要内容。

1.4.5 适应农村社会经济特点的环境监管机制亟待建立

在农村生态环境保护工作的总体设计中，除需尽快明确各级政府的职责分工、提升其履职能力之外，亟须建立一套适应农村社会经济特点的环境监管机制。2014 年，国务院办公厅印发《关于加强环境监管执法的通知》，仅针对环境违法企业的环境监管工作提出具体要求，未对农村生活、农业生产污染环境监管手段、方式方法等进行指导。目前，针对农业生产过程中农药、化肥、农膜等农业投入品的环境监管尚未开展，农村生活污水和垃圾的环境监管尚未形成常态，规模化畜禽养殖污染防治“平移”工业企业监管方式进行统一监管，分散化畜禽养殖污染防治工作主要依靠公众环保投诉进行“一对一”管理，对农业生产废弃物中的秸秆禁烧的环境监管，主要依靠行政手段，通过人海战术进行监管。

我国现行环境监管体系主要是在应对工业污染和城市生活型污染过程中建立起来的，监督指导农业农村污染治理存在以下不适应的情况：

一是工业源分布集中而农业农村污染源较为分散，针对工业源的台账式管理难以完全复制到农业农村污染监管工作中。目前我国实行的环评、排污许可证等工业污染源监管制度，都是以污染源清单为管理基础，优点是管理的精确度高、针对性强，缺点是需耗用大量人力物力，台账建立过程复杂且艰难。农业农村污染源量大面广，如果直接复制台账式的工业源监管方法，将面临海量的人力投入和漫长的工作周期，恐难适应当前农业农村污染源急迫的管理需求。

二是同一行业的工业源污染物排放特征相对稳定，而农业农村污染源受地域及自然条件等因素影响较大，针对工业源的标准化治理模式及统一的监管要求不适用于农业农村污染源。现代工业标准化程度较高，同一行业、同一工艺，在规模、原辅料明确的情况下，污染物种类和产生量是基本可以确定的，相应地，需采取的治污措施也可以按行业进行规范化要求，实现污染治理和监管的统一化。而农业农村污染源受地域等自然因素影响较大，以畜牧业生产为例，四川、河南、湖南等省生猪养殖规模较大，内蒙古、河北、黑龙江等省区奶牛养殖优势明显，云南、河南、四川等省肉牛养殖规模位居前列，山东、广东、河南等省家禽养殖数量较大。不同畜禽粪便中的污染物种类及废水中有机物浓度不同，加之受降雨量影响，不同地区废水排放特征也不尽相同，使得针对面源的治理很难提出标准化的措施，进而难以开展标准化的监管，以点源为基础发展起来的污染源取样分析等监督性监测标准也难以确定。

三是工业源治理的责任主体是企业，而农业农村污染源治理的责任主体不明确，不能简单套用“谁污染，谁治理”原则。我国农民在社会中的特殊位置增加了农业农村污染监管的难度，需要充分考虑这些特征来对监管机制进行设计和完善。

由于我国农村人口多，人均耕地少（2004 年为 0.1 hm^2/人），同时农民居住分散，其生活污水和垃圾排放量少且分散，使得农村环境监管对象量大、分散的特征显著，导致农村环境监管单位成本高、环境效益低。此外，农民通过农业生产获取的经济收入低，2017 年我国农村居民人均可支配收入为 13 432 元，这就使得农民缺乏承担环境违法罚款的能力。我国农民的上述特征导致农村环境监管对象虚化，难以按照现行的工业污染防治的监管方式开展监管。

生态环境部担负开展生态环保工作顶层设计和统一监管的职责，当行业主管部门和各级政府真正开始履行农村环境治理职责后，监管将成为生态环境部门的主要工作。生态环境部门需尽早谋划、及时布局，尽快建立一套适应农村特点的可量化、可考核的监管机制。

1.4.6　便捷有效的农业农村污染治理模式严重欠缺

污染治理模式是包含管理思路、治理技术等关键要素的结构化、可操作的实施方法，是指导解决污染问题的具体方案和路线图。在农业农村污染治理工作中，由于资金有限、技术人员短缺，不能简单照搬城市生活污染治理模式和工业污染治理模式，需要探索投入低、运维简单、便捷有效的治理模式。目前我国农业农村污染治理工作多处于试点探索阶段，尚未形成成熟的可推广的治理模式。

即便是目前推广采用的“村收集、镇转运、县处理”的农村生活垃圾收集处置模式，也存在诸多问题。

一是按现行模式，分散在广大农村地区的生活垃圾被集中转运至城镇进行无害化处理，对城镇生活垃圾末端处理设施造成巨大压力。农村生活垃圾“进城”加剧了城镇生活垃圾处理处置设施供需矛盾，易引发社会风险。如湖南省常德市安乡县蔡家溪垃圾填埋场 2013 年运行，目前已有 1 个 20 多万 m^3 的垃圾坑填满闭坑；河北省唐山市下辖的迁安市 2009 年以来建成的 9 个乡镇垃圾填埋场已有 4 个闭场，各地不得不新建大量垃圾焚烧和填埋处理设施。但近年来多地发生的因反对生活垃圾填埋场和焚烧厂建设的群体性事件，对社会稳定造成影响。仅 2018 年以来，全国就有 17 起由垃圾焚烧发电厂引发的群体性事件或重大舆情风险。2018 年 1 月，广西桂林和玉林发生两起农村生活垃圾处理处置项目引发的群体性事件；5 月，又有广东茂名、湖南湘潭等地因垃圾焚烧发电项目建设爆发了“邻避”冲突。

二是按现行模式，大量农村垃圾进城集中处理，运行成本高，经济欠发达的县区财政难以承受，难以持续良性运转。由于经费无保障，保洁人员工作积极性不高，清运效果差；有些已建成的垃圾填埋场和焚烧厂不能正常运转，设施空置造成了极大的浪费。以唐山市为例，经济水平相对好的丰南区 2016 年垃圾处理费达 4 980 万元，人均年处理费约 100 元，全部由区和乡镇财政负担。但是对于经济欠发达的迁西县（2016 年全县财政收入 17.9 亿元，在唐山市辖 14 个县区市中排名第 11 位），正常工作经费和工作人员工资发放都出现困难，垃圾处理支出就更难以保障。

三是部分地区采取非规范化填埋和焚烧处理垃圾，环境隐患凸显。一些地区由于各种原因未对生活垃圾进行安全处理处置，带来较多环境隐患：一些地区将收集后的生活垃圾在村头、废弃矿坑等简单填埋，缺乏防渗措施，容易造成地下水和土壤污染；一些地区鼓励采用小型垃圾碳化热解设施就地焚烧可燃垃圾，但是尚未纳入环境监管范围。大部分设施建设未开展环境影响评价和环保竣工验收，对设施选址没有进行论证，废气经简易除尘后排放，对二噁英等有毒有害气体污染缺乏防控，威胁人体健康。农村就地就近填埋或焚烧生活垃圾的污染防治措施不规范，最终结果只是将生活垃圾由分散面源变成集中点源，没有从根本上解决农村生活垃圾污染问题。

不当的治理模式带来大量资金和人员投入，不仅难以解决农业农村污染问题，还会造成设施闲置甚至污染加重的问题。

1.4.7 农村生态环境保护技术帮扶和宣传教育任重道远

农村生态环境保护技术多种多样且具有一定的专业性，我国农民普遍文化水平较低，而针对农民开展环保工作的技术帮扶严重不足。目前已开展的农村环保教育多以提升理念为主，缺少操作层面的具体指导和技术帮扶。虽然我国农民具有朴素的生态环保观念，但在现代农业和城市生活方式的影响下，缺少将原有理念转化为行动的能力。农民不具备在农业生产中实现绿色发展、农药化肥提质增效、减少排放等方面的操作技能，对在村居生活中如何开展生活垃圾的就地资源化、生活污水的有效利用也缺少专业指导，很多经济较为发达的地区存在农民想参与环保却不知道如何做的尴尬局面。

农民作为农村环境污染主体和治理受益主体有参与环境治理、合理分摊治理成本的义务。帮助农民建立起承担农村环保工作的意识和能力，是开展农村生态环境保护技术帮扶和宣传教育工作的主要职责。随着农村环保宣传教育深度和广度逐步加大，全民参与农村环保的态势正逐步建立，但农村生态环境保护宣传教育还普遍存在以下几点问题：

一是环境保护宣传培训向农村层面延伸不够。目前环境保护宣传教育主要针对城市和工业污染，农村层面宣传培训对象通常为地方政府公职人员和中小学在校学生。农民应是农村环保教育最重要的受众，但大部分乡镇缺乏专业的环保机构和人才队伍，直接面向基层农民的环保宣传培训未全面普及。

二是农村环保宣传教育体系尚不健全。虽然有关部委已出台一系列文件要求开展多种形式的农村环保宣传培训工作，但这些文件仅提出原则上的倡导和要求，农村环保宣传教育专题相关政策法规和专业书籍缺失，行业未统一规范，教育体系尚未健全。农村环保宣传教育在机构设置、人才培训和监督考核等方面的组织形式和开展方式尚未明确。

三是城市公众对农村地区的环保工作关注度高、参与度低。从参与的层次来看，公众参与又可以划分为三个层次，即观念性参与、行为性参与和监督性参与。随着乡村振兴战略的提出，当前社会公众对农村环保工作的重视程度已日渐提升，绿水青山就是金山银山的观念深入人心。但是公众特别是城市居民，对农村地区的环保工作还主要停留在观念性参与阶段，主要表现为对农村地区环境污染的抱怨，对童年美好回忆的留恋，缺少参与农业农村污染治理和监督的实际行动。

第 2 章 日本农村生态环境管理发展及现状

日本环境保护工作经历了从单纯的城市环境管理，逐渐过渡到城市和农村全覆盖、一体化管理的过程，在开展农村生态环境管理上积累了许多成功的经验。中国与日本同为东亚小农业经济，在社会文化背景、经济发展过程、社会发展框架等方面具有一定的共通性和可比性，因此日本农业农村环境管理的成功经验，可以为中国的农村生态环境管理提供参考。

2.1 日本环境管理发展历程

日本在 20 世纪 70 年代初就实现了城乡一体化发展，其农村生态环境保护工作是在城镇化高度发展后，与城市环境保护工作统筹开展的。因此，本节按照日本城镇化发展的时间维度研究其农业农村生态环境管理进程。

日本的城镇化发展主要经历了三个阶段：一是以土地所有制改革为基础的“明治时代”，即城镇化起步阶段，该阶段通过一系列土地和地税改革以及“殖产兴业”[①]政策的实施，为日本城镇化发展奠定了物质和经济基础；二是以工业企业向农村转移为特征的战前及“二战”时代，即城镇化过渡阶段，在该阶段部分工业企业由城市转移至农村地区，为农村地区输送了大量人才和先进技术；三是以经济振兴为主要目标的战后发展阶段，即城镇化加速发展阶段，这一阶段前期城市和农村地区融合发展，农民人均收入逐渐超过城市居民，后期政府注重农村农业与工业的均衡发展，在发展经济的同时，高度重视农业农村生态环境保护功能。伴随城镇化发展的这三个阶段，政府不断加大对农村生态环境保护工作的关注度，环境保护涵盖的内容逐渐增多，管理机制不断健全。

---

① “殖产兴业”政策是日本在明治维新时期提出的三大政策之一。其具体内容是运用国家政权的力量，以各种政策为杠杆，用国库资金来加速资本原始积累过程，并且以国营军工企业为主导，按照西方的样板，大力扶植日本资本主义的成长。

2.1.1　明治时代：城镇化起步阶段（1868—1920 年）

1868—1912 年日本明治天皇在位，这一阶段实施的“明治维新”使日本自此踏上了现代化的起跑线，为日本城镇化奠定了基础。到 1920 年，日本国力达到“明治维新”以来最高峰。1871 年，日本政府推行“废藩置县”，以县管制代替幕藩体制，确立日本 3 府 72 县。1888 年，日本确立了市町村制度，市是城市化地区，町与村是农村的基层行政区，自此城市和农村开始有了不同的发展方向。

2.1.1.1　城市地区工业发展迅速，城市规模不断扩大

这一时期日本政府实施“殖产兴业”政策发展现代工业，推动日本由农业国家转变为工业国家，并围绕京滨、阪神、中京和北九州逐渐形成四大近代工业地带。同时，随着工商业的发展，工业聚集地区对劳动力的需求也相应增长。20 世纪初的 7 年内，大阪市、名古屋市、神户市和京都市的城市新增人口达 85 万人之多。

2.1.1.2　农业及农村工业发展缓慢

19 世纪 70 年代，日本实施了一系列土地和地税改革，废除等级制度，承认农民的土地所有权，确立了现代私有制的农村土地制度，取消了束缚农村农业发展的绝大部分零杂税。但地税改革制定的税率过高，迫使大量自耕农破产，失去土地，农村土地日益集中到地主手中。同时自耕农人数逐渐减少，佃农人数不断上升。明治维新时期，自耕农比例从 37.3%降至 32.9%，佃农比例则从 20.9%上升至 27.2%。佃耕率居高不下，促使近代日本形成了封建性极浓的寄生地主制，严重阻碍了农业生产的发展和农民生活的改善，与城市地区工业化发展和城市生活水平的提高形成强烈反差。

这一阶段前期，农村工业以酱汤、腌菜、丝织、衣服、草鞋及农具生产等为主。从事农村工业生产的主要是一些比较富裕的农民，在多数情况下，产品以农村生活自用为主，仅有少部分生产以商业为目的。农民过着自给自足的生活，自发的比较重视与农村生产生活相关的水土保持和自然生态环境。这一阶段后期，受以外来科学技术为基础的近代工业发展影响，农村传统工业原先所具有的自给性生产特点逐渐消失，取而代之的是农工分离，并在农村中形成了小规模的工场制工业。

到 1920 年，日本非农产业的就业人数占比达到 46.6%，农业对 GDP 的贡献值为 24.7%，工业对 GDP 的贡献值达到 32.1%，服务业对 GDP 的贡献值达到 43.2%，城市面积占国土总面积的 0.4%，城市化率达到 18%。农地面积达到历史顶峰，约 600 万 hm^2，占国土总面积的 15%。

2.1.1.3 以传染病防治为主推动农村生活环境治理

日本在城镇化起步阶段，对农村地区的环境保护工作尚未形成概念，针对农村生活和农业生产污染防治的相关法律法规和标准较少，仅开展了以传染病防治为主的农村生活环境治理工作。1887 年，日本首次制定了《传染病预防法》，推动生活污水、粪尿等的规范处理，其主要目的是防止传染病蔓延。

综上所述，“明治维新”使日本开始了资本主义工业化进程，政府实行的是偏重工业而忽视农业的发展政策，农业由于制度限制始终无法实现近代化。农村地区的工业仅限于传统农副产业、农具制造等农村自给自足产业，落后的农村农业同快速发展的城市工业形成巨大反差。这一阶段日本城市地区及其工业产业已经初具规模，农村地区环境治理以改善生活环境、预防疾病为主，农民普遍具有朴素的自发的环境保护意识。

2.1.2 战前及“二战”时代：城镇化过渡阶段（1921—1945 年）

20 世纪 20—40 年代，受第二次世界大战影响，日本城镇化历经曲折发展，城镇化率在 1930—1940 年，由 24.0%上升至 37.7%，其中在 20 世纪 40 年代中期降至 27.8%。

2.1.2.1 工业化带动城镇化率不断提高

这一阶段以城市为中心，在城市周边迅速形成了工业带，如在东京、横滨发展起以钢铁和造船业为主导的重工业带，在大阪和神户建起了以制铁、炼油为主导的工业带，四大工业带产业发展结构逐步明晰。

2.1.2.2 农村地区发生了影响深远的产业结构变化

这一阶段前期，由于战争的影响，以军需工程为主的企业逐渐从城市地区转移到农村，促进了农村工业结构的调整。如长野县佐久地区在 1928 年 80%是以生丝为中心的纺织工业，到 1940 年，该地区工业结构发生了巨大变化，纺织业比例降至 33%，食品工业和木材加工业迅速发展，占工业企业总量的 40%。1942 年，大城市的工厂与技术人员因战争影响大量向农村疏散。到 1945 年“二战”结束时，佐久地区接纳的被疏散企业已达 80 家，是当地原有企业的两倍，员工人数达 1.5 万人，是 1940 年的 3 倍。短短几年，佐久地区就由原先以生丝为中心的纺织业生产地区转变为与航空工业相关联的生产地区。

1940 年，日本城镇化率达到 37.7%，城市面积占国土面积的 2.3%，非第一产业雇佣人数占比达到 55%，农业对 GDP 的贡献降至 16%，工业对 GDP 的贡献达到 52%。

2.1.2.3　农村生态环境保护工作开始起步

日本在城镇化过渡阶段，针对农村生活和农业生产污染防治的相关法律、法规和标准仍然较少，但为了提高农村生活质量而颁布的《水槽便所取缔规则》，不仅有助于改善日本农村人居环境，也在客观上减少了农村生活污水对地表水环境的影响。《水槽便所取缔规则》首次明确了净化槽结构、出水水质、维护管理标准，为后期的《净化槽法》的出台打下了基础，也奠定了日本以规范治污设备作为控制偏远农村地区的污染的基本思路。

综上所述，这一阶段日本形成了四大工业聚集区和以东京、大阪、名古屋为中心的三大都市圈，为后续城镇化加速发展提供了良好且便利的条件。因战争原因向农村地区转移和疏散的大量工业企业，对日本农村工业的发展起了一定作用。战后，虽然这些企业中的大部分或关闭或返回大城市，但留下的及被疏散的企业对当地农村工业发展的影响不可低估。这一时期的农村生态环境管理开始起步，《净化槽法》的“前身”《水槽便所取缔规则》出台，对城乡生活污水的处理提出了明确的要求。

2.1.3　战后时代：城镇化加速发展阶段（1946 年至今）

战后日本城镇化快速发展并逐步达到饱和，农业和农村也发生了巨大变化。20 世纪 70 年代初期日本已经出现农村家庭收入超过城市家庭收入的现象，城乡收入和消费水平已基本实现均衡发展。

2.1.3.1　城镇化率持续上升

1950 年日本的城市人口为 3 137 万人，占全国总人口的 37.3%。在“二战”后的恢复期，日本不断加强经济建设和城市修复工作，同时，工业聚集区和都市圈不断发展相关附属产业，到 1970 年，日本的工业产值比 1950 年增长了 8.6 倍，20 年间工业产值年平均增长率达到 13.6%。同期工业及相关产业的发展带动了就业，20 年间超过 800 万人从农村涌入城市。截至 2010 年，日本非农产业就业人数占比从 1955 年的 58.9%逐步增加到 96%，其中，整个阶段第二产业就业人数占比平均保持在 30%，没有大幅波动，第三产业就业人口持续增长，从 1955 年的 35.5%增加到 2010 年的 66.5%，如图 2-1 所示。

这一阶段，日本第一产业、第二产业、第三产业在国内生产总值中占比发生了很大变化，如表 2-1 和图 2-2 所示。

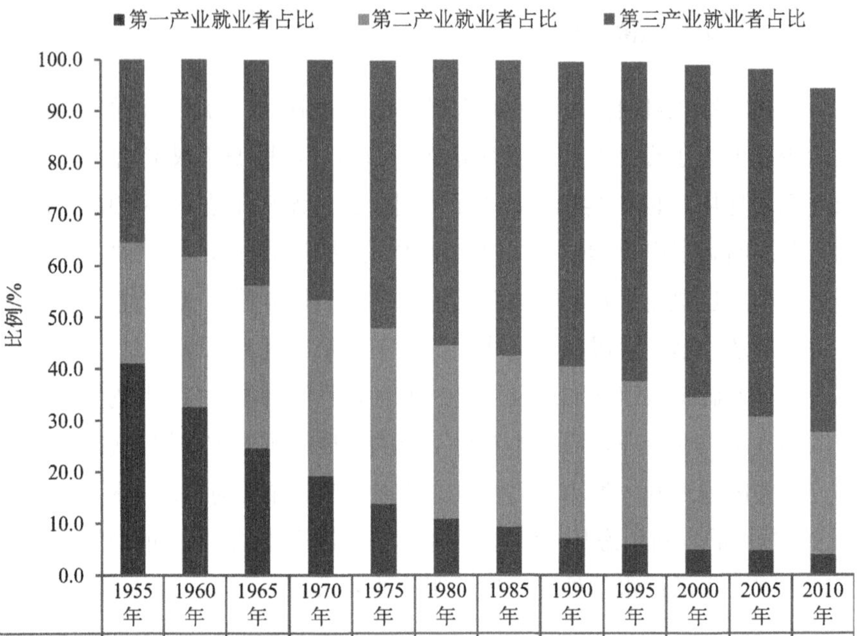

	1955年	1960年	1965年	1970年	1975年	1980年	1985年	1990年	1995年	2000年	2005年	2010年
第三产业就业者占比/%	35.5	38.2	43.7	46.6	51.8	55.4	57.3	59	61.8	64.3	67.3	66.5
第二产业就业者占比/%	23.4	29.1	31.5	34	34.1	33.6	33.1	33.3	31.6	29.5	25.9	23.7
第一产业就业者占比/%	41.1	32.7	24.7	19.3	13.8	10.9	9.3	7.1	6.0	5.0	4.8	4.0

图 2-1 日本第一、第二、第三产业就业人口比例发展历程

表 2-1 日本各年度第一、第二、第三产业在国内生产总值中的占比情况

年份	第一产业		第二产业		第三产业	
	第一产业产值/万亿日元	占国内生产总值的比例/%	第二产业产值/万亿日元	占国内生产总值的比例/%	第三产业产值/万亿日元	占国内生产总值的比例/%
1955	0.2	21.0	0.3	36.8	0.3	42.2
1960	0.2	13.8	0.7	43.9	0.6	42.3
1965	0.3	10.4	1.4	43.5	1.4	46.1
1970	0.4	6.4	3.3	46.4	3.3	47.2
1971	0.4	5.5	3.6	46.2	3.7	48.3
1972	0.5	5.7	4.0	45.5	4.3	48.8
1973	0.7	6.1	5.0	46.2	5.2	47.7
1974	0.8	5.9	5.8	45.3	6.2	48.9
1975	0.8	5.9	6.0	43.2	7.1	50.9
1976	0.9	5.7	6.7	43.0	8.0	51.3
1977	0.9	5.4	7.2	41.9	9.1	52.7
1978	0.9	5.0	8.0	42.1	10.1	52.9

年份	第一产业		第二产业		第三产业	
	第一产业产值/万亿日元	占国内生产总值的比例/%	第二产业产值/万亿日元	占国内生产总值的比例/%	第三产业产值/万亿日元	占国内生产总值的比例/%
1979	1.0	4.6	8.7	42.0	11.1	53.4
1980	0.9	3.8	9.2	40.1	12.8	56.1
1981	0.9	3.7	9.8	40.1	13.7	56.2
1982	0.9	3.6	10.1	39.4	14.7	57.0
1983	0.9	3.5	10.2	38.2	15.6	58.2
1984	1.0	3.5	11.0	38.6	16.5	57.9
1985	1.0	3.4	11.7	38.6	17.7	58.1
1986	1.0	3.2	12.0	37.9	18.7	58.9
1987	1.0	3.0	12.6	37.6	19.9	59.5
1988	1.0	2.8	13.7	38.0	21.3	59.2
1989	1.0	2.7	14.8	38.4	22.7	58.9
1990	1.1	2.6	16.2	38.9	24.3	58.5
1991	1.1	2.4	17.1	38.5	26.2	59.1
1992	1.1	2.3	16.9	37.3	27.4	60.4
1993	1.0	2.1	16.3	35.8	28.3	62.0
1994	1.0	2.2	15.8	34.4	29.0	63.3
1995	0.9	2.0	15.6	33.7	29.8	64.3
1996	1.0	2.1	15.9	33.7	30.3	64.2
1997	0.9	1.9	16.1	33.5	31.1	64.6
1998	1.0	2.0	15.4	32.7	30.7	65.3
1999	0.9	2.0	14.9	32.1	30.6	65.9
2000	0.9	1.9	14.9	31.9	31.0	66.2
2001	0.7	1.6	13.6	30.6	30.2	67.7
2002	0.7	1.7	13.1	29.8	30.1	68.5
2003	0.7	1.6	13.1	29.8	30.1	68.6
2004	0.7	1.5	13.3	29.8	30.5	68.7
2005	0.6	1.4	12.9	29.0	31.0	69.7
2006	0.6	1.3	13.0	29.1	31.2	69.6
2007	0.6	1.3	13.3	29.4	31.4	69.3
2008	0.6	1.3	12.7	28.8	30.8	69.9
2009	0.5	1.3	11.1	26.8	29.7	71.9
2010	0.6	1.3	12.1	28.4	29.8	70.2

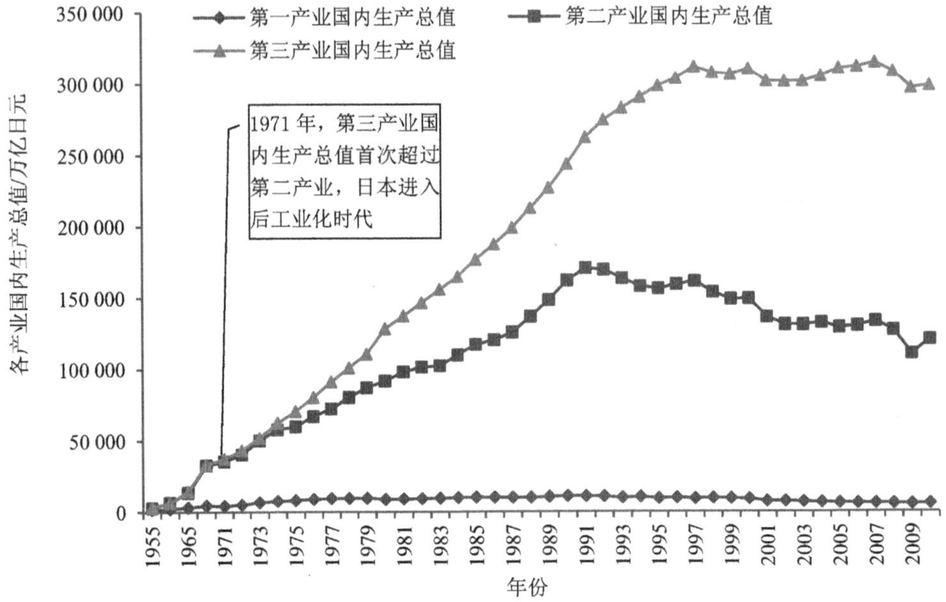

图 2-2　日本第一、第二、第三产业国内生产总值变化

由表 2-1 和图 2-2 可知，1955 年日本第一产业生产总值仍占国内生产总值的 21%，到 20 世纪 70 年代末已经不足国内生产总值的 5%，到 2010 年已经降至国内生产总值的 1.3%。1971 年，日本第三产业国内生产总值首次超过第二产业，日本进入后工业化时代。虽然第二产业和第三产业的生产总值持续增长，但自 1978 年起，第二产业对国内生产总值的贡献率持续降低，到 2010 年，第二产业对国内生产总值的贡献降至 28.4%，第三产业对国内生产总值的贡献达到 70.2%。这一阶段，日本城镇化率不断提升，如图 2-3 所示。

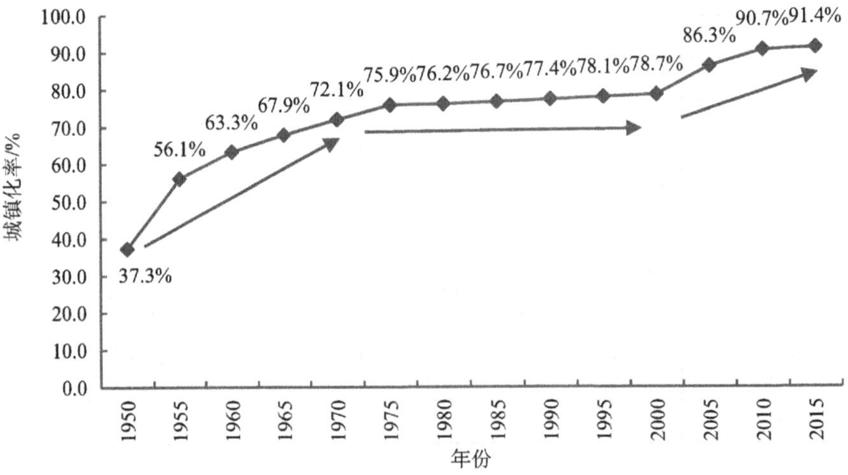

图 2-3　日本城镇化率发展历程

1946 年日本的城镇化率约为 30%，1946—1970 年日本城镇化率快速提高，1970 年日本城镇化率已达 72.1%，基本完成城市化，城市人口达到饱和状态。20 世纪 70 年代中期至 2000 年，城镇化率平稳增长，同时出现“逆城市化”现象①，城市发展进入质量提升阶段。2000 年至目前，城镇化再次快速发展，2015 年城镇化率高达 91.4%，接近饱和，绝大多数人口居住在城市地区。

2.1.3.2　农业及农村工业发展不断调整

“二战”后日本政府颁布《农地改革法案》，推动农地改革，废除地主制。到 1949 年，日本的自耕农从 28%扩大到 55%，自耕兼佃耕农从 41%减少到 35%，而佃耕农从 28%减少到 8%，基本实现了耕者有其田。这一次农村土地制度改革建立起的现代小农土地所有制，奠定了战后日本农村和农业发展的基础。自 20 世纪 50 年代起，日本农村发展经历了两个重要阶段：第一个是 20 世纪 50—70 年代中期，农村生产生活水平大幅提升阶段；第二个是 20 世纪 80 年代后期至今，农业生产提质升级阶段。

（1）第一阶段，农村生产生活水平大幅提升

在这一阶段前期，日本农村人口大幅减少，农村土地撂荒严重。为解决农村劳动力大量外流对农村社会的冲击，缩小城乡差距，减少城市污染，减轻因人口集中而产生的交通拥堵、住宅紧张等问题，改善企业发展的外部环境，日本政府开始实施工业和城市分散化战略。日本政府先后制订了一系列开发计划与法律，鼓励工业向农村地区转移：1969—1972 年，政府颁布了《新全国综合开发计划》《农村地区引进工业促进法》《工业重新配置促进法》等法律和规划，成立了促进农村地区引进工业中心，专门负责工业引进方面的信息、规划协调、调查研究和宣传联络等工作，推动农村地区顺利引进工业企业。受农村工业发展和工业布局调整的影响，关东（以东京、横滨为中心）、近畿（以大阪、神户为中心）、东海（以名古屋为中心）三大工业中心的工业产值占全国的比重由 1960 年的 66.8%下降到 1974 年的 60.9%。在政府强有力的政策和法律引导下，农村地区迅速兴起了大批中小企业和小城市，推动了农村地区的城镇化发展。

同时，1952 年日本颁布《农地法》，明确保护农地耕作者的权利，激发了农民的生产欲望，促进了日本现代小农的诞生。《农地法》颁布后的短短 20 年，日本农业生产就实现了现代化，具体体现在实现了机械化农业生产。从主要农机具的普及来看，1960—1973 年，动力耕耘机和农用拖拉机从 51 万台激增至 121 万台，农用卡车从 10 万台增至 113 万台，动力喷雾器从 23 万台增至 121 万台。此外，联合收割机、插秧机、农用升降机等新型农用机械设施也迅速普及。由于农业机械化的实现，农民的生产观念也发生了改变，带动了

① 1971 年日本进入后工业化时代，城市人口达到饱和状态，城市居民开始外迁，逐渐形成大城市圈、大都市带以及城乡一体化。

农村传统经营方式的改变，即从传统的把全部劳动力都投入土地中以求农产品产量增大化的家族劳作经营转向以追求效率为核心的机械化经营。同时机械化经营使农村的劳动力出现剩余，劳动力人口开始大量向城市和非农产业转移，即兼业①的盛行。1960—1973 年，日本的农业就业人口从 1 196 万锐减到 618 万。专业农户从 208 万户锐减到 68 万户，兼业农户从 389 万户增至 443 万户，近 90%的农户成为兼业农户，农民经济收入水平大幅提高。到 1972 年，甚至出现了农村人均消费水平超过城市的局面。

这一时段农村的发展也产生了新的问题，即山区及半山区农业生产衰退，农村过疏化和老龄化，耕地闲置以及农产品流通不畅等问题。在此背景下，日本于 20 世纪 70 年代开始放宽土地流转条件，允许农村土地适度流转、扩大土地经营规模。同期，政府主导农村地区推行以改善农业基本生产条件和保护农村生态环境为目的的土地整治。随着土地整治的深入，日本农民开始集中居住，自然村落逐渐凋敝。1975 年与 1950 年相比，町村数量由 1.04 万个减至 3 257 个，减少了 70%。

（2）第二阶段，农业生产提质升级

这一阶段初期，即 20 世纪 80 年代开启乌拉圭回合谈判②以来，日本开始调整农业发展政策，推行地区主义和环境主义，探索农业的多功能性。在推行大规模的区域发展合作战略的同时，积极开发包括农村旅游、区域加工合作在内的产业集群。这在一定程度上促进了城乡交流，带动资本、人才流向农村，为农村地区第一、第二、第三产业融合发展奠定了基础。在总结上述经验的基础上，日本于 1999 年颁布《粮食・农业・农村基本法》强调农村地区包括农业自然生态保护在内的多种功能，并每 5 年修订一次。2008 年以后，日本政府又相继出台《农山渔村第六产业发展目标》《粮食・农业・农村基本计划》《农山渔村六次产业化政策实施纲要》等纲要性文件，明确在国家和地方政府分工合作的体制下，通过发展农业和农村的“第六产业”③来增强农村经济活力、改善农村生产生活条件，维持村落功能和保护生态环境。

日本企业中 95%以上都是中小企业。进入 20 世纪 90 年代中期后，日本政府为实现农村与工业的均衡发展，以 2000 年为目标年，持续帮助市町村引进工业，有计划地将劳动密集型等特定工业企业引入农村，以谋求稳定地扩大雇佣机会，改善农村产业结构。在工业由大都市向地方城市和农村转移的过程中，农村涌现出了许多大企业的卫星工厂和分厂，

① 兼业指农户既从事农业生产，又从事非农业活动而获得收入。

② “乌拉圭回合谈判”指 1986 年 9 月在乌拉圭的埃斯特角城举行的关贸总协定部长级会议，是迄今为止最大的一次贸易谈判，涉及所有贸易，历时 7 年半，于 1994 年 4 月在摩洛哥的马拉喀什结束。

③ 按行业分类，农林水产业属于第一产业，加工制造业则是第二产业，销售、服务等为第三产业。“1+2+3”等于 6，“1×2×3”也等于 6。20 世纪 90 年代，日本提出了“第六产业”的概念，通过鼓励农户搞多种经营，即不仅种植农作物（第一产业），而且从事农产品加工（第二产业）与销售农产品及其加工产品（第三产业），以获得更多的增值价值，为农业和农村的可持续发展开辟光明前景，代表着农业产业化企业未来先进的发展方向。

也产生了许多属于大企业系统的小规模承包工厂。与此同时，在这些工厂的周围又形成了一批更小规模的家庭工厂。不同类型的工厂在农村的存在与发展，迅速地推动了农村工业化。

同期，日本的农业人口持续减少，到2005年全国农业人口降至335万人，较1995年减少了约40%。非农业人口占50%以上的村落比例持续上升，非农业人口占90%以上的农业村落的比例在2005年达到20.6%，农村地区逐步向农业人口和城市人口混住方向发展。

2.1.3.3 农村生态环境保护管理制度不断完善

在城镇化加速发展阶段，日本政府制修订农村生态环境保护相关法律法规30多项，同时，配套制定了财政扶持政策、技术支撑和宣传教育引导制度等，推动法律法规的落实。

（1）农村生活污染防治方面

20世纪50—80年代为预防传染性疾病，大力推进农村生活污水治理；80年代后期农村生活污水治理通过立法不断完善；90年代之后，为应对国内生活垃圾危机，日本针对生活垃圾治理制定了一系列法律法规，农村生活污染防治的法规政策制定数量在90年代达到顶峰。

日本农村生活污染防治主要是对生活污水、垃圾、粪尿的处理处置。其中，农村污水治理与粪尿处理利用密不可分。1946年之后，为改善卫生环境，预防疾病，日本大力推进农村生活污水治理。1950年，日本制定了《建筑基准法》，首次将净化槽的构造标准以法律的形式进行明确，并于1953年将粪便处理设施列为国库补贴项目，建设了一批粪便集中处理设施。为振兴农业、推动农村地区的资源循环、维护农业用水排水设施的水质和功能、改善农村环境，保护公共用水水域的水质，自1983年起，日本逐步完善和优化农村生活污水治理法律法规和政策措施，明确了农村生活污水治理的法律地位。其中，在1983年制定了《净化槽法》，规范农村地区生活污水（含粪尿）治理。该法明确在农业振兴地区（人口相对集中区域）要配套建设农业村落排水设施，城市下水道、农业村落排水设施覆盖不到的区域及农业村落排水设施末端要根据实际情况建设净化槽，并就净化槽的制造、安装、运行维护、净化槽清扫企业、安装维护专业技术人员资质管理等提出具体要求。除此之外，农村生活污水治理相关的法律法规还包括《环境基本法》《水污染防治法》《建筑基本法》《都市规划法》《废弃物处理及清扫相关法律》等。为推动法律法规的落实，还配套制定了《净化槽设置整备事业》《市町村净化槽整备推进事业》《净化槽法施行规则》等相关政策，为日本农村地区生活污水治理工作有序开展和科学推进提供了政策保障。截至2016年年底，日本污水处理普及率约为90%，其中，87%的污水通过城市下水道收集后处理、3%的污水通过农业村落排水设施收集后处理，10%的农村分散生活污水由净化槽处理，基本实现了生活污水能治尽治。农村和城市生活垃圾治理采用同一套污染防治法律法规。

农村地区生活垃圾治理也需严格按照《废弃物处理法》《资源有效利用促进法》《容器包装再生利用法》《小型家电再生利用法》等一系列垃圾处理与资源化利用法律法规，施行严格的分类及资源化利用。

（2）农业面源污染防治方面

虽然 20 世纪 40 年代以及 60—70 年代，日本在农田污染防治方面制定了一些法律法规，但缺少针对农业生产内源性污染的防治措施，80 年代末随着国际国内对农产品需求形势的转变，农业生产内源性污染防治逐渐得到重视，法律法规、政策、规划计划等不断完善。近年来针对农业生产内源性污染防治的相关政策已由防治污染逐渐转向自然资源保护。

20 世纪 40 年代中期至 60 年代，日本刚刚经历了“二战”的失败，遭遇了粮食危机。为了恢复经济，日本政府的农业政策在当时主要以提高产量和提高农业劳动生产率为主要目标，农业环境保护未受重视。仅在 1948 年和 1949 年陆续出台了《农药取缔法》和《土地改良法》，其中《农药取缔法》主要目的规范农药的质量和使用安全，《土地改良法》主要目的是以国家或地方政府为主导，推动农村土地改良整治。1961 年日本颁布了《农业基本法》，其目的是提高农业劳动生产率、实现工农业的收入均衡。在此期间，日本大量使用化肥和农药等化学投入品，粮食等农产品产量大幅提高，但农产品品质下降、土壤肥力下降、水环境污染等一系列质量和环境问题突显。虽然 20 世纪 60 年代后期，政府陆续制定了《公害对策基本法》《大气污染防治法》等，但均是针对工业企业污染出台的法律法规，农业生产引发的环境污染并未引起重视。这段时期，日本以农业环境的恶化换取农业产品的日益丰富。

随着农产品供求状况得到改善，以及以“痛痛病”事件为代表的一系列公害诉讼事件的暴发，农业环境污染问题在日本逐渐受到重视。20 世纪 70 年代日本相继出台了《公害对策基本法》《农业用地土壤污染防治法》《公害防治事业费事业者负担法》等，对土壤污染防治等提出明确要求。

20 世纪 80 年代末—90 年代初，日本国内农产品中毒事件时有发生，农业生产带来的污染引发全社会关注。同时加之自乌拉圭回合谈判以来国际贸易环境改变，1992 年政府首次提出“环境保全型农业”的概念，其关注点从基本框架下的“农业”扩大到“食品”以及发展环境友好型农业上。这一时期日本的农业价值观发生了较大变化，非常重视农业的多功能性内涵的拓展，各地区探索适合本地区发展的环保型农业。1999 年颁布的《粮食·农业·农村基本法》，将发展有机农业作为环境保全型农业的首选。该法特别强调农业的多功能性，旨在确保农业生产与自然环境协调，实现农业可持续健康发展。同年配套发布了《关于促进高持续性农业生产方式的法律》，旨在利用各种优惠政策，鼓励农业经营者采用环境友好型施肥技术、减少化肥和农药的施用，从根本上有效控制化学品使用所致的农业面源污染。进入 21 世纪后，日本的农业政策更多地关注食品安全稳定供给，强调农业的可持续发展和农业的多功能性。2005 年制修订了《粮食·农业·农村基本法》《环境调和型农业生产活动规范》，提出全面实施环境保全型农业的政策，并将环境保全型农业作为享受收入支持、政策性贷款等各项支持措施的必要条件，明确农民违反法律制定的环境标准将失去获取政府支持性补贴的资格。日本开始将环保实践与农业支持政策挂钩，促进日本农业的可持续发展。

（3）畜禽养殖污染防治方面

20 世纪末期日本畜禽养殖业高速发展，养殖户和居民混居问题突出，污染问题频发。日本政府针对畜禽养殖污染防治制定了一系列法律法规和政策，推动畜禽养殖废弃物资源化利用和污染物达标排放，促进畜禽养殖业健康发展。

1999 年日本颁布了《家畜排泄物管理规范化及利用促进的法律》（家畜排泄物法），于 2004 年 11 月正式施行。目前日本控制畜禽养殖污染的相关法律还有《水污染防治法》《废弃物处理法》《恶臭防止法》《肥料取缔法》等，明确了养殖业排水、排气、废弃物及其综合利用的相关管理要求。2007 年和 2015 年日本政府制（修）订《家畜排泄物法新基本方针》，针对畜禽养殖污染，要求实施与耕种需求相结合的堆肥。2011 年制定《可再生能源特别措施法》，将生物质能等 5 种能源定为可再生能源，推动生物质能源产业的发展。

这一阶段日本农村生态环境保护相关法律法规和政策演进过程如图 2-4 所示，农村生活污染防治工作开展比较早，在 20 世纪 70 年代后期逐渐完善和优化，农业面源污染防治主要在 90 年代之后得到发展和完善，畜禽养殖污染防治主要从 2000 年前后开始发展和完善。农村生态环境保护从只关注生活污染逐步过渡到关注生活和农业生产污染，循序渐进地推进各项工作。

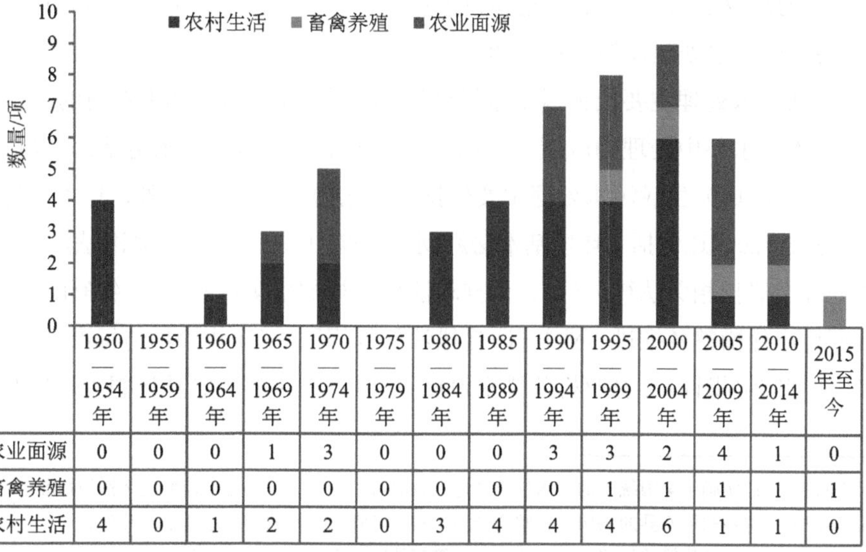

	1950—1954年	1955—1959年	1960—1964年	1965—1969年	1970—1974年	1975—1979年	1980—1984年	1985—1989年	1990—1994年	1995—1999年	2000—2004年	2005—2009年	2010—2014年	2015年至今
农业面源	0	0	0	1	3	0	0	0	3	3	2	4	1	0
畜禽养殖	0	0	0	0	0	0	0	0	0	1	1	1	1	1
农村生活	4	0	1	2	2	0	3	4	4	4	6	1	1	0

图 2-4　日本农村生态环境保护相关法律法规和政策数量演进过程

综上所述，这一阶段前期，日本政府的土地改革使农民获得了真正意义上的土地所有权，为后续农业发展奠定了基础。工业和城市在空间上的重新布局极大地改变了农村的产业结构，使农村的非农就业岗位迅速增加，为农民的就近兼业提供了广阔的空间，加快了农村的发展。同时政府的改革措施促使农民集中居住，使得政府有条件实施大规模农村基础设施建设和公益设施建设，从根本上改善了农民生产和生活条件。20 世纪 70 年代以后，城市与农村界限逐渐模糊，部分城市居民逆向迁入环境优良、房价低的农村地区，出现农业人口和非农业人口混居现象以及小城镇的崛起和大城市向周边扩张的逆城市化趋势。这一时期的农村生态环境管理机制伴随着日本城乡一体化的环境管理日趋完善，法律体系、支撑技术逐渐完备，管理重点由“公害治理”型到“环境保全”型，进而到“环境友好”型，内涵更加丰富，效果更加凸显。

2.2 日本农村生态环境管理制度现状

如前所述，日本没有城市和农村的明确划分，其在 20 世纪 70 年代日本的环境管理专门机构——环境厅成立时，城市和农村的经济发展水平就已基本持平，城市和农村使用一套法规政策和标准体系，完备的法律法规体系以及地方政府的积极作为和民众的广泛参与使得日本的农村生活污水和垃圾治理取得了与其城市一样举世瞩目的成绩。

2.2.1 日本农村生活污水污染防治相关管理制度体系

日本农村污水处理方面目前已经建立了完善的法律法规和标准体系、明确的责任分工体系、稳定的投入机制、完善的规划和技术体系、第三方行业服务体系等，这些共同保障了日本农村生活污水处理设施的建设和长效运行。

日本生活污水处理主要依据《下水道法》和《净化槽法》，其中农村的特定环境保全区域（可纳入污水集中处理的区域）生活污水处理主要依据《下水道法》，农村其他区域（污水分散处理区域）生活污水处理主要依据《净化槽法》。除此之外，日本农村生活污水处理相关的法律法规还包括《环境基本法》《水污染防止法》①《建筑基准法》②《清扫法》③《废弃物处理及清扫相关法律》④等。为推动法律法规的落实，制定了《净化槽设置整备事业》《市町村净化槽整备推进事业》《净化槽法施行规则》《净化槽构造标准及解说》《生活污水处理规划制定指针》《农业村落排水设施设计指针》《都道府县构想手册》及都道府县

① 《水污染防止法》：明确了全国统一的排水标准及地方政府可以制定比国家排水标准更严格的标准。

② 《建筑基准法》：将各都道府县的条例进行整合统一，将污染物处理槽的构造进行了标准化。

③ 《清扫法》：明确粪尿净化槽的设置申请方法、维护管理基准及部委之间的管理分工。

④ 《废弃物处理及清扫相关法律》：将净化槽的运维管理分为保养维护和清扫两部分，强化了其专业性。

地方法规和标准等，就农业村落排水设施和净化槽的财政补贴、规划、建设、运营维护管理、停用等做了详尽的规定，明确了国家、地方公共团体及国民的责任和义务，为日本农村生活污水治理工作的有序开展和科学推进提供了法律支撑。在相关法律法规中明确城市和农村地区的生活污水处理由国土交通省、农林水产省和环境省三个部门共同管理，各自对应特定环境保全区域、农业振兴地区及农村其他分散居住区域的污水治理，采用的污水处理方式分别为下水道、农业村落排水设施和净化槽三种形式。日本农村生活污水处理相关法律法规见图 2-5。

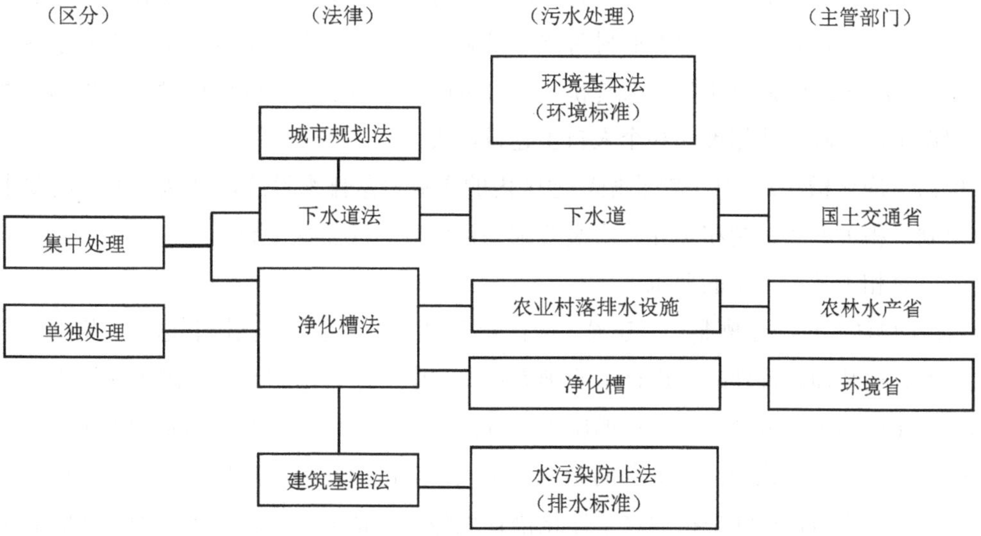

图 2-5 日本农村生活污水处理相关法律法规

2.2.1.1 公共下水道的相关政策要求

日本于 1900 年制定《下水道法》，主要用以解决雨水的浸水问题和防止停留污水引发传染病，要求地方政府应确保农村特定环境保全区域配套建设公共下水道，保障区域内粪尿及生活杂排水、工厂企业等单位排水等得到有效处理。

随着经济高速增长，为解决河流等的水质污染问题，1970 年国会通过了《水环境保护基本法》《水污染防治法》等 14 个有关公害对策的法案。为推进资源化和能源回收，日本要求对污泥的有机部分作为绿色农场利用（肥料和土壤改良）和能量利用（沼气发电、生物制氢、制成固体燃料或作为下水道生物），对无机部分主要用作建设材料利用（水泥和砖块原料及骨料等）。日本政府还要求对污泥中磷资源进行回收，于 2010 年 5 月公布了《下水道的磷资源化指南》，回收的磷酸肥料已在日本岐阜市进行销售。

2.2.1.2 净化槽的相关政策和技术支撑

净化槽技术源于日本，迄今为止已成为日本分散式生活污水处理最为成功的技术。自20世纪50年代在标准中首次明确净化槽结构以来，经过长达近70年的实践，日本农村生活污水基本实现应治尽治。1983年日本首次颁布《净化槽法》，规定了净化槽的安装、维护检修、清扫及制造要求，完善净化槽施工业者的注册登记制度以及净化槽清扫业的许可制度，并对净化槽安装师和净化槽管理师的相关资格做出规定，努力从保护公共水域水质的角度推动粪尿和生活杂排水妥善处理。该法适用于农村生活污水处理设施包括农业村落排水设施和净化槽设施，其中农业村落排水设施是针对农业振兴地区，相当于缩小版的污水处理厂；净化槽设施是针对下水道和农业村落排水等污水收集或处理设施之外的小型污水处理设施，分政府计划推动和个人自主建设两类。

根据《净化槽法》，对于农业振兴地区内的农业村落排水设施，其从业人员的要求、排放限制、相关方的权利和责任、安装要求、检修等与净化槽一致。

（1）对相关从业人员的要求

《净化槽法》对净化槽制造、建设、运行管理中的相关方（净化槽制造者、施工业者、清扫业者、安装师、管理师）进行了明确界定。其中，净化槽制造者指国土交通大臣认定的制造净化槽的企业或个人；净化槽施工业者指从事净化槽施工业务的企业或个人；净化槽清扫业者指从事净化槽清扫业务的企业或个人；净化槽安装师指负责监督净化槽施工现场的人员；净化槽管理师是指通过了净化槽管理师资格认证，并以净化槽管理师的名义从事净化槽的保养检修业务的人员。

（2）对生活污水的排放限制

随着日本《净化槽法》的颁布以及相关法律法规的实施，日本对农村生活污水（含粪便）的排放进行了明确限定，要求除在最终端处理下水道或者《废弃物处理与清扫法》第8条规定的粪便处理设施的情况外，任何人不得将未经净化槽处理的粪便排放至公共水域等；除已经净化槽处理外，任何人不得将粪便处理用净化槽的使用者排放的生活杂排水排放至公共水域等。

（3）相关方的职责

执行《净化槽法》进行污水处理的相关方主要包括相关行政部门和净化槽使用者。其中，相关行政管理部门的职责具体为：

环境大臣：通过环境省令发布从净化槽排放至公共水域等的排水水质制定技术标准、净化槽的维护检修技术标准、清扫技术标准。

国土交通省大臣：拟制定或变更净化槽的结构标准、施工技术标准。

都道府县政府：根据地区特性、水域情况等认为仅凭上级部门颁布的相关技术标准很难满足本地区环境保护及公共卫生的需求时，可通过制定地方条例对相关技术标准做出特别规定。

净化槽使用者：遵守环境省颁布的净化槽使用准则，确保净化槽发挥正常功能。

（4）净化槽的安装要求

若居民要安装净化槽或调整其结构（规模），应向都道府县知事申报，并经由该都道府县知事向特定行政机关申报。都道府县知事在受理前款的申报后，从维护检修与清扫以及生活环境保护与公共卫生等角度认为该申报所涉及的净化槽的安装或调整计划需要改善时，在申报受理之日起 21 日内，对该申报者进行必要的劝告。

特定行政机关受理都道府县知事的申报后，认为该申报涉及的净化槽的安装或调整计划不符合净化槽结构相关的《建筑基准法》以及基于该法的命令与条例的规定时，可在居民向都道府县知事受理该项申请起 21 日内，向该申报者下达调整或废除该申报涉及的净化槽安装或调整计划的命令。

净化槽的结构标准应遵循《建筑基准法》以及基于该法的命令及条例的规定，且结构标准的制定应保证能够因此满足净化槽排水水质标准。净化槽施工应遵照净化槽施工技术标准执行。

新安装的或对结构或规模进行了调整的净化槽，该净化槽的所有者、占有者及其他拥有该净化槽管理权的人员应遵循环境省令的规定，在环境省令规定的期限内，接受都道府县知事指定的检查机构实施的水质检查。指定的检查机构应及时向都道府县知事报告水质检查结果，由都道府县知事对净化槽管理者进行相应指导并提出建议，以确保其接受该水质检查。

（5）净化槽的维护检修与清扫等

为了确保发挥净化槽的作用，具备一定规模的净化槽的管理者应配备具有相关资格认定的技术管理人员，让具有资格认定的技术人员承担净化槽的维护检修及清扫业务。净化槽管理者可将净化槽维护检修业务外包给具备净化槽检修资质的企业和具备净化槽清扫能力的清扫业者。

净化槽管理者应在该净化槽启用之日起 30 日内向都道府县知事提交相关报告书。自启用开始，管理者应每年对净化槽进行维护检修及清扫一次，并接受一次由指定检查机构实施的水质检查。

具备一定规模的净化槽的管理者在变更了技术管理员后，应在自变更之日起30日内，向都道府县知事提交相关报告书。净化槽管理者发生变更的，新任净化槽管理者应在自变更之日起 30 日内，向都道府县知事提交相关报告书。

必要时，都道府县知事可对净化槽管理者、接受净化槽管理者委托的净化槽维护检修业者、净化槽管理师、净化槽清扫业者或者技术管理员提出相应的建议、劝告或进行指导。

净化槽的维护检修或清扫未按照净化槽的维护检修技术标准或净化槽的清扫技术标准进行时，都道府县知事可对该净化槽管理者、接受该净化槽管理者委托的净化槽维护检修业者、净化槽管理师、净化槽清扫业者或者该技术管理员提出必要的净化槽维护检修或净化槽清扫改善措施、命令该净化槽管理者以 10 日为限停止使用该净化槽。

净化槽管理者废除该净化槽的使用时，应在自废除之日起 30 日内，向都道府县知事申报这一情况。

（6）净化槽及农业村落排水设施技术认证

日本对净化槽设施构造及农业村落排水设施的设计均进行了统一规范管理。

在净化槽的技术认证方面，1996 年日本政府明确提出了包括处理方式、处理性能等在内的净化槽的结构标准，2000 年建立了净化槽性能评价制度，政府要求进入市场的净化槽的设计和制造必须符合《建筑基准法》以及基于该法的命令所规定的净化槽的结构标准，并取得国土交通大臣授权的性能认定。目前，净化槽设施的性能评价制度主要通过性能评价试验（约 6 个月）、性能评价申请（试验结果与技术资料、图纸审核）、专门委员会评估、性能评价书受理、国土交通大臣认定实现。早期，净化槽的结构基本近似，目前随着净化槽市场竞争日益激烈，净化槽的小型化、深度处理化技术不断进步，产生了大量新型净化槽，通过净化槽性能评价制度，使大量结构紧凑型净化槽（容量仅为原来的 70%）得以进入市场。净化槽性能评价制度既规范了净化槽设计、制造，又推动了净化槽设计不断创新。

在农业村落排水设施技术认证方面，为了保障农业村落排水工作有效开展，经日本农林水产大臣许可成立了日本农业村落排水协会（目前该协会变更为地域资源循环技术中心，以下简称“地域资源中心”），负责与农业村落排水工作相关的技术开发、调查研究、普及、指导等，促进包括农村生活污水治理等在内的农村环境质量改善，并有助于公共水域的水质保护。地域资源中心先后开发了 9 种生物膜法、17 种活性污泥法及 5 种膜分离活性污泥法，共计 31 种污水处理方法。这些农业村落排水设施的技术及典型案例的信息通过网络全部公开，以促进这些技术在各地应用。农业村落排水设施约 95%采用了地域资源中心开发的 JARUS 型处理方式。该中心除开发设计农业村落排水设施外，还承担着审核各地农业村落排水设施设计图纸，以保障各地农业村落排水设施设计符合农村实际需要的责任；同时开发应对湖泊及封闭性水域等水质限制的深度处理类型，推动农村地区生活污水处理设施排水的再利用和污泥还田，编制农业村落排水设施“设计指南”和“应用指南”，指导农业村落排水设施的设计和运营维护等。

日本在净化槽和农业村落排水设施技术方面的统一规范要求，既推动了相关信息的公开化，又通过公开化带动了相关技术的规范化，为运行维护管理带来了便利。

（7）净化槽技术的科技支撑

日本早在 1969 年实施的《建筑基准法》中就规定了净化槽的构造标准，此后在使用过程中又进行了多次修订和补充。制定了《净化槽构造标准及解说》，对净化槽的构造标准进行了详细解说，同时还对负荷计算、设备选择、施工安装、维护管理等内容作出了具体规定。1983 年日本制定的《净化槽法》，明确规定了净化槽的制造、安装、运行维护等方面的要求，规定了净化槽清扫企业的许可制度，以及净化槽安装维护专业技术人员（包括净化槽设备士（施工）和净化槽管理士（维护）两类）的国家职业资格。为了严格执行《净化槽法》的相关规定，日本环境省也颁布了一系列净化槽法实施规则，明确了净化槽维护检查技术标准、清扫技术标准、使用准则、净化槽施工技术标准等。

2.2.1.3　农业村落排水设施相关政策及典型技术

（1）农业村落排水设施基本政策

日本农业村落排水设施处理对象包括粪尿、生活杂排水、农户农业作业排水以及日常生活排放的污水，不包含雨水。原则上污水处理设施规模以人口约 1 000 人以下为单元开展规划设计和施工，实际实施时 5 000 人以内的项目也很多。农业村落排水设施具有多项优点：一是由于规模小，设施建设可以在短时间内完成，尽早投入使用；二是由于来水仅限于生活污水，不包括含有重金属等的工业排水，加之设施临近农田灌溉沟渠等水系及田地等生态循环系统，能够获得更好的水质净化效果；三是产生的污泥作为有机肥等可在域内的农田使用；四是小规模的农业村落排水设施未配备专职的维护管理人员，采取由居民负责日常管理和专业技术人员巡回管理相结合的居民参与维护管理形式，这种方式有助于农业村落社区的构建，并提高居民对于生活排水处理的意识。

根据日本《净化槽法》，需要建设农业村落排水设施的农山渔村地区，首先需要制订农山渔村地区建设计划。市町村长向所在地都道府县知事提交建设计划，都道府县知事向农林水产大臣提交建设计划。建设计划需包括建设计划目标、建设周期、资金需求（需要国家支持的费用及整体项目费用等）、项目性价比分析及对项目资金效果的把握及评估等。同时，地方政府还需要编制农业村落排水资源循环促进计划，根据地区的条件、农业村落排水设施的建设情况、相关计划等内容，推测污泥的大致产生量和农田等的可施用量，通过与农业主管部门及卫生部门之间的协调合作，促进以农业村落排水设施产生的污泥为主的有机物资源循环利用。

（2）农业村落排水设施典型技术

JARUS 型处理设施是日本大量使用的农业村落排水设施，由前处理设备、流量调节设备、处理池、污泥处理设备、鼓风设备、换气设备、电气计量设备、配套设备、建筑物及内部建设设施等构成（也有不包括流量调节设备的类型）。JARUS 型处理设施基本构成见图 2-6。

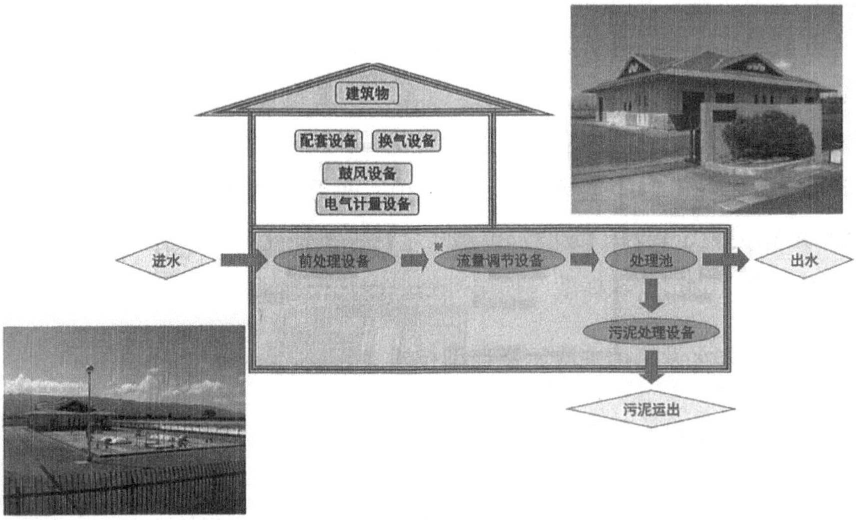

图 2-6　日本农业村落排水设施基本构成

目前，日本主要采用的 JARUS 型处理设施见表 2-2。

表 2-2　日本农业村落排水 JARUS 型处理设施一览表

区分		JARUS 型名称	处理方式	设计出水水质/（mg/L 以下）					处理对象
				BOD	SS	COD	TN	TP	
生物膜法	接触曝气方式	JARUS-1 96 型	沉淀分离与接触曝气结合的方式（BOD 型）	20	50	—	—	—	51～1 800
		JARUS-S 96 型	沉淀分离与接触曝气结合的方式（FRP 制）（BOD 型）	20	50	—	—	—	51～400
		JARUS-III 96 型	流量调节、厌氧滤床与接触曝气结合的方式（BOD 型）	20	50	—	—	—	101～2 000
浮游生物法	序批式活性污泥方式	JARUS-XI 96 型	序批式活性污泥方式（BOD 型）	20	50	—	—	—	501～10 000
		JARUS- XII 96 型	序批式活性污泥方式（脱氮型）	20	50	—	15	—	501～10 000
		JARUS- XII H 型	序批式活性污泥方式（脱氮、脱磷、COD 去除型）	100	15	15	15	1	501～10 000
	连续进水间歇曝气方式	JARUS- X IV 96 型	连续进水间歇曝气方式（脱氮型）	20	50	—	15	—	101～6 000
		JARUS- X IV G 型	连续进水间歇曝气方式（脱氮、COD 去除型）	10	10	15	10	—	201～10 000
		JARUS- X IV GP 型	连续进水间歇曝气方式（脱氮、脱磷、COD 去除型）	10	10	15	15	1	201～10 000

区分		JARUS 型名称	处理方式	设计出水水质/（mg/L 以下）					处理对象
				BOD	SS	COD	TN	TP	
浮游生物法	连续进水间歇曝气方式	JARUS-XIV R 型	沉淀池前置，连续进水间歇曝气方式（脱氮、COD 去除型）	10	15	15	30	—	101～10 000
		JARUS-XIV H 型	DO 控制，连续进水间歇曝气方式（脱氮、脱磷、COD 去除型）	10	15	15	10	—	101～6 000
	膜分离活性污泥方式	JARUS-膜分离活性污泥方式-06 型	膜分离活性污泥方式（脱氮、脱磷、COD 去除型）	5	5	10	15	1	101～4 000
		JARUS-FM 型（平膜及中空膜）	膜分离活性污泥方式（FRP 制、平膜及中空膜）（脱氮、脱磷、COD 去除型）	5	5	10	15	0.5	50～700
	氧化沟方式	JARUS-OD96 型	氧化沟（BOD 型）	20	50	—	—	—	1 001～10 000
		JARUS-ODH 型	氧化沟（脱氮、脱磷型）	20	50	—	15	1	1 001～10 000
其他		JARUS-污泥改性结构		污泥改质为难腐性污泥处理设施用地边界臭气强度为 2.5 以下					

2.2.1.4 农村生活污水排放标准

在《环境基本法》的框架下，1970 年日本制定了《水污染防止法》，不区分工业和生活、城市和农村，对废水排放量 50 m^3/d 以上规模的设施提出统一的排放限值要求，并明确都道府县可以结合地区的实际情况，制定更为严格的水污染排放限制。水环境质量标准分为保护人们健康的环境标准（简称“健康项目”）和保护生活环境的环境标准（简称“生活环境项目”），其中，健康项目对公共水域或地下水的规定是一致的，生活环境项目则按照河流、湖泊、海域，根据水域类型分别设定标准值，具体限值见表 2-3 和表 2-4。

表 2-3 日本水环境质量标准（健康项目）

项目	标准值/（mg/L）	项目	标准值/（mg/L）
镉	＞0.003	1,1,2-三氯乙烷	＞0.006
全氰	未检出	三氯乙烯	＞0.01
铅	＞0.01	四氯乙烯	＞0.01
六价铬	＞0.05	1,3-二氯丙烯	＞0.002
砷	＞0.01	秋兰姆	＞0.006
总汞	＞0.000 5	西玛津	＞0.003
烷基汞	未检出	杀草丹	＞0.02
PCB	未检出	苯	＞0.01

项目	标准值/（mg/L）	项目	标准值/（mg/L）
二氯甲烷	>0.02	硒	>0.01
四氯甲烷	>0.002	硝基性氮及亚硝酸性氮	>10
1,2-二氯乙烷	>0.004	氟	>0.8
1,1-二氯乙烯	>0.1	硼	>1
顺 1,2-二氯乙烯	>0.04	二噁烷	>0.05
1,1,1-三氯乙烷	>1		

表 2-4 日本水环境质量标准（生活环境项目）

项目	河流	湖泊	海域
BOD	≤1～10 mg/L	—	—
COD	—	≤1～8 mg/L	≤2～8 mg/L
pH	6.0～8.5	6.0～8.5	7.0～8.3
SS	≤25～100 mg/L	≤1～15 mg/L	—
DO	2～7.5 mg/L	2～7.5 mg/L≤	2～7.5 mg/L≤
底质 DO	—	2.0～4.0 mg/L≤	2.0～4.0 mg/L≤
大肠菌群数	≤50～5 000 MPN/100 mL	≤50～1 000 MPN/100 mL	≤1 000 MPN/100 mL
正己烷提取物	—	—	未检出
总氮	—	≤0.1～1 mg/L	≤0.2～1 mg/L
总磷	—	≤0.005～0.1 mg/L	≤0.02～0.09 mg/L
总锌	≤0.03 mg/L	≤0.03 mg/L	≤0.01～0.02 mg/L
壬基酚	≤0.000 6～0.002 mg/L	≤0.000 6～0.002 mg/L	≤0.000 7～0.001 mg/L
LAS	≤0.02～0.05 mg/L	≤0.02～0.05 mg/L	≤0.006～0.01 mg/L

此外，为防止公用水域的水污染、实现环境质量达标，日本在《水污染防止法》的基础上，对排入封闭性海域的污染物实施总量控制制度，具体总量控制目标由都道府县与环境省协商制定，对湖泊采取因湖施策，针对每个湖泊由都道府县制订湖泊水质保护计划。

2.2.1.5 农村生活污水处理设施建设规划要求

为了指导农村污水处理工作的开展，1995 年日本农林水产省、国土交通省、环境省达成一致，联合地方政府下达通知，要求制定包含污水处理构想在内的都道府县构想，以推动地方政府有计划地开展污水处理设施（包括下水道、村落排水设施和净化槽）建设，不断增加已建成设施的长期且高效的运营管理。鉴于人口减少和严峻的财政形势，为了加速推进对都道府县构想的全面调整，2014 年三省制定了《都道府县构想编制手册》，要求都道府县在与市町村协商的基础上制订都道府县构想的编制方针，市町村根据编制方针，设定集中和个别处理区域，编制包括污水处理设施建设计划在内的市町村草案，负责项目实施并加强进度管理；相关构想要根据各类污水处理设施的特性，以经济比较为基础，考虑水质保护效果、污泥处理等的地区特性，以居民的意愿，选择高效且合理的建设方式，同时要对未来（20～30 年）已建地区的高效的改建、更新和运营管理方法进行探讨。都道府县构想原则上每 5 年修订一次。统筹规划避免了污水处理项目的重复建设和少建漏建问题，确保了污染治理工作有序推进。

2.2.1.6　农村生活污水处理设施财政投入政策

1983 年日本首次颁布《净化槽法》之后，为推进净化槽事业的发展，同年在中央层面创建农业村落排水项目，中央财政资金和地方财政共同推动解决污水管网建设滞后的农业振兴地区的污水处理问题，具体实施主体是市町村或都道府县。后续随着环境质量标准的提高，为有针对性地解决单独净化槽存在的不达标问题，推广小型合并净化槽，中央财政补充设立合并处理净化槽设施建设项目；再后来，为推动地方政府计划外的水源保护区、特别排水地区以及生活污水处理工作相对落后的区域开展生活污水处理，中央财政设立净化槽设置整备事业，鼓励农户自主设置净化槽或将过去设置的单独处理净化槽改为合并处理净化槽。在一系列财政政策的支持下，2004 年日本各地基本完成乡村污水分散处理设施的建设。在这个过程中，财政补贴制度实现全覆盖，建立了由中央政府（环境省、国土交通省、农林水产省）、地方政府（主要是市町村）和居民共同分担的资金筹措机制。其中，在设计和建设费用方面，对农业村落排水设施，中央政府提供 50%的设计补贴，按地区提供 50%～75%的建设补贴，其余部分由个人和地方政府承担；对个人设置型净化槽项目，中央政府提供 12%的建设补贴，市町村承担 28%的建设费用，个人承担 60%的建设费用；对市町村设置型净化槽项目，中央政府提供 33%的建设补贴，市町村承担 57%的建设费用，个人承担 10%的建设费用（此部分以政府补贴的形式提供给个人）。在维护管理费用方面，农业村落排水设施的费用主要来自用户缴纳的排污费，不足部分由市町村财政预算承担；个人设置型和市町村设置型净化槽项目，维护管理费用均由使用者个人承担，具体见表 2-5。

表 2-5　日本农村生活污水治理设施财政补贴

资金类型		来源		
		中央政府	地方政府	居民
设计和建设费用	农业村落排水设施	50%的设计补贴 按地区提供 50%～75%①的建设补贴	地方政府承担部分费用	承担部分费用
	市町村设置型净化槽项目	提供 33%的建设补贴	市町村承担 57%的建设费用	承担 10%的建设费用
	个人设置型净化槽项目	12%的建设补贴	市町村承担 28%的建设费用	承担 60%的建设费用

资金类型		来源		
		中央政府	地方政府	居民
运营维护费用	农业村落排水设施	—	市町村财政预算承担差额部分	缴纳排污费
	市町村设置型净化槽项目	—	—	使用者承担
	个人设置型净化槽项目	—	—	使用者承担

注：①中央财政对不同地区新建或改造的农业村落排水项目施工建设提供不同比例的资金支持，其中内地、北海道、离岛资金支持比例为 50%，奄美为 60%，冲绳为 75%。

2.2.2 日本农村生活垃圾管理政策

日本为建立循环型社会，建立了先进的立法体系，这也保证了日本成为资源循环利用率最高的国家之一，其生活垃圾的处理处置也成为各国学习的典范。

2.2.2.1 日本生活垃圾处理法律体系的完善过程

日本针对生活垃圾污染防治建立了完善的法律法规体系。早在 1900 年，为强化公共卫生管理、减少传染病，日本政府颁布了《清扫法》。该法是日本首部关于垃圾处理问题的“基本法”，第一次明确垃圾的收集和处理是市町村的义务，把民间的垃圾处理人员置于政府的管理之下，建立了延续至今的垃圾行政管理机制，有效避免了各级政府间的推诿扯皮；同时提出要对垃圾进行焚烧处理，焚烧处理要与填埋处理相结合。虽然 1954 年日本对《清扫法》进行了修订，但新法关于垃圾处理的内容与之前保持了较强的连续性，仍然将加强公共卫生作为立法目的；在责任界定方面首次明确在市町村进行垃圾收集、处理机制的基础上，居民有协助市町村进行垃圾收集和处理的义务，国家和都道府县要进行财政支持和技术支持。此后，日本经济进入高速发展阶段，生活垃圾种类和数量出现双增长，填埋场的处理能力远远跟不上垃圾产生量的增长，生活垃圾处理设施也成为重要的污染源，同时简单的露天焚烧处理使局部地区大气污染问题凸显。1970 年日本政府在全面修订《清扫法》的基础上制定了《废弃物处理法》，在提高公共卫生水平的基础上新增“保全生活环境”的要求。20 世纪七八十年代，日本经济繁荣促使社会逐步形成大量生产、大量消费、大量废弃的经济发展模式，多地相继爆发“垃圾运动”（1971 年爆发的“东京垃圾战争”就是标志性事件之一），迫使地方政府、社会组织自发推动垃圾焚烧技术、垃圾分类治理及资源化利用的发展，以应对生活垃圾处理难题。1991 年，日本政府颁布《再生资源利用促进法》（资源有效利用促进法），首次明确推动垃圾中可再生资源的回收利用，抑制废弃物的产生，并对可再次利用的垃圾废物资源进行类目总结。后续以资源回收利用为中心制定了包括《容器包装分类回收和再商品化促进法》（1995 年）、《特定家庭用机器再商品化法》（1998 年）、《食品循环资源再生利用等促进法》（2000 年）、《小型家电再生利用法》（2012 年）等一系列资源再生利用法律。

2000 年日本政府颁布《循环型社会形成推进基本法》，该法是日本走循环经济发展道路、建立循环型社会的标志，为推动建立循环型社会奠定了坚实的法律基础。该法明确了垃圾处理的顺序：首先要从源头上减少垃圾的排放量，然后对垃圾进行分类回收，最后再进行垃圾焚烧。《循环型社会形成推进基本法》明确了排出者责任和生产者责任，并将市民、企业和政府的责任更加明确地进行了界定，鼓励社会各界积极参与循环型社会的建立。在《循环型社会形成推进基本法》的基础之上，《循环型社会形成推进基本计划》也应运而生，对于循环型社会的形成做出了更加详细的计划。

目前，日本已经形成以循环经济理念为向导、以《环境基本法》为基础，以《循环型社会形成推进基本法》为主干、以《废弃物处理法》和《资源有效利用促进法》为技术支撑、以《食品循环资源再生利用等促进法》《特定家庭用机器再商品化法》《容器包装分类回收和再商品化促进法》等专项法为指导的完善的生活垃圾处理与资源回收利用法律体系，参见图 2-7。

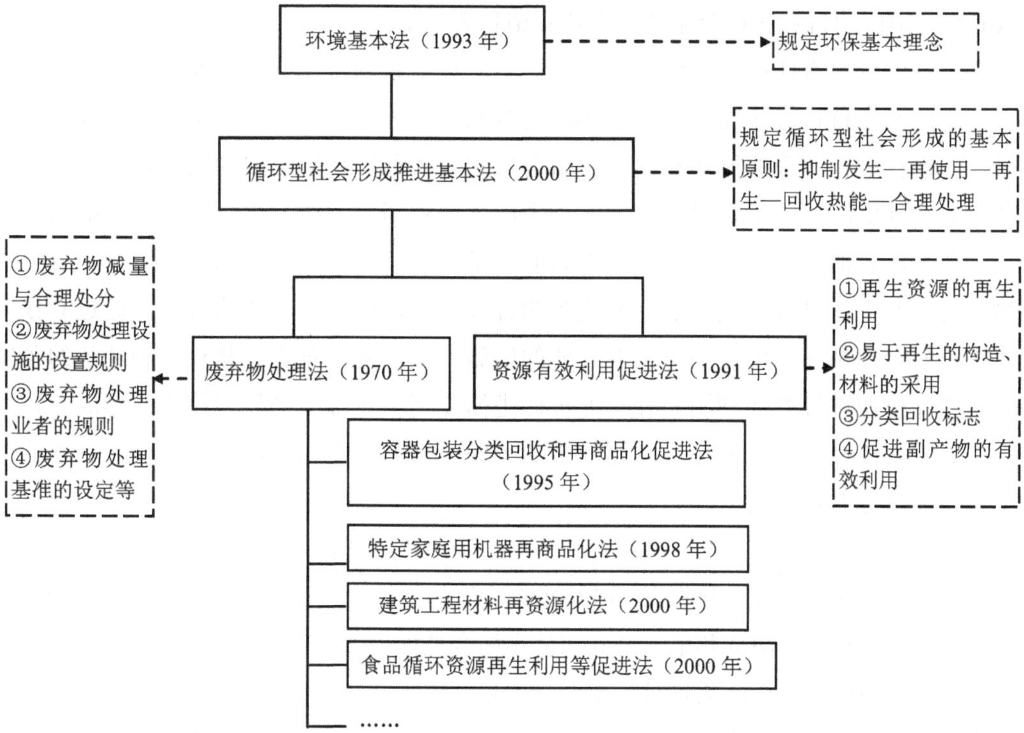

图 2-7　日本以法律为主干的垃圾处理与资源回收利用法律体系

综上所述，日本生活垃圾处理的法律体系的完善有一个摸索的过程，这一历程基本可以用“公共卫生”→“保护环境”→“可持续发展”→“循环经济”来概括。

2.2.2.2 日本生活垃圾处理相关法律基本内容

2.2.2.2.1 《循环型社会形成推进基本法》相关内容

日本通过制定《循环型社会形成推进基本法》，将构建循环型社会确定为国家目标，明确构建循环型社会是中央、地方、企事业单位及个人的责任和义务，人们日常生产生活活动中产生的废弃物或未经使用的物品，将全部作为循环资源或者一部分作为原材料进行再利用、再生利用或者作为燃料进行利用，不能循环利用的则要妥善处理处置。

（1）中央、地方政府、企事业单位和个人的责任

中央政府的责任：根据建立循环型社会的基本原则制定和实施循环型社会的综合性政策，且必须向国会提交循环型社会建设年度报告，说明循环资源的产生、循环利用及处理的情况以及政府在循环型社会形成中采取的相关对策措施等。

地方政府的责任：遵循建立循环型社会的基本原则，为确保循环资源的合理循环利用及处理采取必要的措施，同时，构建与国家的职责相协调的循环型社会推进体系，根据地方政府所在地区的自然和社会条件制定和实施相关对策。

企事业单位的责任：遵循建立循环型社会的基本原则，在开展事业活动时，采取必要的措施控制原材料等转变为废弃物等，同时原材料等在其事业活动中作为循环资源利用时，应自行进行合理的循环利用，或为合理的循环利用采取必要的措施，对不进行循环利用的循环资源，应负责进行合理的处理。生产和销售的过程中，采取必要的措施提高相关产品、容器等的耐用性，完善维修的实施体制，减少相关产品、容器等转变为废弃物，同时有责任进行相关产品、容器等的合理设计，标明其材质或成分，促进其作为循环资源的合理循环利用，同时采取必要的措施，降低处理难度。从技术和经济的角度能够对循环资源进行循环利用、并且通过促进循环利用对推动循环型社会的形成起重要作用是能够实施循环资源的循环利用的事业者应遵循的基本原则，其有责任在其事业活动中合理地进行循环利用。

个人的责任：遵循建立循环型社会的基本原则，通过延长产品的使用时间、使用再生产品、协助循环资源的分类回收等，减少废弃物等的产生，促进产品等作为循环资源的合理循环利用，同时协助国家和地方公共团体实施合理处理的相关对策措施。

（2）建成循环型社会所需推进基本计划的相关要求

为了全面且有计划地推动建立循环型社会的相关对策的实施，政府要制订循环型社会推进基本计划，且每5年修订一次。该计划需包含建立循环型社会的相关对策的基本方针、政府推动循环型社会建设采取的综合性和计划性对策及其他推动循环型社会形成的对策

实施时所需事项。

（3）促进资源循环利用的基本对策措施

为了促进产品、容器等作为循环资源的科学合理再利用，考虑到处理该循环资源时的技术难度和循环利用的可能性等，有必要由各级政府、企事业单位及个人各自承担应尽的职责。从产品、容器等的设计和原材料的选用，产品、容器等成为循环资源后的回收等角度来看，企业所起的作用对推动循环型社会的形成起着至关重要的作用。因此，中央政府规定或采取其他必要措施，促使企业通过有效地利用原材料、使用可重复使用的容器等，控制原材料等变为废弃物；使产品、容器等的生产和销售企业对成为循环资源的产品、容器进行回收，并将回收的循环资源交付或自行合理地循环利用。同时需要普及相关知识及采取其他必要措施，促使公众尽可能地长期使用产品、购买商品时选择不过分使用包装的商品等，以此减少废弃物等的产生。不进行循环利用的企事业单位要自行负责进行合理的循环资源处理。

（4）促进再生产品使用的具体措施

为了促进再生产品的使用，日本要求中央政府应率先使用再生产品，同时采取必要的措施促进地方政府、企事业单位及个人使用再生产品。此外，考虑到循环资源的循环利用及处理会给环境带来不同程度的负荷，中央政府为企事业单位进行技术帮扶或采取必要的措施，使企事业单位在开展生产、加工或销售活动时进行事前自行评价，并根据评价结果进行改良，降低产品、容器等的环境负荷，以此减少该产品、容器等的废弃物排放，促进其作为循环资源的循环利用，同时降低循环利用及处理给环境带来的负荷；并对循环资源进行合理的循环利用的企事业单位和个人等提供必要的材质、处理方法以及其他信息。

（5）构建循环型社会的相关宣传教育

为了推动循环型社会的形成，中央政府有责任采取必要的措施，促进企事业单位、个人或由民间团体自发的开展循环资源的回收活动、循环资源的转让或交换活动、产品和容器等作为循环资源进行循环利用或处理时的标识活动以及其他循环型社会形成的相关活动；地方政府要采取必要的措施，促进循环型社会形成的相关教育及学习的开展，充实宣传活动。

2.2.2.2.2 《废弃物处理法》的相关内容

日本《废弃物处理法》对各级政府、第三方机构和个人在生活垃圾处理方面的责任及要求进行了明确限定，具体内容如下：

（1）生活垃圾处理的主体及相关要求

日本《废弃物处理法》中明确市町村不仅可以自己处理（收集、运输和处理）生活垃圾，而且可以采取措施促进生活垃圾的减量。如市町村可以成立“废弃物减量等推进审议会”，还可以从社会中选聘有威望、有相关专业能力和热情的人充任“废弃物减量等推进员”。市町村甚至可以对区域内产生一般废弃物较多的土地或者建筑物占有者，就一般废弃物的运输场所和运输方法等事项作出指示，并要求其制订自身的一般废弃物减量计划。同时，市町村也可以许可相关企业从事生活垃圾的收集或者运输，并对其进行行政管理。取得市町村的这一许可，需要满足以下条件：

1）本市町村对一般废弃物进行收集或者运输有困难；

2）申请内容符合一般废弃物处理计划；

3）申请者的设施和能力足以支撑其业务的正确且可持续的运转，符合相关法律所规定的基准。

从第一个条件来看，可以这样理解行政与市场的分工：市町村自行对本区域内的生活垃圾进行处理是原则，许可相关企业进行处理是例外。也就是说，处理生活垃圾是市町村的“本职”。正因为如此，市町村在许可企业从事生活垃圾处理后，要对其进行严格的管理。管理主要涉及以下几个方面：

1）市町村许可企业从事垃圾处理业务时可以附条件——保护生活环境所必要的条件；

2）提供垃圾收集、运输服务的企业可以从垃圾排放者那里收费，但金额不得超过市町村的规定；

3）企业必须设置账簿，并在账簿上记载环境省令所规定的事项，按照相关法律规定将账簿予以保存，以供检查；

4）企业对其垃圾处理业务进行废止或者变更，必须按照相关法律规定向市町村长报告；

5）企业有违法行为，或者其设施或者技术能力不符合相关法律规定的基准，或者不符合市町村所附条件的，市町村可以责令其停止全部或者部分垃圾处理业务；

6）市町村也可以撤销对企业的许可。

另外，企业获得市町村的许可从事垃圾处理业务，还要受到诸多的法律限制：

1）必须严格遵守一般废弃物处理基准；

2）不得将垃圾处理业务委托给他人；

3）不得将自己的名义出借给他人，让他人从事垃圾处理业务。

从这些限制来看，垃圾处理业务的许可作为一种行政许可，实质上是一种专属性特许经营。

市町村以外的主体特别是私人（包括个人和组织）也承担一定的法律义务。例如，土地或者建筑物的占有者必须尽可能自行处理其土地或者建筑物内的可以以不损害生活环境的方法比较容易地加以处理的一般废弃物，同时，对于无法自行处理的一般废弃物，必须按照一般废弃物处理计划将其正确分类和保管，对市町村所开展的一般废弃物的收集、运输和处理必须予以配合。再如，居民个人必须尽力减少垃圾的产生，必须尽力自行处理自产废弃物，必须对垃圾进行分类排放，以此来配合国家和地方公共团体对废弃物的减量及其他合理处理所采取的措施。这虽然可以理解为一种非强行规范，但作为权利义务的宣示，对于环保意识的启蒙、普及、教育具有重大意义。

（2）中央政府及都道府县政府的工作

《废弃物处理法》中明确都道府县必须对市町村的生活垃圾治理提供必要的技术援助，并致力于评估区域内废弃物的状况，努力构建废弃物适当处理的必要体系。中央政府要积极推进有关废弃物信息的收集、整理和利用，支持废弃物处理技术开发，推动国内废弃物的合理处理，同时，对市町村和都道府县的相关工作提供必要的技术和财政援助，以及从广域的角度进行优化协调。

综上所述，日本在法律中明确的垃圾治理的责任主体是基层政府——“市町村”，由此既避免了各级政府间相互推诿的问题，又厘清了行政与市场的关系，从而使生活垃圾治理真正做到有人负责。虽然日本市町村是处理生活垃圾的法律上的责任主体，但其在具体实施过程中可选择自行处理、委托第三方机构处理或者采取措施促进生活垃圾减量，同时相关法律也明确了市町村以外的个人和企事业单位的相关责任。

2.2.3　日本养殖业环境管理政策

日本自 20 世纪 50 年代始开始推广集约化养殖，70 年代养殖业造成的环境污染十分严重，此后日本陆续出台了涉及水、固体废物、恶臭等的多部法律对畜禽养殖污染防治进行管理。此外，日本根据实际处理效果分年限逐步提高畜禽养殖污染排放标准，同时辅以多方面的补贴政策，规范和控制养殖业污染，逐步达到应治尽治，取得了良好的治理效果。

2.2.3.1　畜禽养殖污染防治法律法规

20 世纪 90 年代日本畜禽养殖业急速发展，环境污染问题突出，居民投诉增加，日本相继出台了《家畜排泄物法》《废弃物处理法》《水污染防止法》《恶臭防止法》和《肥料取缔法》等 5 部法律，用于畜禽养殖污染防治。1999 年日本农林水产省制定了《家畜排泄物法》，并于 2004 年 11 月正式施行，该法规定了一定规模以上的养殖户（猪大于 100 头、牛或马大于 10 头、鸡大于 2 000 只），禁止畜禽粪便在野外堆积或者直接向沟渠排放，畜禽粪便储存设施的地面要使用非渗透性材料等相关要求。

截至 2016 年年底，日本对全国 77 484 户养殖农户进行调查，符合《家畜排泄物法》要求的储存设施建设的农户 42 451 户，占 90.7%；使用塑料布等进行简易设施建设的 2 658 户，占 5.7%；采用向农田直接施用、委托专业处理等方法的 1 660 户，占 3.5%；不符合管理标准的农户仅为 10 户，占 0.02%。由此可见，《家畜排泄物法》的实施在畜禽养殖设施建设方面有效地规范了养殖户的养殖行为，减少了畜禽粪便的肆意泄漏和对环境的污染。

《废弃物处理法》规定禁止非法乱扔家畜粪便，如将畜禽粪便作为废弃物处置，需要委托给有资质的企业进行规范处理。

《水污染防止法》对畜禽养殖场的污水排放标准做了相应规定，即养殖规模达到一定程度的养殖场排水必须经过处理，并要满足规定标准（硝酸盐氮、BOD、COD、SS、大肠菌群、氮、磷等），每年进行 1 次以上的水质监测并进行记录和保存。

《恶臭防止法》规定畜禽粪便产生的腐臭气体中 8 种污染物的浓度不能超过工业废气浓度。

《肥料取缔法》规定以家畜排泄物作原料生产肥料时，需要向国家相关部门报备。

2.2.3.2 畜禽养殖污染排放标准

2.2.3.2.1 废水排放标准

畜禽养殖排放的废水按照《水污染防止法》要求进行管控。《水污染防止法》中氨氮、亚硝酸盐氮、硝酸盐氮统一标准值为 100 mg/L（以氨氮浓度乘以 0.4 的以及亚硝酸盐氮和硝酸性氮的合计量）、氮为 120 mg/L、磷为 16 mg/L。

畜禽养殖废水由于氨氮等污染物浓度高，很难实现法律规定的统一标准限值，因此《水污染防止法》规定畜禽养殖特定单位（猪舍 50 m^2 以上、牛舍 200 m^2 以上、马厩 500 m^2 以上）需要执行硝酸盐氮等暂行标准（600 mg/L）（截至 2019 年 6 月底）；在日本环境省规定的 88 个封闭性海域，养猪场排水氮暂行标准 170 mg/L、磷暂行标准 25 mg/L（截至 2018 年 9 月底），之后的标准值未定。该排放标准是依据废水处理技术水平制定并实施的，且随技术水平的改善逐步提高。畜禽养殖硝酸盐氮、氮和磷等排放浓度标准经过了逐步严格的过程。硝酸盐氮等暂定标准 2001 年 7 月至 2004 年 7 月限值 1 500 mg/L、2004 年 7 月至 2013 年 7 月限值 900 mg/L、2013 年 7 月至 2016 年 7 月限值 700 mg/L、2016 年 7 月至 2019 年 6 月底限值 600 mg/L（图 2-8）。

氮和磷暂定标准 1993 年 10 月至 1998 年 10 月限值分别为 700 mg/L 和 100 mg/L、1998 年 10 月至 2003 年 10 月限值分别为 260 mg/L 和 50 mg/L、2003 年 10 月至 2013 年 10 月限值分别为 190 mg/L 和 30 mg/L、2013 年 10 月至 2018 年 9 月底限值分别为 170 mg/L 和 25 mg/L（图 2-9）。

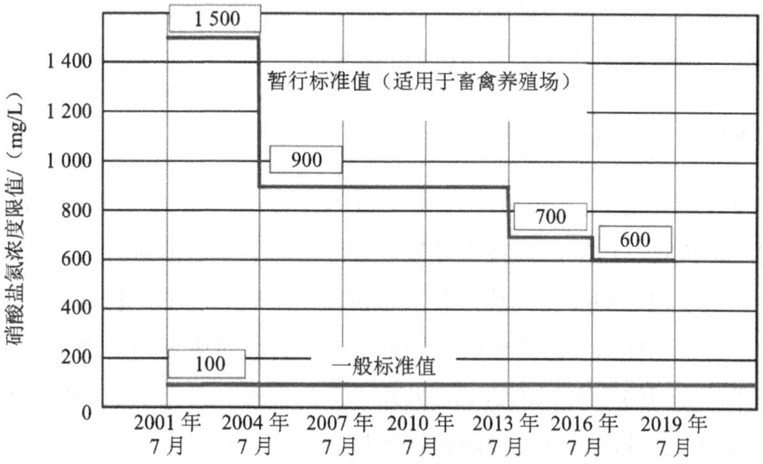

图 2-8　畜禽养殖污染废水硝酸盐氮排放标准

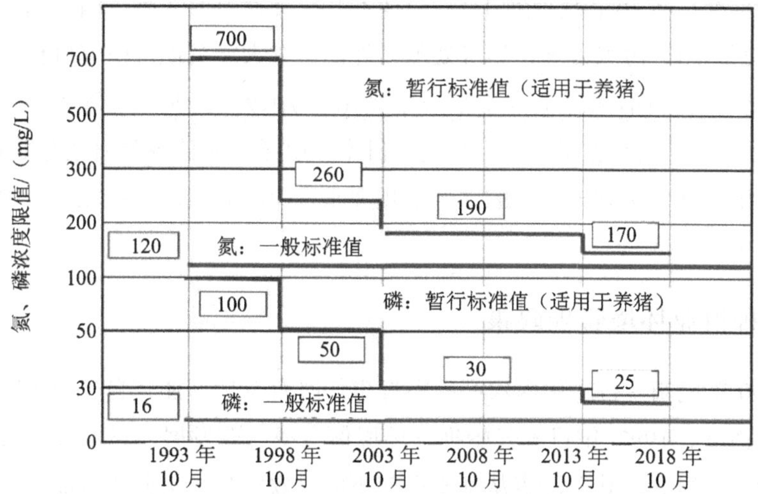

图 2-9　畜禽养殖废水氮、磷排放限值标准

从以上污染物排放标准的变化可以看出，该法律的实施过程既考虑了时下的畜禽养殖废水处理技术水平，又兼顾对环境的影响和养殖户的承受能力，同时还在法律层面很好地进行了衔接，使该法律的实施取得了良好的效果。

2.2.3.2.2　恶臭排放标准

1971 年出台的《恶臭防止法》将臭味的强度分为 6 个等级，明确要求臭味强度要在 2.5～3.5 范围内，具体限值可由各地方政府自行决定。随着畜禽养殖污染的日益加剧，特别是其恶臭给环境带来的影响，日本将畜禽养殖业场纳入了《恶臭防止法》的法律范畴，并规定了所有养殖场界的恶臭浓度限值。在法律规定的 22 种特定恶臭物质中，与畜禽养殖相关的包括氨、甲硫醇、硫化氢等 10 种恶臭物质。

2.2.3.3 畜禽养殖污染防治财政补贴

为鼓励畜禽养殖业发展、加强环境污染控制，日本政府对畜禽养殖环保处理设施建设、废弃物综合利用、税收、污染防治技术开发、人才培养等多方面进行支持。

为了引导养殖户积极响应相关法律要求和畜禽养殖废弃物的达标排放，日本政府首先对养殖户建设畜禽养殖环保设施给予财政补贴，国家财政对废弃物处理设施、脱臭设施等环保处理设施建设费用的补贴高达 50%，另外所在的都道府县再承担 25%，养殖户仅需支付总建设费用的 25%；其次是开展设施租赁项目，通过较低的价格向养殖户租借环保所需的机械设备等。在综合利用方面，政府通过补贴，以固定价格收购畜禽粪便，支持可再生能源企业开展生物质发电。在税收和直接资金补贴方面，新建畜禽养殖污水处理设施固定资产税的课税标准在 5 年里减少到 1/3。在技术开发支撑方面，除在国立的研究机构进行技术开发（堆肥利用、污水处理、臭气处理）外，也对大学及地方研究机构的技术开发给予支持。在人才培养方面，政府每年开展以堆肥化、污水处理、臭气处理等为主题的培训，目前已有 1 万人次以上参加了培训。总之，日本政府通过实施各类财政补贴和优惠政策，引导和鼓励养殖户逐步达到该行业的法律法规要求，同时养殖户也在此过程中逐步承担其相关责任和义务。

2.2.4 日本种植业环境管理政策

20 世纪 90 年代初，日本国内农产品中毒事件时有发生，加之自乌拉圭回合谈判以来国际贸易环境改变，1992 年日本开始推行环境保全型农业发展，日本政府首次提出“环境保全型农业”的概念，其关注点从基本框架下的“农业”扩大到“食品”以及发展环境友好型农业上。此后相继出台了一系列政策文件，减缓农业种植产生的面源污染。核心政策文件包括《粮食·农业·农村基本法》《可持续性农业法》《农业环境规范》《有机农业推进法》和《多面机能发挥促进法》5 部法律。

《粮食·农业·农村基本法》规定，国家应该鼓励、引导农业生产者正确使用农药和肥料，维持和促进农业可持续发展。该法第一次明确要降低农业生产带来的环境负荷，此后环境保全型农业在日本全国得到发展。

随着《可持续性农业法》的实施，日本开始推行 ECO FARMER 认证工作。ECO FARMER 是指采用了土壤改良、减少化学肥料和化学合成农药使用技术，获得都道府县领导认证的农民。取得认证的农民，可以获得农业改良贷款优惠（偿还期延长）和都道府县的建议、指导。截至 2018 年 3 月，共有 111 864 人得到此认证。

《农业环境规范》要求日本的农民采取最低限度的环境保护措施，包括施行土地改良、适当有效施肥、正确有效除害、正确处理利用废弃物等方面内容。该规范不具有强制性，但因是申请农林水产省各种支持补助的必需条件，也得到广泛的推广和普及。

《有机农业推进法》推进有机农业生产发展，明确指出不能使用化学合成肥料、农药及转基因技术，尽可能降低环境污染。农林水产省通过制作生产、流通、贩卖、消费全过程指导手册，举办研讨会和促进技术开发，大力普及有机农作物。截至目前，得到有机农作物日本农林规格认证的农户数量达到4 000户。

2007年4月开始施行农地、水保护管理支付补助金支持政策，规定化学肥料和化学合成农药使用量需减少50%。2011年4月修订环境保全型农业直接支付补助金支持政策，支持防止地球变暖和保护生物多样性的农业经营活动。《多面机能发挥促进法》将多面机能支付、中山间地区等直接支付、环境保全型农业直接支付3种直接支付补助金制度化。申请环境保全型农业直接支付补助金必须通过ECO FARMER认证，并定期接受农业环境规范的检查。由此可见，日本上述的一系列政策和措施不断规范和引导农业经营活动过程减缓农业种植产生的面源污染，同时引导农业生产活动走向绿色发展的可持续之路。

2.2.5 日本农村生态环境管理的特征

经过多年发展，日本农村生态环境管理总体上呈现完善、精准、科学、规范和亲民五大突出特点。具体表现为：以完善的法规政策体系保障农村生态环境管理，以精准的财政补贴机制支撑农村生态环境管理，以科学合理的规划和技术标准体系服务农村生态环境管理，以规范的行业和市场服务体系推动农村生态环境管理，以亲民务实的环境宣传教育助力农村生态环境管理。

2.2.5.1 完善的法规政策体系

日本在农村生态环境保护相关法规政策制定过程中，既注重每一部法规政策的特点和针对性，也注重法规政策之间的配套性、系统性和可操作性，不论是在农村生活污染防治还是畜禽养殖和农业面源污染防治方面，都自成一套完善的体系，为农村生态环境保护提供了系统的法规政策支撑。其中，在控制农业生产污染方面，日本于1999年制定了《粮食·农业·农村基本法》，与之相配套制定了《关于促进高持续农业生产方式的法律》，2000年和2001年又分别配套制定了《食品废弃物循环利用法》《堆肥品质法》，从农业污染防治总法到单向法，从农业生产投入到食品加工、肥料质量控制等各个环节法律法规相互配套，形成体系。在控制农村生活污水污染方面，制定了《建筑基本法》《净化槽法》《清扫法》《废弃物处理法》，针对净化槽的设计、建设、安装、运行维护、停运等各个环节提出明确要求，形成完善的管理体系。

2.2.5.2 精准的财政补贴机制

结合农村生活和农业生产污染源特征，日本政府制定了精准科学的财政补贴机制，保障农村生态环境保护有稳定的资金来源。

针对农村生活污水收集困难、设施建设标准化难度大、设施运行费用高等多种问题，日本另辟蹊径，对农村生活污水监管摒弃了城市污水监管通常采用的集中收集、排污口控制的模式，而是采用规范治污设备作为农村地区污水控制的主要手段，即通过《净化槽法》规范农村地区生活污水（含粪尿）治理。规避了污水收集和设施标准化建设的困难。但设施运行费用问题仍是困扰净化槽推广的重要难题。为推动净化槽的普及，从 1987 年起，日本相继制定了《净化槽设置整备事业》和《市町村净化槽整备推进事业》制度，推行净化槽补助金制度，明确由国家和地方政府对净化槽的安装和更换（由单独处理槽更换为合并处理槽）的使用者给予一定的补贴，补贴金额及补助方式根据行政区的不同有所差异，但经过补贴后净化槽使用者负担的平均费用基本上不超过公共排水系统使用者每月缴纳的排污费。

净化槽日常运行维护费用由使用家庭承担，农业村落排水设施的设计和建设费用主要由各级政府承担，后期的运行维护费用主要来自用户缴纳的排污费，不足部分由地方政府补贴。净化槽补助金制度针对净化槽的运行费用问题，精准面向关键环节，解决了农村污水治理的“最后一公里”问题，对改善日本农村人居环境发挥了巨大作用。

在农业面源污染防治方面，日本政府对畜禽养殖也和种植业一样采取各种金融扶持政策，推动污染防治和环境保护全型农业发展。在畜禽养殖污染方面，日本政府通过专项财政补贴政策、金融扶持政策等，支持畜禽养殖企业加强污染防治基础设施建设，推动治污设施租赁业的发展，精准面向关键污染源，有效控制农业污染。在种植业面源污染防治方面，日本部分地区采取环境直接补贴办法，精准支持绿色农业，即对“环境友好农产品”直接补贴，每 1.5 亩的补贴为：水稻面积在 3 hm^2 以下补贴 5 000 日元，超过 3 hm^2 的部分补贴 2 500 日元；设施蔬菜（主要指温室栽培的蔬菜）补贴 3 万日元，露天蔬菜补贴 5 000 日元；果树（梨、桃、葡萄和无花果）补贴 3 万日元，其他果树补贴 1 万日元。此外，“环保型农户”（即农业年收入超过 5 万日元的农户），可向农林水产省申请环保型农业种植，银行可为其提供 15 年的无息贷款，政府每年给予 7%～35%的农业税费减免，农协提供 50%的农业设施补贴。到 2014 年年底，日本从事环保型农业种植的农户达到了总农户数的 48.9%，有效促进了绿色农业的发展，从源头缩减了农田面源污染治理的范围。

2.2.5.3 科学合理的规划和技术标准体系

日本针对相关法律法规配套制定了具体规划和完善的技术标准，指导环境管理工作有序推进、有效实施。为了指导农村污水处理工作，在中央层面，相关部门达成一致，要求都道府县一级地方政府制定污水处理规划，有计划地实施污水处理设施（包括下水道、村落排水设施和净化槽）建设，不断增加已建成设施的长期且高效的运营管理。在具体实施过程中，不断细化优化污水治理规划编制要求和技术指导，确保了污染治理工作有序推进。

在农村生活污水排放标准方面，结合不同地区实际情况，分类制订了农村地区的污水排放标准，避免了无谓的浪费，提高了污水处理工作的效率。标准规定：一般地区对村落排水设施中处理对象达到 501 人以上的处理设施称为“特定设施”，按照所有水域统一的排水标准执行；在水质总量控制的地区，处理对象人口为 201 人以上、500 人以下的处理设施，称为“指定地区特定设施”，执行“特定设施”相同标准；对于排放量低于 50 m^3/d 的处理设施，仅检测 BOD 和 SS 两项指标。对于有大量排水流入的封闭性水域，仅靠统一排水标准难以保障达到保护生活环境的环境标准，都道府县在指定区域内，按照国家总量减排控制方针，在排水标准规定的出水浓度限制以外，还制定了 COD、氮和磷的相关要求，提高了排放要求和标准。根据不同地区、不同规模农村污水制定分类排放标准，让不同地区可以根据实际选择适宜的处理技术和处理方法，使日本农村生活污水治理推进更加科学有效。

日本政府除要求农村生活污水处理设施符合污染物排放标准外，还要求净化槽（小型污水处理设施）需满足设施标准，以此确保生活污水经净化槽处理后能够达标排放。日本早在 1969 年实施的《建筑基本法》中就规定了净化槽的构造标准，此后在使用过程中又进行了多次修订和补充。《净化槽构造标准及解说》对净化槽的构造标准进行了详细解说，同时还对负荷计算、设备选择、施工安装、维护管理等内容都作出了具体规定；1983 年日本制定的《净化槽法》，明确规定了净化槽的制造、安装、运行维护等方面的要求。为了严格执行《净化槽法》的相关规定，日本环境省也颁布了一系列净化槽法实施规则，明确了净化槽维护检查技术标准、清扫技术标准、使用准则、施工技术标准等。这些标准不仅对“做到什么程度”提出了具体要求，更是教会农民“如何去做”，对各地推广使用净化槽起到了很好的指导作用。

2.2.5.4　规范的行业和市场服务体系

日本环境管理工作主要采取地方政府主导与行业协会参与相结合的方式。地方政府对本辖区的环境质量负全责，按专业形成的日本环境安全事业株式会社、日本环境保全协会等行业协会，承担着本行业废弃物处理业务的资质审查、招投标等管理职能。这些行业协会既为第三方治理机构提供全面、专业、权威的信息数据，又对政府、排污单位、治污企业等进行客观、有效的监督，为环境污染治理的有序运转提供了重要保障。

政府通过购买第三方服务的方式，为国民提供更加灵活高效的环境管理和服务。例如在污水治理方面，行政机关及其指定的第三方机构，对污水治理设施的申请、设立、变更、废除具有审批权限，并通过指定的第三方机构对建设与运行的质量进行监管，用户则必须支付排污费和第三方服务费以确保稳定达标排放。第三方机构包括设备制造公司、建筑安装公司、运行维护公司和污泥清扫公司等，均需要资质，并且从业人员都必须通过培训和考试获得相应的专业证书，从而保证了服务质量。此外还有专业性的行业协会和培训机构等，开展分散污水治理技术的研究、推广、宣传教育等，确保每年培养足够的具有资格的技术人员和管理人员。日本完善的行业管理制度对农村污水处理设施实现科学的建设、施工、维护管理及长效运行提供了制度保障。在生活垃圾污染防治方面，对于一般的废弃物处理企业，需由市町村和都道府县分别审核其资质和设施条件，取得市（町村）长和知事的许可；再生利用企业要接受环境省的审核，并获得环境大臣的许可等。在畜禽养殖污染防治方面，日本制定了相对灵活的污染治理政策，畜禽养殖废物的治理可由排污单位自行建设污染治理设施进行处理，也可向市场租赁治污设施，也可交由第三方治理企业进行专业治理。

行业协会和市场主体参与农村环保工作，是对政府开展农村环境监管的有效补充，可以有效缓解政府人力、财力不足的问题，通过市场竞争，还可以既提高服务效率，又提高服务质量。多种主体与政府形成良性循环，有效促进农村环保工作水平的提升。

2.2.5.5 亲民务实的环境宣传教育

由于化肥、农药施用等带来的面源污染难以采用末端治理的方法进行控制，提升农民的环保意识是从根本上解决农业面源污染的有效手段，环境宣传教育在控制农业面源污染方面具有重要意义。日本采取多种手段，通过多层次、多渠道、长周期、面向全体国民的环境保护宣传教育，将环境保护意识深植全体国民内心，让广大农民自觉在农业生产和农村生活中遵循各项环保要求、履行各项环保义务。一是出台农村环保宣传教育政策法规。《环境保护法》明确环境保护公众参与权、知情权、监督权和决策权。将参与环境保护视为公民的基本人权，规定农用化学品的用量标准等信息定期向民众公布，鼓励农户以信息反馈的方式间接参与环境决策及外交政策制定。《增进环保热情及推进环境教育法》明确农户参与农村环保准则，要求市町村完善国家建立的农村环保宣传教育基地，推进环境保护宣传教育。二是发挥示范引领带动作用。文部省实施“环境教育推进示范市镇村指定事业”，刊发推广《环境教育推进示范村镇研究集录》。政府建设一大批农村环境治理示范区，推广生态循环农业。发布“里山倡议”推动新农业农村建设，形成“基于生物和生态功能保护的农业开发”模式，推广环境友好型农林业发展。三是重视农村环保先进技术宣传推广。日本在农村创建一批以“田园学校”为代表的环保教育基地，聘请环保技术专家向农业生产者宣传培训生态循环农业，并采取多种补贴措施调动农户参与积极性。研究分散污水治理技术，向农村地区技术和管理人员开展宣传培训。中央、都道府县和市町村分别设置了环保农业推进机构，农协中央会设立了环保全形农业推进委员会，囊括了专家、消费者、政府和农户代表。四是强化青少年环保教育启蒙。在幼儿园启蒙教育、中小学初级教育和高等教育阶段都加强环保宣传教育，为农村生态环境污染的治理提供人才储备。五是依托农村社会基础推动农村环境保护。市町村通过村民自治颁布村民宪章，约束农户和农业生产者的生产和生活行为。农村 NGO 组织（非政府组织）和农业协会注重环保意识的固化与传承，自发组织清理河道等环保活动，与政府合作定期举办农村环保“巡回座谈会”，传播环境治理经验。

2.3 中日农村生态环境管理对比研究

日本与我国在历史上同属东亚传统的小农经济国家，在社会、经济、文化等方面的发展历程和存在的问题具有一定的共通性。日本农村社会、经济与生态环境管理随发展不断调整、适应，期间政府也数次推动乡村振兴。对比中日两国农村生态环境管理及其背后的社会经济等因素影响，可以为中国的农村生态环境管理在工作思路和具体举措方面提供借鉴和参考。

2.3.1 中日两国环境管理发展历程对比

2.3.1.1 日本农村生态环境管理发展历程

日本在 20 世纪 70 年代初就实现了城镇居民和农村居民的收入持平，进入了城乡一体化的发展模式，农村地区的环境管理工作是在城镇化高度发展后，与城市环境管理工作统筹开展的。

前溯到明治维新时代，日本已出现了农村生态环境管理工作的萌芽。1887 年，日本首次制定了《传染病预防法》，推动生活污水、粪尿等的规范处理。20 世纪 20—40 年代，日本经济高速发展，出于提高农村生活质量的考虑，日本出台了《水槽便所取缔规则》，首次明确了净化槽结构、出水水质、维护管理标准，是《净化槽法》的前身，在客观上减少了农村生活污水对地表水环境的影响。

20 世纪 50—60 年代发生的多起“公害事件”给日本社会带来巨大震动，环境保护提上了日本中央政府的重要日程。1971 年日本环境管理的专门机构——日本环境厅正式成立，统筹负责环境管理的职能，农村地区环境管理也是其重要工作内容。

20 世纪 50—80 年代，日本大力推进农村生活污水治理，80 年代后期农村生活污水治理通过立法不断完善；90 年代之后，为应对国内生活垃圾危机，日本制定了一系列法律法规。农村生活污染防治的法规政策制定数量在 90 年代达到顶峰。80 年代末 90 年代初，日本国内农产品中毒事件时有发生，种植业污染引发全社会关注。同期，面对国际贸易摩擦，积极调整农业产业政策，1992 年日本政府首次提出“环境保全型农业”的概念，其关注点从基本框架下的“农业”扩大到“食品”以及发展环境友好型农业上，多项法律法规、政策、规划计划等不断完善。20 世纪末，日本开始关注畜禽养殖污染防治。1999 年颁布了《家畜排泄物的管理的规范化及利用促进的法律》（家畜排泄物法），于 2004 年 11 月正式施行。2007 年和 2015 年日本政府制（修）订《家畜排泄物法新基本方针》，针对畜禽养殖污染，要求实施与耕种需求相结合的堆肥。

目前，日本的农村生态环境管理日趋完善，法律体系、支撑技术逐渐完备，管理重点由“公害治理”型到“环境保全”型，进而到“环境友好”型，内涵更加丰富，效果更加凸显。

2.3.1.2 我国农村生态环境管理发展历程

我国生态环境管理的萌芽同日本一样也始于对健康及环境卫生的关注。我国农村生态环境基本延续几千年来的自然发展状态。中华人民共和国成立后，满是战争创伤，百废待兴的中华大地首先要解决的是吃饭问题。因此中华人民共和国成立后至 20 世纪 80 年代，我国首要解决的是温饱和发展问题。80 年代以后，农村生态环境保护的思想认识和相关内容逐渐被重视，诸如村容村貌、环境卫生建设等内容也相继在相关文件中提及，但在当时的历史条件下，发展是第一要务，农村生态环境为经济发展做出了重大让步。

进入 20 世纪 90 年代，随着工业污染治理的加速以及农村环境污染问题日益严峻，全社会对治理农村环境、改善农村生产生活质量的呼声日益高涨。1999 年发布的《关于加强农村生态环境保护工作的若干意见》标志着我国农村生态环境管理工作的开端。

1999—2007 年是我国农村生态环境管理的起步阶段，这一时期国家环境保护总局将控制农业面源污染、农村生活污染和改善农村环境质量作为农村生态环境保护的重要任务纳入《国家环境保护“十五”计划》，相关部门陆续出台或修订一系列文件，指导各地开展农村生态环境保护工作。虽然关于农村生活和农业生产污染防治的内容逐渐清晰，但由于没有资金保障和技术支撑，各项政策的可操作性较弱。

以 2008 年启动实施的农村环境综合整治行动为标志，我国农村生态环境保护工作进入局部集中治理阶段。各地在短时间内集中解决了一批农村突出环境问题，积累了大量农村生态环境管理经验。

2017 年年底召开的党的十九大，使农村生态环境保护开启了全面推进的新阶段。党的十九大明确提出实施乡村振兴战略，治理农业农村污染成为实施乡村振兴战略的一项重要任务。目前，我国已将农村生态环境管理提到前所未有的高度。

中日两国农村生态环境管理虽然都是起步于环境卫生方面，但我国农村生态环境管理工作起步晚、任务重，面临巨大挑战。

2.3.2　中日两国社会经济背景对比

农村生态环境管理与农村和农业发展密切相关，深刻地受到农村社会经济文化背景的影响。

2.3.2.1　日本不同阶段农村及农业发展状况

早期日本社会偏重工业而忽视农业发展，农村地区的工业仅限于传统农副产业、农具制造等农村自给自足产业。1920 年，日本农业对 GDP 的贡献值为 24.7%，低于工业对 GDP 的贡献值（32.1%）和服务业对 GDP 的贡献值（43.2%）。城镇化率仅为 18%，农村仍是日本社会的主要形态。

20 世纪 40 年代，日本农村生态环境管理工作进一步发展。这一时期由于战争的影响，以军需工程为主的企业逐渐从城市地区转移到农村，促进了农村工业结构的调整，为后期提振农村经济打下了基础。同时，工业在国民经济中的占比进一步提升，农业占比则持续下降。1940 年，日本农业对 GDP 的贡献值降至 16%，工业对 GDP 的贡献值达到 52%。城镇化率在 1940 年上升至 37.7%后，在 40 年代中期又降至 27.8%。整个社会对农村地区开展环境管理的需求不高，能力也不足。

日本农村生态环境管理全面展开的 20 世纪 70 年代末，农业对 GDP 的贡献已经不足 5%，2010 年更是降至 1.3%。1970 年，日本城镇化率已达 72.1%，基本完成城市化；2015 年城镇化率高达 91.4%，接近饱和，绝大多数人口居住在城市地区。而自 70 年代以来，农业生产已经实现现代化，农村家庭收入和城市家庭收入基本持平，实现了城乡一体化发展。城市和农村对开展环境管理工作既有需求又有承担相应治理责任的能力。

2.3.2.2　我国不同阶段农村及农业发展状况

在社会经济方面，新中国成立后我国工业体系逐步建成，粮食逐年增产，但总体来看我国农村及农业的发展还是比较缓慢。1978 年实行改革开放以来，农村经济活力得到全面释放，乡镇企业快速发展。1999—2007 年，我国农业在国民经济中的占比从 16.5%下降到 11.1%。2016 年，农业在国民经济中的占比下降到 8.6%。在城镇化发展方面，2007 年我国城镇化率达到 45%，2017 年进一步上升到 58.5%。从农业在国民经济中的比重和城市化水平看，我国目前农村生态环境管理所处的阶段大概相当于日本 20 世纪 60—70 年代的状况。

与日本相比，我国农业和农村在社会经济结构中所处的位置举足轻重。目前，无论城市还是农村，对改善农村环境质量、提升农业绿色化水平都有迫切的需求，但农业高质量发展水平还不足，农村环境质量的改善还处在艰难爬坡阶段，农民在承担相应责任方面的能力还十分有限。

2.3.3 中日两国农村生态环境管理机构及机制对比

2.3.3.1 日本农村生态环境管理机构及机制

日本行政机构由中央政府的行政机关（内阁）和地方政府组成。地方政府称为地方自治体或地方公共团体，由 47 个都道府县和 1 718 个市町村组成。市町村都是日本地方的基层政府，三者之间没有隶属关系，仅是人口规模不同。

20 世纪 70 年代以前，日本中央一级的环境管理没有独立部门负责，公害防治职能分散在厚生省、通商产业省、经济企划厅等多个部门，在采取综合治理措施时经常面临部门相互掣肘的问题。1971 年，日本环境厅正式成立，将上述环境管理的职能整合到一个部门，重点强化了统一协调、综合决策的职能。而此时，日本农业生产已经实现现代化，农村家庭收入和城市家庭收入基本持平，部分地区农村家庭收入甚至超过城市家庭收入，实现了城乡一体化发展，具备了城乡环境管理一体化的基础。因此，环境厅在成立时将城市和农村生态环境管理作为有机整体统一管理。2001 年，为提高管理能力和效率，日本中央省厅由 22 个精简为 13 个，在中央机构和公务员数量大幅精简的背景下，唯有环境厅升格为环境省。此次机构改革强化了环境与经济一体化管理，赋予了环境省在制定国土规划中有关环境保护事务的权力。在具体政策执行方面，经济、农林水产、国土交通等几乎所有政府内阁部门都负责相关领域的环境保护事务，形成了统一决策与监督下的多部门合作的环境管理体制。2005 年，环境省设立了地方环境事务所，作为连接环境省和地方的重要机构。

日本的行政管理体制在纵向上是一种地方主导与自主型的结构。在地方层面，地方政府享有较高程度的自治权，地方环境管理部门只对地方政府负责，环境省与地方的环境管理业务往来直接面向地方政府，一般不直接对接地方环境主管部门。都道府县的环境主管部门的主要职责是对关键区域、重要污染区域实施定期、定点和非定点环境质量监测，制定地方环境工作目标和对策等。都道府县政府还根据需要设置相应的行政派出机构，这些机构主要负责生活环境的保护与改善工作。市町村一级根据市町村规模大小以及工作需要设置环境保护机构。

2.3.3.2 我国农村生态环境管理机构及职能

我国生态环境管理机构的建立始于 1974 年。1972 年周恩来总理率团出席瑞典斯德哥尔摩第一次人类环境会议之后，在国家层面开始关注环境保护，并于 1974 年成立国务院环境保护领导小组。1982 年，在城乡建设环境保护部设立环境保护局。1984 年，国务院成立国务院环境保护委员会，领导组织协调全国环境保护工作。1988 年，在国务院机构改革中设立国家环境保护局，并被确定为国务院直属机构。1998 年，成立国家环境保护总局（正部级）。1974—1998 年，虽然我国环境保护工作逐步得到加强，但是农村生态环境管理工作尚未成为环境保护的主阵地和主战场。

2008 年，国家环境保护总局升格为环境保护部，成为国务院组成部门，环境保护机构的职责和能力普遍得到加强。但这一阶段农村生态环境保护工作职责仍呈分散状态，多个国务院组成部门承担了农村生态环境保护相关职责。环境保护部、农业部、住建部、水利部、全国爱国卫生运动委员会等都在自己的职权范围内负责农村环境管理工作。环境保护部对全国的环境保护工作实施统一管理，水环境管理司设农村环境管理处，负责开展以农村生活污水、垃圾、畜禽养殖污染防治、农村饮用水水源地保护等为主要内容的农村环境综合整治，指导生态农业建设，组织国家有机食品基地创建等工作，大气司、环评司、监察局、监测司、土壤司、生态司、宣教司等多个司局也承担农村环境管理相应工作。

2018 年新组建的生态环境部整合了分散在 7 个部门的生态环境保护职责，统一行使生态和城乡各类污染排放监管与行政执法职责。打通了地上和地下、岸上和水里、陆地和海洋、城市和农村、大气污染防治和气候变化应对等多项职能。其中，城市和农村的“打通”，为进一步加强农村生态环境保护创造了更好的条件。2018 年 8 月开展实施的《生态环境部职能配置、内设机构和人员编制规定》将农村环境管理职能归入土壤司，开启了农村生态环境管理体制的新阶段。

与日本相比，我国农村生态环境管理起步较晚、较慢，且主要通过自上而下推动实施，地方政府的责任和主动性尚未得到有效发挥。近年来，在中央层面农村生态环境管理的职能日趋清晰，各级能力建设逐步得到加强，但总体上农村生态环境管理机构和相关制度建设还需不断完善和强化。

2.3.4 日本农村生态环境管理对我国的启示

从中日两国农村生态环境管理发展历程、社会经济文化背景、管理机构及机制对比可以发现：一是相比我国，日本没有独立的农村生态环境管理概念。日本自 20 世纪 70 年代统筹开展环境保护工作以来，城市和农村即作为一体化统筹开展工作。同时，农村在日本无法律上的明确定义，可以认为是在城市（城镇化地区）以外的农业人口较集中的地区，以及农业振兴地区及其周边地区。二是相比日本，我国农村与农业在社会及国民经济中的作用不可同日而语。在人口数量上，2017 年，我国农村总人口为 5.77 亿，占全国总人口（13 亿多）将近一半。在国土面积上，农村地区占有绝对优势。农村与城市在发展水平上，差距巨大，在基础设施方面，2016 年年底，只有 73.9%的村生活垃圾得到集中处理或部分集中处理，17.4%的村生活污水得到集中处理或部分集中处理。而同期全国城市污水处理率达 93.44%，生活垃圾处理率为 98.45%，远高于农村地区；在收入方面，2017 年，城镇人均收入达到 36 396 元，农村人均收入仅为 13 432 元，城镇人均收入是农村人均收入的 2.7 倍。巨大的剪刀差和城乡发展的不均衡为中国农村的生态环境管理带来巨大的挑战。

农业和农村在我国社会经济中的独特地位决定了我国的农村生态环境管理工作难以直接照搬照抄日本等发达国家的环境管理经验，必须走一条适应我国国情的特色道路。但同时，梳理日本农村生态环境管理历程可以为我国农村生态环境管理工作的战略定位以及管理实践提供有益的借鉴。

第一，两国都经历了农业在国民经济中占比持续下降、城镇化率持续上升、经济高速发展的过程，可以对比得出我国农村生态环境管理所处的大致阶段，吸取其不同阶段失败的教训、成功的经验，实现我国农村生态环境管理的跨越式发展。从城镇化率来看，2017 年我国城镇化率达到 58.5%，相当于日本 20 世纪 50—60 年代的水平；从农业在国民经济的占比来看，我国 2016 年达到 8.6%，相当于日本 20 世纪 70 年代末的水平。对比日本同时期环保工作开展情况，可以发现我国当前面临的农业面源污染严重和农民承担环保责任能力弱等问题主要是受社会经济水平的大背景制约，具有一定的必然性和合理性。这就提醒我们的农村生态环境管理工作要科学制定目标，不能盲目超前，贪多求大。农业作为第一产业，是国家发展的压舱石，农民作为社会经济发展的独特群体，其经济承受能力有限，农村生态环境保护需要通过城市反哺，以政府大量投入为主。

第二，日本农村发展也经历了我国目前正在经历的“空心化”阶段，而日本巧妙地利用这一契机实现了农业和农村现代化，为我国解决当前“空心化”对农村生态环境管理的影响问题提供了思路。20 世纪 50 年代之后，日本农村人口大幅减少，农村土地撂荒严重。为解决农村劳动力大量外流对农村社会的冲击，缩小城乡差距，日本政府一方面通过一系列开发计划于法律，调整农村地区的产业结构，通过兴建大批的中小企业和小城市的方式，促进农村地区的城镇化发展；另一方面通过优化农村土地产权制度，放宽土地流转条件，允许农村土地适度流转，扩大土地经营规模，推动农业机械化，带动了农村传统经营方式的改变，即从传统的追求农产品产量转向追求效率。机械化经营使农村的劳动力出现剩余，劳动力人口开始大量向城市和非农产业转移，提升了农民收入。同期，政府主导在农村地区推行以改善农业基本生产条件和保护农村生态环境为目的的土地整治。随着土地整治的深入，日本农民开始集中居住，自然村落逐渐凋敝，为规模化开展农村人居环境治理提供了方便条件。农村地区经济的繁荣和农民集中居住为开展农村生态环境管理工作提供了良好基础。我国农村目前正在经历“空心化”过程，给农村生态环境管理工作带来巨大挑战，同时，这也是实现农业现代化、从源头减少农业污染和实现农村现代化、提升农民承担环境管理能力的良好机遇，日本经验提示我们需要利用好这一时机。

第三，日本的农村生态环境管理经历了从人居环境整治到种植业污染防治，再到禽畜养殖污染防治的不同发展阶段，循序渐进，逐步展开，可为我国确定农村生态环境管理不同阶段的工作重点提供借鉴。日本农村生活污染防治工作在20世纪70年代中期之后逐渐发展和完善，种植业污染防治主要在90年代之后得到发展和完善，畜禽养殖污染防治从2000年前后开始发展和完善，农村生态环境管理工作从只关注生活污染逐步过渡到兼顾生活和农业污染。农村生态环境管理工作量大面广，我国农村地区情况复杂，既不宜直接照抄日本的发展历程，忽视已出现的问题，也不宜"眉毛胡子一把抓"、不分主次。各地在确定工作重点时，可以将人居环境改善作为农村环保工作的首要领域。人居环境问题是广大农民最关心、最直接、最现实的突出环境问题，解决这一问题，有助于直接提升农民群众的获得感和幸福感。在经济发达地区，可以逐步加强农业污染防治工作。

第四，日本地方政府在防治公害污染，特别是农村地区的环境管理方面发挥了极其重要的作用。日本环境省在行政管理层面直接面向地方政府，一般不直接对接地方环境主管部门，为我国确立农村生态环境管理工作机制提供了参考。我国与日本的环境管理体制不尽相同，但都面临中央与地方的职责分工和工作协调问题。在中央与地方事权划分方面，日本环境省主要负责全国层面的相关法律法规、政策、标准等的制定和指导；日本的地方政府主动作为，严格地执行相关法规、政策，积极采取措施推动农村生态环境保护。在某些法令下，日本地方政府发挥了超越国家的应对公害防治措施的作用；地方政府除制定和遵守公害防治条例外，还积极根据本地区的现实情况采取与企业缔结公害防治协定等灵活的措施。这是日本环境管理成功的一大特点。日本环境省直接面向地方政府的这一做法与我国目前由督企转向督政和督企并重的工业污染监管思路相一致。农村生态环境管理相较工业污染管理更加复杂，需要协调更多利益相关部门。因此，我国在确立农村生态环境管理工作机制时，应首先明确和强化地方政府的责任，只有如此才能真正调动相关部门的积极性，保障农村环境污染防治工作扎实推进。

第五，日本在20世纪80年代全球贸易摩擦的大背景下，通过积极调整农业产业政策，推动环境友好型农业的发展，拓展农业的多功能性，推动农业产业可持续发展和农村生态环境保护，为目前中美贸易摩擦下农村生态环境保护和农业可持续发展提供了重要参考。在与各国的贸易摩擦中农产品质量一直是我国的软肋。农产品质量的提升与其产地生态环境质量及农业产业绿色发展密切相关，只有转变以过多利用资源、破坏环境为代价发展经济的观念，注重资源节约和生态保护，协调好生产与生态之间的联系，加强农村生态环境管理，推动农业向绿色发展转型，促进农业可持续发展，推进农业产业高质量发展，才能有效破解农产品绿色贸易壁垒。

第3章 探索建立乡村振兴战略下的农村生态环境管理体系

党的十九大提出实施乡村振兴战略，农村生态环境保护是乡村振兴的重要工作内容之一。为了有效改善我国农村地区的生态环境，确定其在乡村战略下的战略定位尤为重要，要明确农村生态环境管理是乡村振兴战略的重要组成和抓手，是生态环境保护新的关键领域，是生态文明建设的显著标志。在工作原则上，要坚持环境管理与乡村振兴同步谋划、同步实施、同步推进，坚持山水林田湖草系统治理、统筹规划，坚持预防为主、综合利用，坚持因地制宜、循序渐进、协同发力。要通过夯实各级政府和部门的农村环保责任，建立全面协调的农村生态环境管理政策体系，构建适应农村特点的环境监管体系，探索便捷有效的农村环境治理模式，完善农村环境教育和帮扶体系等措施，加强农村生态环境管理体系建设，强化农村生产生活关键领域的污染治理。

3.1 我国农村生态环境管理的战略定位

充分认识农村生态环境管理工作的战略定位，是开展农村生态环境管理工作的前提和基础。打造美丽乡村是习近平生态文明思想的重要内容，开展农业农村污染治理是打好脱贫和污染防治攻坚战的重要任务。要做好农村生态环境管理工作，就要在乡村振兴战略的全面推动过程中审时度势，协调推进，要与我国农村地区的经济发展水平、社会文化背景和治理体系建设相互融合、统筹谋划。

3.1.1 农村生态环境管理是乡村振兴战略的重要组成和抓手

党的十九大提出实施乡村振兴战略，指出要坚持农业农村优先发展，按照产业兴旺、生态宜居、乡风文明、治理有效、生活富裕的总要求，建立健全城乡融合发展的体制机制和政策体系，加快推进农业农村现代化。一方面，开展农村生态环境管理是解决农村生态环境问题、改善农村人居环境、建设美丽宜居乡村的必然要求；另一方面，加强农村生态环境管理有助于在农村地区建立生态化的农业经济体系和产业化的生态经济体系，实现“产业兴旺”。农村“空心化”、老龄化既深刻影响了农村社会经济结构，也为土地流转、农业规模化发展提供了契机。在农业农村处于转型发展的关键时期，以强化建立农村生态环境管理体系为抓手，通过控制种植业和养殖业污染、提升农业发展规模和水平，可以促进农业绿色转型，帮助建立生态化的农业经济体系。加强农村生态环境管理，全面提升农村生态环境质量，将有助于实现乡村全面振兴：一是可以发展休闲、养生、旅游等生态产业，让绿水青山变为金山银山；二是可以改善农村生态环境，吸引更多的人才、技术和资金参与农村经济发展；三是有助于挖掘乡村社会多种功能和价值，为实现乡村全面振兴提供内生动力。

3.1.2 农村生态环境管理是生态环境保护新的关键领域

从污染防治角度来看，随着工业源逐步得到有效控制，农业源污染占比明显提升，在一些重点流域，农业源污染成为重点控制单元水质恶化的主要原因。一方面，必须做好减法，降低农业源污染物排放量；另一方面，农村地区兼有山水林田湖草多个生态系统，具有消纳污染物和保护生态环境敏感区的屏障作用，有条件做好加法，扩大农村地区甚至全区域的生态环境容量。农村生态环境管理已经成为我国生态环境保护的突出“短板”，同时也蕴藏着提升生态环境质量的潜在机遇，正逐渐成为生态环境保护新的关键领域。

3.1.3 农村生态环境管理是生态文明建设的显著标志

无论是从地域空间、生态系统类型，还是从人口规模、文化传统来看，农村风貌都是生态文明和美丽中国建设的主体和标志。农村地区生态环境问题得不到有效解决，美丽中国和小康社会目标的实现就无从谈起。加强农村生态环境管理、整体提升农村地区环境质量是缩短城乡差距、将改革成果与农民共惠共享的重要体现，是调动广大农民参与建设美好家园的有效途径，将显著提升农民的幸福感和获得感。农村具有优良的生态环境和利用可再生能源的天然优势，勤劳、节俭、自然、淳朴的乡土文化又为低碳绿色生活提供深厚的文化积淀，具有生态文明建设的后发优势，更容易促进现代文明与自然生态充分融合，探索经济成本低、资源环境优价更小、幸福感更高的生态文明建设模式，实现人与自然的和谐共生，形成生态文明建设的标志性成果，为我国的生态文明建设提供更广阔的发展空间。

3.2 农村生态环境管理的重要原则

我国现行的生态环境管理体系是在应对工业污染、城市污染过程中建立起来的，对于监督指导农村生态环境管理存在明显不适应：农业源量大且分散，台账式的管理完全无法复制到量大面广的农业源监管工作中，且针对工业源的标准化治理模式也不适用于农业源的管理，加之农业源治理责任主体的不确定性，不能简单套用“谁污染，谁治理”的原则实施有效的管理。因此，开展农村生态环境管理工作不能完全照搬工业污染治理和城市环境治理的经验，需要走出一条适合农村特点的有效途径。加强农村生态环境管理，要在习近平生态文明思想指导下，遵循农村社会经济发展和环境保护规律，发挥主观能动性和创造力，形成有中国特色的农村生态环境管理工作体系。

3.2.1 坚持环境管理与乡村振兴同步谋划、同步实施、同步推进

农村生态环境管理是乡村振兴的重要内容，与农业高质量发展、文化繁荣兴盛、治理体系创新、民生保障以及脱贫攻坚等其他乡村振兴工作密不可分。开展农村生态环境管理工作，要树立“一盘棋”的概念，按照实施乡村振兴战略的总要求，将农村生态环境管理纳入乡村振兴战略的规划、政策和标准体系中，以绿色发展强化污染治理、循环利用和生态保护，采取标本兼治的措施手段，将解决农业农村突出环境问题放在推动乡村产业兴旺、乡风文明、治理有效、生活富裕的过程中，同步谋划、同步实施、同步推进，一体发力，理顺农村生态环境管理与农业现代化、农民增收的关系，打破由城乡二元结构造成的农村地区基础设施不足的环境管理瓶颈，确保农村生态环境管理工作的质量和效率，为全面建成小康社会打下坚实基础，进一步增强广大农民的获得感和幸福感。

3.2.2 坚持山水林田湖草系统治理、统筹规划

遵循“山水林田湖草是一个生命共同体”的新理念，按照生态系统的整体性、系统性及其内在规律，将农业农村生态环境作为自然生态系统的组成要素，纳入生态环境保护工作整体统筹推进。充分挖掘农村地区生态环境容量，发挥其消纳污染物和保护生态环境敏感区的屏障作用。合理规划布局农村生产、生活、生态空间，严守生态保护红线，通过严格生态环境准入、强化环境监督管理，推动与生态功能相适应、与环境质量改善目标相一致的生产活动，提升农村生态环境管理的针对性和有效性。优化种植和养殖生产布局、规模和结构，统筹推进污染治理、循环利用和脱贫攻坚。

3.2.3 坚持预防为主、资源化优先的综合利用

农业生产和农村社会经济的特点决定农业农村污染治理不能仿效工业污染末端治理的老办法，同时，农村具有废弃物就地资源化消纳的自然条件。因此，在农村生态环境治理思路上，一方面要采取空间管控和环境准入，强化污染预防，阻止不合理的生产开发活动，另一方面要加强源头减量、过程控制、废弃物利用，提升农业发展水平，强化环境监管，推动农业绿色发展，实现农业投入品减量化、生产清洁化、废弃物资源化、产业模式

生态化，从源头减少农业面源污染。避免农业粗放式发展继续加重农村地区污染，加强农村生态环境管理的可操作性。在农村生活垃圾治理上，大力推进“户分类、村收集、就地就近资源化利用”与“户分类、村收集、乡转运、县处理”相结合的农村生活垃圾治理新模式，减轻垃圾末端治理压力。在畜禽粪污治理上，坚持种养结合，以农用有机肥和农村能源为主要利用方向，鼓励畜禽粪污生产沼气和生物天然气。

3.2.4　坚持因地制宜、循序渐进、协同发力

在监管要求上，要因地制宜。我国幅员辽阔，各地社会经济水平和自然环境的明显差异决定了农村生态环境管理不能搞“一刀切”，必须因地制宜开展工作，给地方政府充分探索和创新的空间。允许不同地区根据环境质量、自然条件、经济水平和农民期盼，科学确定本地区整治目标任务。对于经济发展水平一般的中西部地区和条件较差的贫困落后地区，优先解决农民群众最关心、最直接的突出环境问题，对于经济发展和居民环保意识较高的东部地区、城市近郊区等，要提升农村绿色发展水平，推出“创新版”“加强版”的改革措施和要求。在工作重点上，要循序渐进。开展农村生态环境管理不能盲目超越社会、经济发展阶段，要结合实际情况，合理、适度确定工作重点领域和工作进程，既尽力而为又量力而行，集中力量解决突出环境问题。以人居环境改善作为农村环保工作的首要领域，从关注生活污染逐步过渡到同步关注农村生活和农业生产污染。坚持从实际出发，采用适用的治理技术和模式，注重实效，不搞“一刀切”，不搞形式主义。在职责分工上，要协同发力。农村的环境管理较城市环境管理具有更加复杂的特点，需要协调更多利益相关部门。生态环境部门要与基层政府、行业主管部门通力合作，共同发力，保障农村生态环境管理工作落到实处。强化地方党委和政府责任，明确省负总责、市县落实，充分发挥市场主体作用，调动村委会等基层组织和农民的积极性，切实加强统筹协调，加大投入力度，强化监督考核，建立上下联动、部门协作、责权清晰、监管有效的工作推进机制。

3.3　关于加强农村生态环境管理体系建设的构想

3.3.1　夯实各级政府和部门的农村生态环境保护责任

想要加快补齐农村生态环境质量的“短板”，就要全面构建覆盖政府、企业、农民的全民农村生态环境保护责任体系。一是各级人民政府对所辖行政区域内的农村环境质量负责，承担指导教育农民在农业生产和生活过程中保护农业农村资源环境的主体责任，为企业和农民承担污染治理责任提供更加全面和有效的保障政策；国家、省、市三级政府要强化对农村生态环保政策指导、技术服务、特别是资金支持职能，加快农村公共基础设施服

务建设进程；县、乡、村三级政府和基层组织承担农村生态环保的组织实施责任。二是按照“管发展必须管环保、管生产必须管环保”的要求，行业主管部门要在履行对本行业的管理职责时，承担本行业污染治理的指导责任。农业农村部、自然资源部等行业主管部门应负责指导各地开展农业污染治理、农村人居环境整治、生态红线保护等工作，包括编制规划、组织实施等。三是逐步在法律层面明确农民在农业生产中的环保责任，在提高农民保护农业农村资源环境的意识的同时，加强其法律责任感，倒逼其自觉采用高效、低毒、绿色的农业生产方式，推动农业资源综合利用。

同时，还要建立科学合理的绩效考核体系，加强对农村生态环境管理成效的检查评估，并根据评估考核结果，建立奖惩机制，客观合理地引导各级政府的资金投入方向和力度。

3.3.2 建立全面协调的农村生态环境管理政策体系

一是完善农村生态环境管理法律法规。全面梳理现行法律法规中涉及农村生态环境管理的相关内容，在系统评估的基础上，调整存在冲突的条款，确保农村生态环境管理法律体系的内部一致性。同时，研究建立农村生态环境保护相关的专项法，增强系统性和针对性。二是健全农村生态环境管理规范。对于普适性较强的农村生活污水处理、农村生活垃圾资源化利用等技术设备和装备，发布技术规范和专业化装备标准，细化技术参数范围、设施质量要求、处理效果等指标，提高农村基础设施建设质量。制订农业面源污染防控技术指南、农田退水污染防治技术指南、农业面源污染监测预警技术规范等，指导农业面源污染防治和监管。三是完善农村生态环境管理标准。统筹考虑标准体系建立方法和农村生态环境管理特点，从规划、质量、监测、防治和管理各个方面，建立层次清晰的环境标准体系。鼓励各地开展有针对性的农业面源管理研究，以区域环境质量达标为底线，一地一策，不搞“一刀切”，不搞统一模式，力求实效，解决问题。四是创新农村生态环境管理制度。发挥市场在农村生态环境管理工作中的作用，扶持第三方服务体系，加快农村污染治理的专业化、规范化发展。强化财政补贴机制，加大政府在农村生态环境管理中的投入。建立覆盖农村环境基础设施设计、建设、验收整个前期工作的财政补贴机制，既保障设施建设，又确保政府、农民履行环境保护责任。利用各种优惠政策，鼓励社会资本通过 PPP 等模式参与农村生态环境保护基础设施建设运行，撬动更多社会资金投入农村生态环境管理中。有条件的地区逐步探索农村居民适当缴费、村集体事业捐助等多渠道筹措农村生态环境保护基础设施运行维护费用的方式。

3.3.3 构建适应农村特点的环境监管体系

在监管要求上，要分类管理。以农村人居环境治理为优先领域，各地根据实际情况逐步开展农业污染治理工作。规模化畜禽养殖与规模化种植业比照工业污染管理，由业主自行承担污染治理责任，结合国家农业补贴政策，同时跟进生态补偿政策，对养殖业主和种植业主进行适当补贴，保护本土农业；农民小规模种植业、养殖业污染治理由地方政府指导农民开展。允许不同地区采用不同标准。对于经济发展水平一般的中西部地区和条件较差的贫困落后地区，优先解决农民群众最关心、最直接的突出环境问题，对各类污染物宜用则用、宜治则治、宜排则排。对于经济发展和居民环保意识较高的东部地区、城市近郊区等，要提升农村绿色发展水平，推出“创新版”“加强版”的改革措施和要求。

在监管模式上，要因地制宜。对于农村生活污染源，以环境质量监管为主要量化考核办法，弱化对污染治理设施的监管，减轻监管工作量和工作难度；对化肥、农药等量大面广的农业面源，以源头控制加抽样调查作为监管方式。同时建立村民自治环境管理组织，依托村民自治组织，加强自治章程、村规民约、居民公约的宣传教育，将环境保护内化为农民群众的道德情感，外化为保护村庄环境的自觉行动，充分调动农民群众参与农村生态环境管理的自觉性。

在监管方法上，要借助基层网格化管理等现有能力，共享监控数据等基础资料，协同开展农村生态环境管理。加强与公安、交通等涉农部门的沟通协作，建立农村可视化监管系统资源共享机制，实现通过卫星遥感、摄像探头、无人机拍摄等多种新技术、新手段，开展农村环境监管。结合第二次全国农业污染源普查和各部委已开展的调查统计工作，建立农业农村生态环境管理信息平台，统一管理养殖业、种植业生产和污染治理情况，以及农村生活垃圾污水治理设施建设、饮用水水源地保护设施建设等基本情况，指导基层环境监管工作。

同时，结合省以下生态环境部门垂改工作，推动编制资源向基层一线倾斜，解决农村环境监管的机构和人员问题。让环境执法重心进一步向市县乡镇下移，使机构和人员设置能满足日益增长的农村生态环境保护的监测、监督需求。

3.3.4　探索便捷有效的农村环境治理模式

鼓励行业主管部门、各级政府积极探索更加便捷有效的农村环境治理模式。一是需要总结提炼各地的先进经验，定期组织农村环境治理实用技术跟踪评估，发布各地农业农村污染防治实用技术及典型案例，并在此基础上总结经验模式。二是用法规、规范和标准将先进经验模式固定下来，组织专家团队编写操作手册，形成规范化文件，既强化政策导向，又科学指导经验推广。三是政府要为先进的治理模式制订保障机制，对好的治理模式一方面加大资金支持，另一方面调动市场因素，加快经验推广。

仍以农村生活垃圾处理为例，考虑到垃圾分类在我国农村具有较强的可行性：首先，农村生活垃圾可回收利用成分高，约有 50%以上的生活垃圾可通过源头分类实现减量；其次，农村地域广阔，可消纳途径多，有机成分就地沤肥，灰土、砖瓦等建筑垃圾就近填埋铺路，容易实现就地利用；最后，广大农民仍保留着勤劳节俭的生活习惯，垃圾分类与资源化利用可以节约一定费用，具有较强的可推广性。因此，应大力推进“户分类、村收集、就地就近资源化利用”与“户分类、村收集、乡转运、县处理”相结合的农村生活垃圾治理新模式，减轻垃圾末端治理压力，降低现行模式带来的环境、经济、社会影响。

3.3.5 完善农村环境教育和帮扶体系

近年来，随着农村经济的快速发展，我国传统农业社会的深刻变革和农村经济结构的变化，在一定程度上削弱了农民对自然环境的关注与保护意识。重新唤起农民的环保意识既需要现代的环境意识教育，也需要通过重构农村经济发展方式如发展绿色农业、有机农业等高附加值农业，使农民通过生产生活方式的转变，获得实实在在的经济收入的增长，从根本上促进农民环保意识的回归。

一是细化农村环境教育工作机制，保障农村环境教育落到实处。出台“农村生态环境保护教育工作方案”，指导各地因地制宜开展农村生态环境保护教育工作。设置农村生态环境保护宣传教育专门机构，负责统筹协调和具体实施农村生态环境保护宣传教育。开展技术帮扶，引导农民保护自然环境，科学施用农药、化肥等农业投入品，合理处置畜禽粪污等农业废弃物。充分依托农业基层技术服务队伍，提供农业污染治理技术咨询和指导，推广绿色生产方式。将各级农村生态环境保护教育工作成效纳入党政领导干部年度绩效考核指标，避免农村生态环境保护宣传教育“走过场”。

二是建立基层农村环保干部轮训制度，快速培养一批农村生态环境保护宣传员。出台“基层环保干部轮训制度”，各级环境保护主管部门应增加基层环保干部培训班次、延长培训时间、拓展培训内容，并配套建立受培人员返岗工作成效跟踪评估机制，提高培训成效，提高基层环保干部专业能力，培养一批扎根基层的农村生态环境保护宣传员。

三是构建多渠道、多形式的农村环境教育体系，推动农村环境教育。结合农村环境综合整治、美丽乡村建设、生态文明创建、职业农民教育、环境友好型农产品产地创建等，在农村建设一批农村生态环境保护宣传教育基地，使农民能够亲身体验环境保护的成果。推动环境宣传专栏进村，宣传农村生活污染防治、畜禽养殖污染防治、面源污染控制等农村环保科普知识。强化农村生态环境保护典型案例的宣传，定期制作农村生态环境保护宣传片等。充分发挥非政府组织作用，开辟更广阔的农村环境教育资源和途径。借助网络、微信等新媒体广泛宣传农村生态环境保护的工作成效，形成全社会共同关注农村生态环境保护的氛围。

3.4　我国农业农村生态环境管理的关键领域及污染治理对策

3.4.1　农业农村生态环境管理关键领域及目标任务

3.4.1.1　农村生活垃圾、污水治理

农村生活垃圾、污水处理基础设施建设仍然滞后，部分地区农村环境“脏、乱、差”问题突出。根据《第三次全国农业普查主要数据公报（第 3 号）》，截至 2016 年年底，我国农村生活垃圾处理率为 73.9%，部分地区垃圾处理率只有 50%；农村生活污水处理率为 17.4%，部分地区农村生活污水处理率只有 7.8%。同时，由于设计施工不合理、运维主体不明确、资金落实不到位、技术标准不完善等原因，部分已建成设施没有正常运行，整治效果得不到保障。

《农村人居环境整治三年行动方案》和《农业农村污染治理攻坚战行动方案》中都提出，“到 2020 年，东部地区、中西部城市近郊区，基本实现农村生活垃圾处置体系全覆盖，农村生活污水处理率明显提高，管护长效机制初步建立。中西部有较好基础、基本具备条件的地区，90%以上的村庄生活垃圾得到治理，生活污水乱排乱放得到管控”，明确了农村生活垃圾和生活污水的工作目标。2018 年住房和城乡建设部、生态环境部联合发布的《关于加快制定地方农村生活污水处理排放标准的通知》进一步提出，“要根据农村不同区位条件、村庄人口聚集程度、污水产生规模、排放去向和人居环境改善需求，按照分区分级、宽严相济、回用优先、注重实效、便于监管的原则，分类确定控制指标和排放限值”，为推动农村生活污水处理工作指明了方向，也体现了因地制宜的基本原则。

3.4.1.2　养殖业污染防治

（1）畜禽养殖业

畜禽养殖是主要农业污染源，大量畜禽废弃物没有得到有效利用和治理，对水环境造成严重污染。我国畜禽养殖发展规划布局还有待优化调整，一些养殖大省和农业大县，没有科学合理地根据环境容量确定养殖数量和布局，对种养结合的推进力度不够。

近期，为严格落实《农业农村污染治理攻坚战行动计划》等文件提出的“到 2020 年，全国畜禽粪污综合利用率达到 75%以上，规模养殖场粪污处理设施装备配套率达到 95%以上，大型规模养殖场粪污处理设施装备配套率提前一年达到 100%”的工作要求，我国开始加强畜禽养殖产业的“疏”和“堵”。其中，“疏”主要是疏通畜禽养殖粪污资源化利用渠道。畜禽养殖污染治理的最终出路在于“用”，而粪肥使用的终端是农产品。当前，农

产品市场消费不断升级，消费者对于高品质农产品的需求量越来越高，为种养结合、粪便利用带来了机遇。通过种养结合，延长产业链，提升绿色农产品价值，从市场找效益，以终端农产品销售的价格补贴前端有机肥施用成本，带动畜禽养殖粪污综合利用。“堵”主要借用“总量控制”理念，以土地消纳粪污能力确定养殖规模，引导畜牧业生产向环境容量大的地区转移，科学合理划定禁养区，适度调减南方水网地区养殖总量。严格畜禽规模养殖环境监管，将规模以上畜禽养殖场纳入重点污染源管理，依法执行环评和排污许可制度，充分依托农业农村部已建立的“畜禽规模养殖场直联直报信息系统”，构建统一管理、分级使用、共享直联的管理平台，保障畜禽养殖产业可持续发展。

（2）水产养殖业

我国淡水养殖空间分布过于集中、发展方式粗放，导致重点流域部分控制单元污染超标。根据《2017 中国渔业统计年鉴》，我国淡水养殖 80%以上的产量集中在长江流域、珠江流域，约 40%以上的养殖面积位于湖北（11.3%）、安徽（9.5%）、江苏（9.2%）、湖南（7.7%）4 个省份。一些地方水产养殖采用网箱养殖、肥水养殖等粗放方式，投入品管理不规范、缺少养殖尾水排放标准等，导致大量氮、磷进入水体造成水体污染和生态破坏。

水产养殖污染防治的近期工作目标是，2020 年年底前，在环渤海、长江流域和主要由农业面源污染造成水质超标的控制单元等重点区域，依法全面拆除禁止养殖区内的网箱网围养殖，取缔限制养殖区、养殖区内无证网箱网围养殖。

3.4.1.3 种植业污染防治

（1）化肥、农药减量

我国化肥、农药施用总量已经基本实现零增长，但是施用强度仍然远高于国际水平，利用率仍然处于较低水平，农用化学品投入管理仍有待完善。根据农业农村部发布的信息，截至 2017 年年底，中国农药使用量已连续三年负增长，化肥使用量已实现零增长。2016 年，全国平均施肥强度为 443.5 kg/hm^2，是国际施肥上限（225 kg/hm^2）的 1.97 倍；平均施药强度为 12.9 kg/hm^2，是国际限值的 1.84 倍。2017 年我国化肥、农药利用率分别仅为 37.8%、38.8%，比欧美发达国家低 15～30 个百分点。我国每年约有 67 万 t 农药和 2 262 万 t 化肥因不能被利用而进入环境，造成面源污染。

农业农村部和生态环境部，基于农业生产和生态环境保护提出了一致的目标要求，即到 2020 年，减少化肥、农药使用量，确保化肥、农药利用率均达到 40%以上，全国主要农作物化肥、农药使用量实现负增长，全国主要农作物绿色防控覆盖率达到 30%以上，主要农作物病虫害专业化统防统治覆盖率达到 40%以上。

（2）秸秆、农膜废弃物资源化利用

我国的秸秆和农膜等农业废弃物收集利用体系不健全，利用率仍然不高，导致部分地区秸秆直接焚烧，白色污染现象未能得到有效控制。根据原农业部《重点流域农业面源污染综合治理示范工程建设规划》，2015 年农用地膜施用量为 145 万 t，当季地膜回收率不足 2/3，产生大量“白色污染”；秸秆产生量 10.4×10^9 t，综合利用率 80.2%，与 2020 年综合利用率达到 85%以上的目标还有差距。

综合多部委的文件要求，到 2020 年，东北地区秸秆综合利用率达到 80%以上，全国秸秆综合利用率达到 85%以上，农膜回收率达到 80%以上。2018 年年底前，在人口集中区域、机场周边和交通干线沿线以及地方政府划定的区域内，基本消除露天焚烧秸秆现象。

（3）农业节水

农业是用水大户。根据《2016 年中国水资源公报》，2016 年全国农业用水 $3\ 768.0\times10^9\ m^3$，比 2015 年减少 84.2×10^9 t，农业灌溉用水已经实现了零增长。但是，我国农业用水仍然占用水总量的 62.4%，农田灌溉水有效利用系数为 0.542，而发达国家农业灌溉用水有效利用系数已经达到 0.7～0.8。作为水资源紧缺国家，我国农业节水任务十分紧迫。

按照国家对农业节水的要求，到 2020 年，农业灌溉用水量要控制在 $3\ 720\times10^9\ m^3$ 以内，同时要基本完成大型灌区、重点中型灌区续建配套和节水改造任务，农田灌溉水有效利用系数达到 0.55 以上。

3.4.2　农村生活污水治理的对策建议

农村生活污水治理是提升农村人居环境质量的当务之急，也是我国开展农村生态环境管理较早的领域，已摸索出较多的实践经验，也有很多实际困难。目前的主要工作是，要立足国内实际，借鉴国际经验，确保资金投入，强化技术支持和管理指导，建立农村生活污水治理的长效机制。

3.4.2.1　建立城市反哺农村的污水治理工作推进机制

农村生活污水治理的瓶颈是城乡二元结构带来的农村地区基础设施严重不足，应将农村生活污水治理纳入城乡生态环境综合整治工作统筹推进，省市两级政府在管理技术和资金投入上加强对县级政府的支持和帮扶。

应成立各有关部门参加的农村生活污水治理会商协调机制，建立农村环保工作责任清单，确保治理任务的下达和完成无缝对接。县级政府应承担建设和运行生活污水处理设施的具体责任。在省市有关部门的支持和指导下，县级政府因地制宜开展污水治理工作，细化农村生活污水治理实施方案，健全已建设施长效运行管理制度，组织镇村分类别、分阶段完成治理目标。

加强监督指导，督促地方政府落实责任。对生态环境敏感、水环境污染等问题突出的重点地区，明确农村生活污水治理的考核评估内容和指标，如农民聚居点的生活污水治理率提升情况、已建设施正常运转率、农村生活污水治理资金投入和运行管理保障机制建设情况等。

3.4.2.2 完善农村生活污水治理技术标准体系

农村生活污水治理及管控的政策体系相对完备，亟须建立健全技术体系，科学指导各地开展污水治理。

尽快出台国家“农村生活污水治理管理指南”。提出农村生活污水治理规划、建设、运行维护和监督管理要点，明确各级政府、农民、建设和运维单位的责任义务，加强对各地治理工作的系统性指导。

制定国家“农村生活污水治理规划编制技术导则”。就各地区如何进行治理现状调查评估，如何与相关规划相衔接、合理确定布局和规模、因地制宜选择治理模式等方面加强技术指导，确保规划编制实施的科学性。

完善农村生活污水处理技术标准。建立农村生活污水处理模式和技术推荐清单，考虑地区差异，明确我国农村生活污水治理的基本模式和主要技术类型，推进农村生活集中与分散治理，提高污水资源化利用率。分类制修订农村生活污水治理设施标准和工程技术规范，确定各类设施技术的使用范围、性能参数和治理效果，提高农村生活污水治理的专业化水平。

推动各地加快制修订农村生活污水处理排放标准。充分发挥地方主动性推进农村人居环境整治，防止农村生活污水治理管理“一刀切”。对于人口少、居住分散、距离中心村和城镇较远的村庄，设施建设和运行成本高，宜就地处理和资源化利用，排放要求适当放宽，资源化利用符合相关标准要求。对于人口密度大、居住相对集中的村庄，根据排水去向和水环境功能，确定执行标准和治理要求。

3.4.2.3 建立财政支持与农民收费互补的资金支持制度

农村生活污水治理的技术模式相对成熟、但资金严重不足是各地的普遍性问题。探索不同渠道的农村生活污水治理资金来源是重中之重。

建立差别化的中央财政投入机制。对于经济欠发达地区可提高中央财政的投入比例，围绕重点饮用水水源地和环境敏感区开展农村生活污水处理，采取上、下游生态补偿、以城带乡等方式支持设施建设，集中力量先行解决人口稠密的农村区域污染问题，提高资金使用成效。对于经济较发达地区可适当减少中央财政的投入比例，鼓励地方财政和社会资金筹措的方式，明确政府财政和村镇自筹资金的比例，建立稳定的污水处理资金投入渠道。

推行向农民适当收费的农村生活污水治理缴费制度。在纳入城市污水管网或建设农村生活污水治理设施的城市近郊区、村镇规划区内的村庄，将农村生活污水治理与水资源利用挂钩，推广农村生活污水治理收费制度，将生活污水处理费包含在水费内进行合理征收。充分发挥村民自治组织作用，征求村民意见，确定污水处理费的征收标准，不足部分由地方财政兜底，保障农村生活污水治理设施长效运行。

3.4.2.4 提高农村生活污水治理专业化水平

农村生活污水治理已在多地成功开展，为解决农村生活污水处理工程建设和运行队伍良莠不齐的问题，需要加强市场监管和技术帮扶，尽快提高专业化服务水平。

推动农村生活污水第三方治理。严格农村生活污水处理市场技术准入，选择有实力的第三方治理企业以整县打捆的方式，进行农村生活污水处理设施的统一建设和运营管理。建立农村生活污水处理专家支持机制，由各级政府建立专家库，并向有需求的县市派遣专家，培养壮大基层技术力量。

完善设施建设和运行管理制度。探索农村生活污水处理设施产品和运行管理服务的认证制度，加强农村生活污水治理项目招投标、施工和验收的规范化管理，推动农村生活污水治理行业的良性竞争和专业化发展。鼓励经济发达地区创新管理模式，探索搭建农村生活污水处理设施管理信息平台，将分散的设施集中管理，进一步提高系统化管理水平。

3.4.3 农村生活垃圾治理的对策建议

农村生活垃圾治理是改善农村人居环境的另一重要工作，在全国各地也开展了较多探索。目前农村垃圾治理仍然是沿用统一收集、末端处理的思路，在“一头一尾”两个环节管理粗放，未能充分考虑农村资源环境和社会经济的特点，带来垃圾集中处理的高成本投入和高风险隐患。开展垃圾分类是解决我国农村生活垃圾治理的关键所在。

国内外经验表明，应结合农村实际建立合理有效的工作方式，农村较城市更容易推行垃圾分类减量；从垃圾资源属性来看，我国农村生活垃圾可回收利用成分高，源头分类有利于资源化利用，实现垃圾减量；从自然环境特点看，我国农村地域广阔，可消纳途径多，容易实现源头减量；从农村的社会经济特点来看，垃圾分类与资源化利用符合农村实际情况，环境经济的边际效应明显，可推广、可持续。

垃圾源头分类减量关键在于解决好两个问题：一是如何进行有效分类，调动居民和社会力量参与垃圾分类；二是分类后的垃圾如何进行利用。

第一，推行简单易行的垃圾分类方式。以唐山市某区 4 个村 40 户的生活垃圾为例，垃圾中 30%～36%是厨余垃圾，21%～55%是灰土、砖瓦等建筑垃圾，还有 6%～21%的纸类、塑料、金属等可回收垃圾，有毒有害垃圾量较少。农村生活垃圾约有 50%以上可通过源头分类实现减量，再加上对纸类、塑料等可回收垃圾的综合利用，生活垃圾减量率达 70%左右，仅有 30%左右需转运至城市进行处理处置。如浙江省金华市将垃圾分为“会烂的”

“不会烂的”,“可卖的”“不可卖的”,农民听得懂、做得到。浙江桐庐县以“简便易行、大类粗分”为原则,鼓励农户按照可堆肥垃圾和不可堆肥垃圾进行分类,分类正确率基本稳定在85%左右。湖南常德市安乡县是典型的农业县,农村生活垃圾治理通过实施3个“三分之一”(1/3沤肥、1/3回收和1/3处理处置)垃圾分类减量法,有机成分就地沤肥,回用于农田,改良了土壤;灰土、砖瓦等建筑垃圾就近填埋铺路,既就地就近实现资源化利用,又降低了垃圾转运成本和处理成本。

第二,建立垃圾分类减量与资源利用的引导推进机制。农村的经济发展水平相对落后,村民仍保留着勤劳节俭的生活习惯,适当的经济刺激能有效吸引农民参与垃圾分类与回收利用。建立县乡村三级联动的引导推进机制,将垃圾减量和资源化效果作为加分项纳入垃圾治理绩效考核。组织党员干部分片、包组,加强对村民垃圾分类工作的组织管理和宣传引导。农村社会是熟人社会,是基于血亲关系建立的利益共同体,相互之间信息透明、行为趋同性强,通过树立垃圾分类的先进典型,能够很好地发挥榜样教化力量。鼓励基层政府创新激励机制,根据农村特点采取“红黑榜”“积分兑换”等奖励评比方式,提高村委会和农民参与的积极性和主动性。农村的自治组织作为政府和群众之间的桥梁,通过制定和实施乡规民约,可以规范村民的环境保护行为,使垃圾分类减量得以持续开展。

第三,推动垃圾分类和资源化利用的市场化发展。鼓励各地因地制宜选择垃圾分类减量与资源利用的方式方法,根据南北气候和农业生产特点,推广可降解垃圾的堆肥、快速制肥等设施技术,就近农田利用。转变以末端治理为主要目标的资金投入方式,优先保障垃圾分类及资源化利用设施建设,鼓励企业、村民合作社、个体经营者参与垃圾制肥与回收利用,使垃圾资源化利用形成经济良性循环。

第四,完善垃圾减量与资源化利用的法律法规和标准。制修订《固体废物污染环境防治法》,明确农村生活垃圾分类减量与资源化利用的法律要求。指导各地因地制宜制定农村生活垃圾分类标准、资源化利用设施建设规范等,科学、合理、有序推进农村垃圾源头分类与资源化利用。

第五,对不能综合利用的生活垃圾,要加强农村生活垃圾末端处置设施的规范化建设。经过源头减量的生活垃圾仍然有一定量需要外运处置,为巩固垃圾分类成果,需加大垃圾末端处理设施建设。建立健全防范与化解环境社会风险工作机制,推动垃圾焚烧等处置设施的建设。加大研发安全实用的小型农村生活垃圾处理装置,鼓励有条件的地区依托水泥窑等设施开展生活垃圾协同处理,丰富垃圾就地处理技术和方式,进一步降低垃圾分散处理的环境风险。

3.4.4　养殖业污染治理的对策建议

3.4.4.1　畜禽养殖业污染治理对策

畜禽养殖业污染治理在我国仍处于起步阶段，在污染防治的法律法规政策体系、污染源管理、污染防治技术研究、帮扶机制等方面都存在较大缺口。

细化完善畜禽养殖污染防治法律法规和政策。美国、日本、欧盟等发达国家和地区在畜禽养殖污染控制方面大多建立了配套的政策、法律和标准，以及各项行动计划。例如，美国在畜牧发展和畜禽养殖污染控制方面形成了联邦、州和地方“三位一体”的法律法规体系，有效控制了畜禽养殖污染。我国目前在国家层面有《环境保护法》《畜禽规模养殖污染防治条例》《畜禽养殖业污染物排放标准》等法律法规文件，但依然存在畜禽养殖污染控制方面的法律法规不健全、排放和利用标准难操作等问题。应加快畜禽养殖污染控制法律法规体系构建，针对不同处理利用模式制定和完善管理政策。此外，各地还需进一步制定细化的、可操作的政策细则，包括环境保护条例、畜禽养殖污染防治管理办法、养殖发展规划、污染物排放标准、建设项目环保准入要求等，因地制宜落实国家要求。

探索更加合理的畜禽养殖场分类管理制度。分类管理有助于提高管理效果和可操作性，我国畜禽养殖管理按养殖数量分为规模化养殖场和非规模养殖场。根据《畜禽规模养殖污染防治条例》等法规文件要求，规模以上的养殖场需要履行严格的污染防治责任，包括选址要符合法规要求、依法环评、配备污染治理设施、遵守排污许可管理规定和环境税规定。对非规模畜禽养殖场，我国现阶段的法律法规还没有明确提出管理要求，但非规模养殖场（户）大多无污染治理设施，冲粪废水直排、粪便乱扔乱堆、气味难闻，已逐渐成为各地环境污染的重要来源。我国亟须从法律法规层面明确对非规模养殖场的环境保护要求，以废弃物禁止乱排乱放为底线，引导和鼓励非规模养殖场开展畜禽粪便综合利用或者污染治理。

提高畜禽养殖污染防治技术支撑能力。学习美国和欧盟经验，以源头控制和还田利用为畜禽养殖污染的防治手段，实现种养平衡。美国和欧盟制定了细致的农作物生长养分管理计划或限值要求，保证了“种养结合”的科学性实施，既实现了畜禽粪便的综合利用，又避免了综合利用造成的环境污染。建议统筹考虑县域养殖业和种植业需求，定量计算作物对粪便中氮、磷的养分需求，提高种养平衡的科学性。此外，针对畜禽粪便还田重金属累积影响问题，在严控饲料重金属添加量的基础上，还需关注畜禽粪便重金属对农业土壤重金属污染的贡献，分析粪便还田导致的重金属累积与土壤-作物系统的风险响应关系，提出合理的控制对策，目标是实现安全还田。另外，还可学习日本畜禽养殖行业逐步严格污水排放标准的经验。日本针对畜禽养殖业废水特点以及实际技术水平，设置了高于一般污染物、但又可以让大多数养殖场达到的标准限值，并且逐步严格要求，实事求是地设置畜禽养殖污水排放标准。建议根据我国现有的处理水平，选择大多数养殖场可以承担的处理技术，设置合理的水污染物排放标准，避免出现由于标准过严无法达到而形同虚设的情况，真正做到有效减缓畜禽养殖环境污染。

建立畜禽养殖污染防治有效的扶持机制。荷兰、日本、欧盟通过经济补贴、支持研发和示范工程等，鼓励畜禽养殖综合利用和污染防治工作，并取得良好成效。借鉴国外经验，我国可建立政府主导、多方协作的社会化运作机制。地方政府通过强制措施和扶持激励政策，引导养殖企业、农户落实环境保护主体责任，以“谁污染、谁负责，谁治理、谁受益”为准则，鼓励专业技术公司处理畜禽养殖废弃物，提高畜禽粪便等废物综合利用和处理的专业化水平。鼓励和引导社会资本设立投资基金，开展畜禽养殖污染防治处理和利用工艺研发和运行模式创新。选择畜禽养殖污染防治工作基础较好的县开展社会化运营试点示范，典型引路，探索社会化运营机制。

3.4.4.2 水产养殖业污染治理对策

我国的水产养殖污染治理几乎是一片空白，其废水排放及底泥处理的监管均不到位。需尽快完善我国水产养殖业绿色发展法律法规，弥补监管漏洞，强化执法监督，推动水产养殖业的健康、绿色、可持续发展。

明确职能分工，强化环境监管。目前我国的水产养殖业主要归属于农业部门与水产系统，环境部门的参与面较窄，是环境保护与监管的“短板”。应设立完整的水产养殖业管理系统，把环境问题纳入水产养殖业的管理要素中。相关部门要明确职责分工，强化监管，加强日常巡查和养殖监督执法。提升对养殖水域的生态环境监测水平，加强水产养殖污染监测和养殖区域环境质量监测，建立健全养殖水域及其周边的环境预警评价机制。

加强源头治理，控制污染物的产生及传播途径。合理确定养殖规模，从源头控制水产养殖污染。要科学划定水产养殖区域，严格依法划定禁养区、限养区和养殖区，合理安排养殖生产布局，科学确定养殖规模。严格管控渔药、渔肥等投入品的使用，加强对投入品生产、流通的监督管理。严格规范企业生产、销售饲料和鱼苗等情况，严厉禁止不符合国家相关标准的高毒、高害的渔肥、渔药等物质生产、流通，积极推广高效优质饲料。加快传统池塘的升级改造，完善尾水、废弃物收集处理装置。一方面，对于不同类型的养殖方式，要合理选取相宜的水质净化设备、养殖废水处理装置、粪便收集装置等，构建完善环保设施系统；另一方面，要加快研发底泥修复治理技术，通过底泥修复处理、植物吸附转移、回收利用等方式提高养殖过程中底泥等废弃物的综合利用率。

加强科技帮扶，通过转变养殖方式实现渔业发展与生态环境保护双赢。监管水产养殖污染不能简单“一禁了之”。要鼓励水产养殖单位改变单一、高密度、大量投饵网箱养殖的方式，推广综合种养、鱼菜共生、池塘循环水等多种生态养殖方式，推进建立典型水产养殖示范区，提高养殖废弃物综合利用。加大养殖科技投入，建立针对主要疾病防控的技术标准和科学用药规范。加快研发使用高科技自动监测设备，全力推进水产养殖机械化、管理自动化、用药合理化，不断提高技术、管理水平和效率，以便随时掌握养殖区的环境质量和变动趋势。加强对养殖从业者的技术考核和评估，全面提高养殖人员专业技术和环保意识。水产养殖专业技术人员应当逐步按国家有关就业准入要求，经过职业技能培训并获得职业资格证书后，方能上岗。同时采取知识讲座、宣传教育、指导帮助等方式提高养殖业整体的养殖技术与环保水平。水产养殖单位和个人要认真规范做好水产养殖生产记录、用药记录等，坚持对症用药、适时用药和适量用药，坚持达标防治，严格按照药物使用说明来确定施药剂量和次数，避免盲目加大施用剂量和增加使用次数。

3.4.5　种植业污染治理的对策建议

种植业污染以面源为主，是各国农业污染的治理难点。我国种植业污染治理尚处探索阶段，尚未形成科学有效的治理模式和管理体系。种植业污染治理需要长远谋划、试点探索，结合产业发展和社会经济发展水平，综合制订对策。

3.4.5.1　化肥污染防治对策

开展以提质增效与绿色发展为导向的总量控制。化肥污染防治首先要从化肥施用总量控制着手，实现提升肥料质量、科学使用及环境综合管理三方面相互协调。一要以立法为基础，结合行政手段、经济手段，以及教育培训和技术推广，提高化肥利用效率，减少化肥过量施用。二要重视基础科学研究，推行限定性生产技术规范，制定和执行限定性肥料使用生产技术标准。出台关于农田轮作类型、施肥量、施肥时期、肥料品种、施肥方式的标准与规范。发达国家肥料生产技术标准逐步完善大约经历了 10 年时间。我国农业科研具有较好的基础，且已形成了一定的成果，但成果零散，共享机制尚未建立，需要建立管理部门、科研院所、企业间协作机制，打通数据共享与综合利用壁垒，加快建立科学合理的生产标准。三要加强对农户的技术培训。应学习借鉴发达国家和地区对农民的技术培训的有效形式，实施科学施肥技术培训计划，通过多种形式免费培训农户，使农户了解和掌握科学施肥的知识和操作规范。

化肥施用“负增长”重点在做好监管。一是监管重点在降强度，应突出重点作物和重点区域。化肥使用总量虽然在 2016 年已出现拐点，但各地情况不同，仍然存在施用总量与施用强度双增的地区，以及总量虽降但强度上升的地区。从作物品种来看，蔬菜、水果化肥施用环境风险程度明显高于粮、油、糖类等大宗农产品，特别是设施蔬菜化肥施用量处于重度风险，应是化肥减量施用监管的重点。二是重视调动各利益相关方协同监管。推动化肥减施增效，需要政府、科研部门和农业生产经营主体分工协作。政府部门需要加强科研投入，组织实施科研专项计划，建立有益于环境安全的农业生产技术体系，对于采用环境友好生产方式和相关技术标准的农业生产经营主体，给予合理的补贴；执法监督部门需要落实各项奖惩政策，推动各项法规和技术标准的执行。科研部门需要扎实做好基础研究与实用性技术研发，为各地推行适宜的化肥减施方案提供智力支持，包括弄清农民现行农作措施对环境的影响，研究并提出环境友好而经济可行的替代技术。

做好有机肥替代工作。加大有机肥利用比例，将很大程度上减轻由于化肥减量施用带来的农产品产量和质量压力。发展有机肥替代，一要注重循环农业机制化发展，解决有机肥循环利用成本高、缺乏有效的政策引导和技术支撑等问题。二要出台有机肥生产施用补贴政策，与化肥相比，有机肥施用成本高，费时费力，竞争力低。因此，通过财政补贴的方式降低原料成本、有机肥运输和施肥的成本是推广有机肥的突破点。三要加大有机肥科技研发力度，目前，我国有机肥料的生产技术还较落后，不少商品有机肥料生产企业规模小，生产设备简陋，质量保障和质量控制体系不健全。需在有机肥生产技术、专业技术人员培训、适宜不同作物的有机肥产品研发及相关项目方面开展深度合作，提升有机肥科技化、高值化水平。四要强化有机肥标准管理规范，应逐步建立肥料施用限量标准，利用检测网络，定期对农业环境如土壤有机质、土壤全氮、有效磷等进行标准检测。进一步修订有机肥、生物有机肥、沼肥等的标准，依法对有机肥资源进行标准管理，完善我国有机肥生产标准管理体系。

3.4.5.2 农药污染防治对策

农药对健康和环境均存在负面影响，农药减量控害的根本是减少和控制农药的不合理使用、提高农药利用效率、科学施用农药，建立健全农药使用及管理监管体系。

健全农药管理法律法规体系。应从实际需求入手，完善农药管理各个关键点的法规要求，制定科学适用的农药管理法规。从农药生产到退市全程，管理政策和技术法规不仅应涉及农药生产许可、上市登记，覆盖大田环境、温室环境、仓储保鲜等农药使用途径，而且应涵盖加工、未加工和饲料等膳食摄入的各个环节，以及使用后的报告与残留检测，建立农药生产、销售和使用全程可追溯机制。建立中央和地方农药分级管理制度。建立完善国家和地方农药分级管理制度，形成分级负责管理机制，有利于增强农药使用区域适应性，提高防治效果，降低和控制对生态环境、水资源等的污染风险。

制定科学可行的农药残留限量标准。科学合理的农药残留限量标准是规范农药使用、便于农药监管的重要基础。要加大基础科技研发投入，通过大量基础科学试验，制订具有科学性、合理性、实用性的限量标准。应借鉴发达国家经验，建立以公众为主体的标准议定机制，建立残留标准利益方申请制度，若无利益方申请，则执行最严格的限量值

（0.01×10^{-6}MRLs[①]）。通过政策约束和利益驱动，促使各相关利益方主动参与标准制订，可以保证新技术及时转化为新标准制度，以及避免政策、标准滞后于安全消费需求的问题。

严格农药控害监管。一是严控源头。在供给侧，严控高毒、高残留、禁用农药的生产，鼓励生产生物农药、低毒高效农药。二是加强资质监管。在流通销售环节，农药经营者必须是获得许可的有资质的经销商，农药经营者应持证上岗，而且根据规模和级别，各类农药经营公司应配备有资质认证的植保专家指导。三是限制使用。加强技术帮扶，农技推广系统要重点对接专业大户、农民合作社、家庭农场、农业产业化龙头企业等新型经营主体，培育环境友好型农业技术推广、应用和示范平台，由点到面，逐步培养生产者形成良好的用药习惯。四是市场监管。营造良好的市场环境，保障优质农产品获得应有的市场溢价，倡导消费者购买绿色、安全、优质的农产品，从消费环节间接推动，倒逼生产端的农药减量控害。五是强化残留检测。农药残留检测是农药减量控害监管的重要手段。探索与交通管理部门、质检部门的合作监管模式，禁止检测不合格农产品的运输与交易，实现对农药减量控害的倒逼效应。六是监管重点品种与地区。识别农药施用高风险作物与高风险地区，分类施策。

3.4.5.3　秸秆综合利用对策

秸秆焚烧是大气污染的“帮凶”之一，综合利用是解决秸秆焚烧的根本途径。总结近年来开展的秸秆禁烧工作，还需在以下方面加大力度：

加大政策支持。一要加强财政支持。加大政策创设力度，针对关键环节出台一系列补贴、免税政策，研究出台对以秸秆为原料的沼气、沼渣、沼液、饲料、成型燃料、生物炭、电力等终端产品的补贴制度，加大农机购置补贴支持力度，在发展草牧业和开展粮改饲试点方面出台扶持政策，推进农作物秸秆和籽实的全株利用，探索建立秸秆综合利用绩效奖补机制，依据秸秆综合利用率年度增幅等指标，对相关地区给予财政奖补。创新投融资机制。逐步探索建立中央、地方、经营主体多元化筹资机制，推进开发性金融支持秸秆综合利用平台建设，积极与银行等金融机构合作，力争在京津冀及周边地区遴选技术成熟、规模较大、产业化程度高、实现商业化运作的企业，给予信贷支持，扶持培育秸秆综合利用龙头企业。二要积极探索建立全国性的秸秆综合利用产业基金，吸引社会资本，促进技术研发、产业化商业模式创新，支持“高、新、智、特”的秸秆利用项目和企业，引领秸秆综合利用行业发展。三要加强秸秆禁烧相关政策制定。结合实际加快制定实施支持秸秆禁烧和综合利用的相关政策，落实秸秆禁烧和综合利用财政奖惩政策，建立秸秆禁烧和综合利用的良性工作机制。

① Maximum Residue Limits 最大残留量。

加强科技创新。加强秸秆综合利用的科技创新，在秸秆收储运技术体系、秸秆“五料化”利用等方面推动协同攻关，组织实施好相关重大科技项目和重大工程。创新科研组织方式，进一步整合科研院所、高校、企业的资源和力量。健全秸秆综合利用科技创新的绩效评价和激励机制。充分利用市场机制，吸引社会资本、资源参与秸秆综合利用科技创新。建立产学研平台，引进并转化一批适合我国国情的国外先进技术和装备，重点突破秸秆生物质燃料、秸秆炭基肥料、秸秆成捆包膜与菌剂添加等技术装备瓶颈，解决秸秆收、储、运、用等各环节关键性问题，提升我国秸秆综合利用产业化水平和升值空间。

强化监督考核。一要进一步加大督导力度。定期开展督导检查，全面考察秸秆综合利用试点等项目的开展情况，将秸秆综合利用列入对地方的延伸绩效考核，重点对各地组织管理、工作推进、任务完成等方面情况进行考核。二要改进监督方式，持续推进秸秆禁烧。加强秸秆禁烧的季节性检查，建立可预警的视频监控体系，严抓严管秸秆焚烧行为。委托有能力的第三方机构，应用卫星遥感、GPS 等现代技术手段，对秸秆还田面积、离田数量开展实时监测评估，不断提高监控水平。

加强宣传指导。加强标准制定，严格标准执行，定期组织专家组通过技术指导、督查考核、培训会议等形式，大力推进“多元循环、种养结合、还田主导、产业带动”等技术模式，从根本上解决“用得掉、用得好”的问题。通过秸秆全量化利用试点，探索可复制、可推广的全量化利用模式。开展专项技术试点，加强秸秆深翻还田、秸秆炭化还田改土、秸秆生物腐熟还田、秸秆生物燃油和航空燃料、以村为单位的成型燃料代煤并配套智能炉具等技术试点示范，切实解决技术瓶颈和商业模式的问题。各级政府要充分利用报刊、广播、电视、新媒体、移动客户端等的作用，加强政策解读，为推进秸秆处理行动营造良好的舆论氛围和工作环境，通过多种有效方式，加强技术培训，确保技术到位，广泛宣传秸秆综合利用法律法规、政策措施、实用技术等，提高农民有效利用秸秆、培肥地力和改良土壤的自觉性和主动性，大力营造推进秸秆综合利用的良好环境。

3.4.5.4 农膜综合利用对策

农膜综合利用是一项系统工程，影响因素多、涉及面广、资金投入大，需要政府加大投入、积极推动。

强化宣传教育，提高对废旧农膜污染治理的认识。废旧农膜污染治理需要全社会参与，需要在生产者、经营者和消费者等各个领域形成共识。要利用各种媒体，多形式、多渠道、多方面宣传绿色农业理念、生态环保理念及人与自然和谐发展的理念，增强全社会的环境保护意识和防治参与意识。要针对广大村社干部和农民群众，大力开展环境保护知识培训，讲授科学用膜知识，引导群众自觉改变生产习惯。要通过基层协商民主，健全完善村规民约，组织村民共同参与农村生态环境保护，走生产发展、生活富裕和生态良好之路。

健全监管体系，加大对废旧农膜污染的监控力度。要不断完善监控体系，在乡镇、村社建立专兼职工作队伍，明确工作职责，确保废旧农膜污染有人抓，有人管；进一步完善监测体系，切实加强日常监管与综合执法，严格控制废旧农膜随意乱堆、焚烧和掩埋；要加大对农业环境违法行为处罚的力度，严厉惩戒违法行为，形成震慑效应。

资金和政策扶持，撬动残膜回收市场化运行。地膜回收利用体系中，财政补贴是杠杆，对撬动各地、各方的积极性至关重要。通过政府补贴，建立起“人工捡拾、机械捡拾、网点回收”和企业加工相互支撑，政府、农民、企业和社会组织共同参与的“四位一体”地膜回收体系。对残膜回收加工企业从土地、税收、设备和项目上给予资金扶持，鼓励他们建厂、建回收站。对回收企业制定回收目标责任，经考核验收达到责任书约定标准的，给予财政补贴。对积极捡拾残膜和回收利用废旧地膜的农业劳动者和农业生产经营者给予农用地膜补贴或项目扶持。对再生资源回收企业可探索通过贴息、技改项目和减免资源综合利用企业所得税等优惠政策进行扶持。

加大执法力度，强制推行新标准。农膜组织执法人员对各农膜生产企业、销售网点和农膜使用者进行经常性检查。对发现仍在生产、销售厚度低于 0.008 mm 农膜的企业、网点，责令其停止生产、销售，没收违法生产、销售的产品。对农业劳动者和农业生产经营组织使用厚度小于 0.008 mm 的农用地膜或者未捡拾其在农业生产过程中产生的废旧农膜的，由农业行政主管部门责令限期改正。同时组织农技人员大力推广使用厚度大于 0.01 mm、耐候期大于 12 个月且符合国家其他质量技术标准的农用地膜和厚度大于 0.12 mm 的农用棚膜。

建立奖励机制，动员全社会一起行动。对举报生产、销售厚度低于 0.008 mm 地膜的，企业以种种理由拒不回收废旧农膜的，回收企业将回收的废旧地膜丢弃或焚烧污染环境的，农膜使用者、农业生产经营组织不使用标准膜的，不及时清理回收农田废旧地膜的，有弃置、掩埋或焚烧行为的，予以不同金额的奖励；对残膜回收率达到 80%以上、利用率达到 85%以上的乡镇，对回收残膜量大的在正常补贴的基础上每亩再给予一定金额的奖励。动员社会力量尤其是拾荒者广泛参与回收农田废旧地膜，使他们通过回收残膜增加收入。对有研发和推广能力的单位和个人给予政策及资金方面的扶持。力求研制出市场需要的、可一次性拾净残膜、切碎根茬并实现膜杂分离的残膜回收机械。

下篇

农村生态环境管理实践

◆ 第 4 章　农村生活污染治理实践
◆ 第 5 章　养殖业污染治理实践
◆ 第 6 章　种植业污染治理实践

第4章 农村生活污染治理实践

农村生活污染治理主要指农村生活污水和生活垃圾的治理。自2008年我国实施"以奖促治"政策以来，在国家有关部门的大力推动下，各地深入开展农村环境综合整治工作，以农村生活污水、生活垃圾治理为主攻方向着力提升农村环境面貌。截至2016年年底，全国59万个建制村中，已有17.4%的生活污水得到治理、73.9%的生活垃圾得到收集处理，农村人居环境治理模式和工作体系基本建立。但是，由于各地社会经济发展水平、气候和地形地貌条件、水资源状况、水环境敏感程度不同，农村生活污水治理水平差异较大：南方水网地区，农村人口相对密集、人均用水量多、气候适宜，农村生活污水治理体系正在逐步形成；北方地区水资源缺乏、人均用水量少，同时，由于冬季气候寒冷，设施和管网建设成本高，污水治理模式和推进机制还有待进一步探索。与农村生活污水治理水平参差不齐不同的是，近年来，各地农村生活垃圾治理能力普遍显著提升，初步建立了"村收集、镇转运、县处理"的农村生活垃圾处理模式。为解决垃圾集中收集处置成本高的问题，一些地区开始探索"户分类、村收集利用、镇转运和县处理"模式，探索垃圾源头减量和资源化利用的新路径。本章系统梳理总结自2008年以来10年间我国在农村生活污水和垃圾治理实践中积累的技术模式和治理经验，为农村人居环境改善和生态环境保护提供借鉴。

4.1 我国农村生活污水治理实践

长期以来，农村生活污水治理没有受到应有的重视，无序排放的农村生活污水一方面影响了农村人居环境，另一方面也成为地下水体、地表水体污染的来源之一。农村生活污水布局分散、水量小且不稳定，污水收集成本高、处理难度大，不能照搬城市污水收集处理的技术路线，必须根据农村的区位条件、污水处理规模和排放去向，充分考虑和利用农村地区自然生态、土地及景观要素，以因地制宜、氮磷资源化和尾水利用为主导思想，探索适合农村生活污水的处理模式和治理经验。

4.1.1 农村生活污水的产排污特征

4.1.1.1 农村生活污水的来源

随着农村安全饮水工程的实施，我国大部分农村已经基本实现自来水全覆盖。农村村民的生活用水由原来的单一井水变为以自来水为主，井水、地表水等其他水源为辅的取水模式。农村生活污水主要来自厕所粪污、厨房污水、洗涤污水和洗浴污水等，主要污染物种类见表 4-1。

表 4-1 农村生活污水来源及组成

来源	组成	主要污染物
厕所粪污	粪便、尿液及冲厕水	BOD、COD、氮、磷、SS 等
厨房污水	洗碗水、刷锅水、淘米和洗菜水	BOD、COD、SS、动植物脂肪和钠、醋酸、氯、碘等
洗涤污水	洗衣物、拖地用水	BOD、COD、SS、阴离子表面活性剂、氮、磷等
洗浴污水	洗漱、洗澡用水	BOD、COD、SS、大肠杆菌、合成洗涤剂等

厕所粪污包括粪便、尿液及冲厕水等。全国大部分农村地区仍在使用旱厕，但是在南方水网和经济发达的农村地区，农村居民已开始使用水冲式厕所。厕所粪便污水是生活污水的主要来源，除含有较高浓度的有机物、氮、磷等外，还可能含有致病微生物和残余药物等。有的村民圈养家禽，产生大量的冲圈水，含有较高的氮、磷、BOD 等物质，也作为粪污混入生活污水。

厨房污水多由洗碗水、刷锅水、淘米和洗菜水组成。淘米洗菜水中含有米糠、菜屑等有机物，其他污水中含有大量的动植物脂肪和钠、醋酸、氯、碘等。由于生活水平的提高和生活方式的改变，农村肉类食品及油类使用的增加，使这部分生活污水的油类及有机物含量较高。

洗涤污水主要指洗涤衣物、拖地等产生的污水。目前，全国大多数农村村民洗涤衣物仍以肥皂和洗衣粉为主，较少使用洗衣液。少数洗衣粉中含有氮、磷等元素，会导致水体富营养化。

洗浴污水主要指早中晚洗漱、洗澡用水等。污染物成分主要是人体皮肤分泌物、毛发、污垢、合成洗涤剂，以及细菌、真菌、大肠杆菌等污染物。洗浴污水的浊度稍高，具有一定的 COD、BOD、SS 等。

4.1.1.2　农村生活污水的水质和水量

（1）农村生活污水的水质特点

从农村生活污水的来源和组成来看，其水质总体上呈现以下特点：污染物类型简单、一般不含重金属和其他有毒有害物质，但含较多的合成洗涤剂以及细菌、病毒、寄生虫卵等；污染物浓度低、可生化性好，但碳源相较氮、磷营养物而言明显不足。一般情况下，COD 不超过 200 mg/L，NH_3-N 不超过 30 mg/L，总磷不超过 5 mg/L，BOD/COD 通常可达 0.45～0.55，碳氮比一般小于 5，在一定程度上影响了污水处理设施的总氮去除率。受农村地区经济发展程度、生活习惯以及季节的影响，农村生活污水水质不稳定，不同时段的水质不同，如做饭高峰期动植物脂肪、SS 浓度偏高，洗漱高峰期氮、磷、合成洗涤剂浓度偏高等。

（2）农村生活污水的水量特点

农村生活污水排放量与供水设施的完善程度、改厕模式、经济状况和农村居民的用水习惯相关，总体上呈现以下特点：

不同地区排水量不同。经济发达地区农村每人每天排水量一般不超过 70 L，欠发达地区农村每人每天排水量一般不超过 50 L，干旱缺水地区则更少。

排水量日变化波动大。农村生活污水排水量变化明显，呈现间歇式排放、瞬时变化较大的特点，一天之中有 2～3 个高峰期，分别出现在早晨、（中午）及夜晚，而午夜到凌晨这段时间污水排放量很少甚至断流，日变化系数一般在 3.0～5.0，甚至可能达到 10.0 以上。

季节变化影响排水量。季节对污水排水量的影响基本呈现夏季＞春季≈秋季＞冬季的趋势。夏季居民洗漱次数及其他用水量的增加，排水量高于其他季节。受春节回乡探亲人数激增的影响，冬季会在春节前后呈现一个短暂用水高峰期。

4.1.1.3　农村生活污水的排放方式

农村生活污水的排放方式主要有直接洒向地面、就近排入河道、通过下水道入河等。居民基本上将生活污水通过房前屋后的小沟或小渠排放到附近的水体，或经化粪池简单处理后随意渗入地下，有时会直接将污水洒向地面。

农村地区一般很少有完善的污水收集系统，个别有排水系统或管道的地区，除小部分经济条件较好的村镇实行雨污分流制外，大部分地区采用合流制排水。

排水方式不同，对未处理生活污水的浓度和水量有较大影响。使用旱厕或供水设施不完善（使用自备水井或自来水没有直接接入厨房和卫生间）的村庄污水产生量极低，生活污水不能形成地表径流进入河道，村镇周边排水渠内几乎无水，见图 4-1。使用水冲式厕所的村庄，粪尿和粪污若不能收集处理而直接排到村周边的河或沟渠里，未经处理的生活污水会导致水体出现黑臭，见图 4-2。

图 4-1 使用旱厕或供水设施不完善的村庄排水渠内几乎无水

图 4-2 使用水冲式厕所的村庄排渠区内污水黑臭

综上所述，相对于城市生活污水治理，农村生活污水治理存在以下特征：

一是水质、水量波动大。由于农村人口的流动周期性、生活方式的习惯性，使得农村污水处理站进水水量及水质波动性较大，增加了污水处理的技术难度。

二是布局分散、规模偏小。农村地区聚居性仍然不高，生活污水处理站规模主要集中在 100 m^3/d 以下，导致存在运行稳定性差、管理难、单位投资高、征地困难等问题。

三是技术工艺选择针对性不强。很多地区农村生活污水处理设施主要采用人工湿地工艺、A/O 工艺（厌氧好氧工艺）、A^2/O 工艺（厌氧-缺氧-好氧工艺）、接触氧化工艺等适宜小规模污水处理的工艺，但在建设前期，未充分考虑农村生活污水水量波动问题，且未能充分结合当地的自然地理、社会经济、地形地貌以及农村居民意愿等因素，往往工艺选择针对性不强，导致后期运行效果不佳。

四是运管难度大。农村地区社会经济水平总体较差，缺乏专业的管理人员，作为设施受益人的农村居民，多数没有污水治理付费意愿，污水处理设施运行经费难以保障，导致污水处理设施长期稳定运行存在困难。

4.1.2 农村生活污水治理技术模式

农村生活污水治理技术模式的选取应充分考虑农村地区自然生态、土地及景观要素，农村地区的经济承受能力和管理水平，以及尾水资源化利用条件，在尊重农村居民意愿的情况下，因地制宜进行选择。本书从农村生活污水收集处理、设施运行管护等方面系统总结了农村生活污水治理技术模式。

4.1.2.1 农村生活污水收集处理模式

（1）农村生活污水收集处理模式

农村生活污水收集处理模式主要包括接入市政管网统一处理、集中式处理和分散式处理三种。根据国家要求，对于经济发达、人口密集的村庄，可建设集中式污水处理设施，对于分散居住的农户，鼓励采用低能耗、小型、分散式污水处理模式。目前，建制村的中心村或者新农村建设的污水处理设施规模通常低于 500 m^3/d，单个农户或多个农户建设的分散式污水处理设施规模通常低于 50 m^3/d。

1）接入市政管网统一收集处理模式。即村庄内所有生活污水经管道集中收集后，统一接入邻近市政污水管网，利用城镇污水处理厂统一处理。该处理模式具有投资省、施工周期短、见效快、统一管理方便等特点。适用于距离市政污水管网较近（一般 5 km 以内）、符合高程接入要求的村庄污水处理。通常在靠近城市或城镇、经济基础较好的农村地区采用。

2）集中式收集处理模式。即通过管道收集生活污水后，在村庄内就近建设集中污水处理设施。该处理模式具有占地面积小、抗冲击能力强、运行安全可靠、出水水质好等特点。适用于布局相对密集、规模较大、具有配套的收集管网、村镇企业或旅游业发达的平原地区的单村或联村污水处理，一般要求服务家庭户数达 20 户以上。对于由河流和国道、省道隔开或地势分开的村庄，可分片建设多套污水收集管网和处理设施；对于地理上相邻的多个村庄，可各建污水收集管网，合建一套污水处理设施。

3）分散式收集处理模式。即单户或几户联合建设污水处理设施。该处理模式布局灵活、施工简单、管理方便、具备一定的水质净化能力、不需要较大规模的配套管网等。适用于布局分散、村庄规模较小、地形条件复杂（如山区）、污水不易集中收集、所处区位为非环境敏感地区、出水可回用于庭院绿化和农田灌溉等的村庄污水处理。在这些地区，村庄人口密度小，建设集中收集管网的成本较高，而建设农村污水分散式处理设施不受传统房屋建筑限制，小巧灵活、便捷。湖南、江苏、浙江、四川和重庆的一些市县在分散式污水治理方面积累了较多经验。

统计结果表明，目前在全国已建的农村生活污水处理设施中，约 80%的污水处理设施为分散式污水处理设施，20%以下建设的是集中式污水处理设施。受地域影响，南北方在农村生活污水收集处理模式上有较大差异：在南方水网地区，气候适宜、农村居民用水量相对较大，多选用分散式污水收集处理模式；在北方地区，由于农村生活污水产生量较少、气候寒冷，在布局分散、人口较少的村庄开展生活污水治理成本较高，在人口密集地区更具备污水治理条件，因此集中式污水治理设施建设比例反而较高。例如，2018 年河北省开展农村生活污水处理项目的 1 054 个村庄中，有 911 个村庄采用集中式收集处理模式，占全部的 86.4%（其中有 96 个村庄将污水纳入临近的城镇污水处理厂集中处理，其他村庄以单村或连片建设集中污水处理站）；143 个村庄采用了分散式集中处理模式，占 13.6%。

（2）农村生活污水处理技术

农村生活污水处理技术通常分为三种类型：一是物理化学处理，主要包括沉淀、过滤、混凝、吸附、膜分离以及消毒等；二是生物处理，主要包括化粪池、沼气池、氧化沟、序列间歇式活性污泥法（SBR）、生物膜法等；三是生态处理，主要包括生态滤池、人工湿地、稳定塘、土地渗滤系统等。经过多年实践，各地探索出多种在污染物去除效果、工艺稳定性、投资运行经济性和管理简便性等方面表现突出，能够适应农村地区气候地形条件和排水规律，在我国大部分地区具有良好适用性的农村生活污水处理技术，主要包括人工湿地处理技术、土地处理技术、稳定塘技术、膜生物反应器技术（MBR）、生物膜处理技术、活性污泥法以及小型一体化设备等，见表 4-2。

其中，小型一体化设备是近年来新兴的污水处理技术，因处理规模小型化、处理系统集成化、设备制造一体化等特点，便于标准化建设和安装运行，代表了小微型分散式污水处理设施的发展方向，因此单独列为一类。小型一体化设备一般是由较为成熟的生化处理技术组合而成，处理工艺主要是 A/O 法、A^2/O 法、接触氧化法和 MBR 法等。此类设备具有装置结构紧凑、占地面积小、运行经济、能耗低、抗冲击浓度能力强、处理效率高、出水水质稳定、操作简单等优点，适合用于处理中小水量、水质波动小的生活污水。

（3）不同地区农村生活污水处理模式现状

在“源头控制、资源化利用优先”的指导思想下，按照技术有效、经济可行、管理简便、因地制宜的原则，本书详细总结了各地针对本区域特点，在充分考虑气候条件、社会经济发展水平的基础上，采用的农村生活污水处理模式。

表 4-2　我国目前主要应用的农村生活污水处理实用技术

序号	技术模式	适用范围				投资估算	运行费用	适宜区域	已应用省份
		技术特点	人口范围	动力要求	生态要求				
1	人工湿地处理技术	适宜各类地形条件	适用于集中式处理和分散式处理，1 户≤N<500 户	微动力或无动力	占地面积相对较大，有景观需求	户均建设成本为 1 000～3 000 元/t（不含管网）	主要是提升泵耗费；基本无设备运行费	华北、西北、东南、中南、西南	山东、河北、湖北、北京、广西、江苏、安徽、上海、浙江、内蒙古、广东、重庆、陕西、山西、湖南、福建、辽宁、天津、云南、宁夏、四川
2	土地处理技术	适用于土地平坦区域	适用于集中式处理，50 户≤N<200 户	无动力或微动力	需作好防渗工程	户均建设成本为 3 000～4 000 元/t（不含管网）	运行费小于 0.05 元/t	华北、东南、中南、西南	安徽、福建、浙江、云南、江苏、河北、广东
3	稳定塘技术	适用于有自然池塘、闲置沟渠的村庄	适合小规模农居点污水处理，50 户≤N<150 户	无动力	无特别要求	户均建设成本为 2 000～2 500 元/t（不含管网）	基本无设备运行费	东北、西北、华北、西南、东南	辽宁、重庆、云南、浙江、广东、河北、广西
4	生物膜处理技术	适宜各类地形条件，占地面积相对较小	适用于集中式处理，N≥100 户	有动力	无特别要求	户均建设成本为 5 000～10 000 元/t（不含管网）	维护费用低，运行费用低于 0.5 元/t	东南、中南	浙江、山东、上海、陕西、辽宁、重庆、天津、新疆
5	膜生物反应器技术	处理效率较高，占地面积相对较小	适用于居住相对集中的农村地区，N≥100 户	好氧区需要提供动力曝气	无特别要求	户均建设成本为 3 000～8 000 元/t（不含管网）	水泵提升及氧化曝气消耗的电费为 0.1～0.3 元/t，需考虑膜更换的费用	东北、华北、中南、西南	天津、河南、安徽、重庆、辽宁、河北、湖南、四川、浙江、上海
6	活性污泥法	适宜多种地形条件，占地面积较小	适用于集中式或分散式处理，50 户≤N<300 户	好氧区需要提供动力曝气	无特别要求	户均建设成本为 4 000～5 000 元/t（不含管网）	维护费用低，运行费用低于 0.5 元/t	东北、华北、西北、东南、中南	山西、江苏、内蒙古、福建、辽宁、广东、北京、陕西、河北、湖北、安徽、宁夏
7	其他小型一体化设备	适宜多种地形条件，占地面积较小	适用于分散式处理，1 户≤N<50 户	好氧区需要提供动力曝气	无特别要求	户均建设成本为 6 000～8 000 元/t（不含管网）	维护费用低，运行费用低于 0.5 元/t	华北、西北、东南、西南、中南	河北、云南、天津、北京、宁夏、四川、山东、湖南、湖北、重庆、广西、浙江、江苏、上海、广东、河南

注：N 为农村户数。

1）东北地区

东北地区包括黑龙江省、吉林省、辽宁省和内蒙古自治区部分地区。在该区域内，既有大兴安岭、长白山等山地，也有东北平原等平原地形；重点流域有辽河流域和松花江流域。大部分地区以干旱、多风、冬季较长而寒冷为主要特征。该区域农村地区面积广阔，村落规模通常较小，各村落间距离较远。由于气候寒冷，经济发展水平不高，目前大部分农村尚没有污水处理设施，或者已建污水处理设施难以正常运行。由此可见，东北地区农村污水处理应侧重选择受气温影响较小，或采取适当保温措施在冬季能够正常运行、经济可行、便于就地处理和资源化利用的技术。

从已建成运行的污水处理设施调查统计结果来看，东北地区集中式污水处理设施主要采用的技术是活性污泥法，占 62.1%，包括氧化沟法、A^2/O 法、A/O 法、传统活性污泥法、SBR 法；其次为生物膜处理技术，主要是生物接触氧化法，占 29.3%；还有 MBR 法，占 8.6%。分散式污水处理设施主要采用的是稳定塘和小型人工湿地两种技术，分别占 72.1% 和 25.9%。东北地区农村生活污水处理设施技术应用现状见图 4-3 和图 4-4。

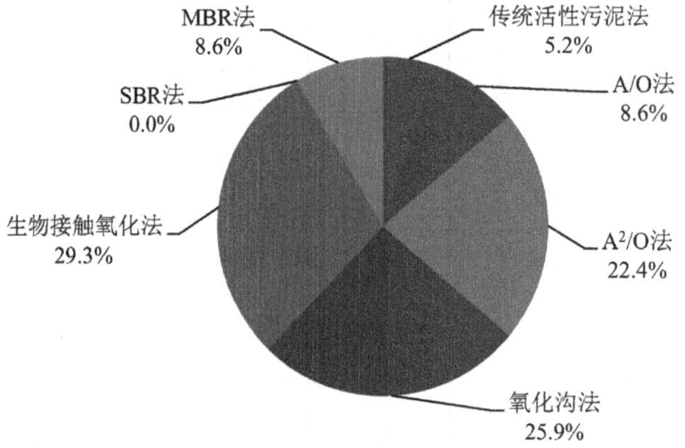

图 4-3 东北地区农村集中式生活污水处理设施技术应用现状

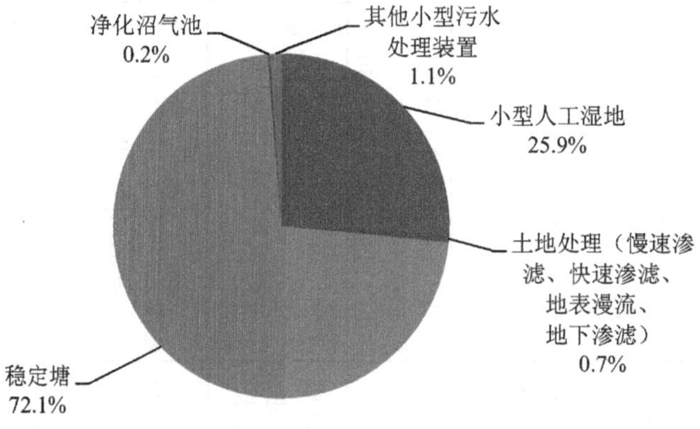

图 4-4 东北地区农村分散式生活污水处理设施技术应用现状

2）华北地区

华北地区包括北京市、天津市、河北省、山西省、山东省大部、河南省北部和内蒙古自治区局部地区。该区域基本为平原和高原地形，气候以干旱、多风、冬季寒冷为主要特征。该区域经济发展水平差异较大，除北京市周边、山东省等部分地区外，多数农村地区尚未开展农村生活污水治理工作。华北地区属严重缺水地区，是南水北调工程的主要受水区，污水处理应首选可资源化利用的技术。同时，该地区位于黄、淮、海重点流域，京津冀重点区域，应避免污染地下水和地表水；偏冷地区应采用适当的保温措施，保障污水处理设施在冬季正常运行。综上所述，华北地区农村生活污水治理应侧重选择受气温影响较小、污染物去除效果较好、特别是出水可再生利用的技术。

目前，华北地区集中式污水处理设施主要采用的技术是活性污泥法，占 66.3%，具体包括 A/O 法、A^2/O 法、传统活性污泥法、氧化沟法、SBR 法；其次为生物膜处理技术，主要是生物接触氧化法，占 29.8%；少部分采用 MBR 法，占 3.9%。分散式污水处理设施主要采用技术类型包括小型人工湿地、稳定塘和其他小型污水处理装置，分别占 31.6%、25.6%和 32.7%；少部分采用土地处理和净化沼气池等技术。华北地区农村生活污水处理设施技术应用现状见图 4-5 和图 4-6。

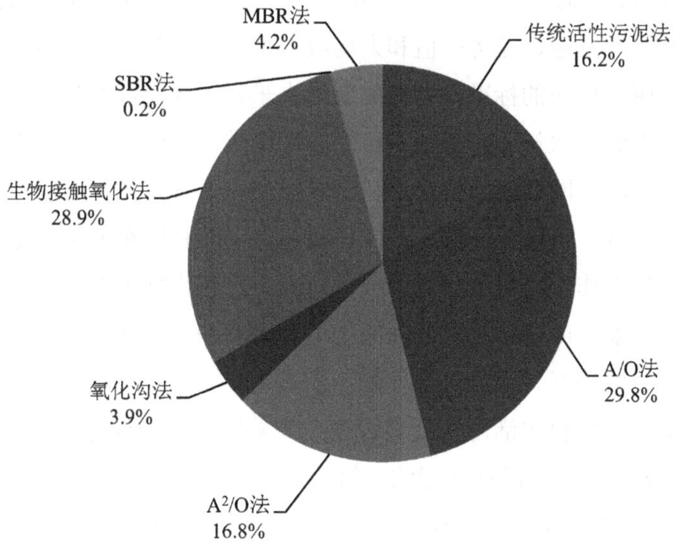

图 4-5　华北地区农村集中式生活污水处理设施技术应用现状

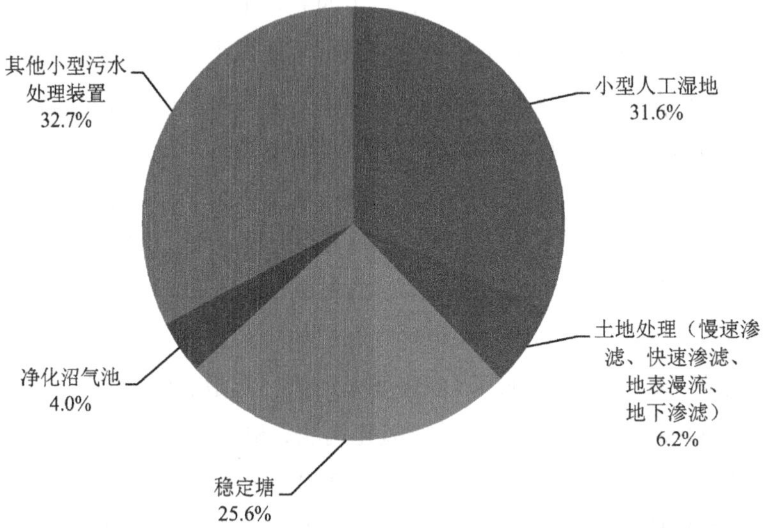

图 4-6　华北地区农村分散式生活污水处理设施技术应用现状

3）东南地区

东南地区包括江苏省、上海市、浙江省、福建省、广东省、海南省、山东省南部地区。东南地区是我国工农业生产发达、经济产值和人均收入增长幅度最快的地区之一。该地区很多村庄已经达到了小康型村庄的标准，农村的生活水平和方式已经与城市接近，农村居民用水量和农村生活污水的排放量逐年增加，已经成为造成该地区地表水质下降的主要原因之一。该地区水系发达，河网、湖泊密布，河流纵横交错，其中太湖、东江、千岛湖等是国家水污染防治重点区域。目前，江苏、浙江、福建、上海和广东的部分地区已经全面开展了农村生活污水治理工作，取得了一定的成效。同时，东南地区经济发达，区域内人口密度大，水环境容量有限，可用作污水处理的土地有限。综上所述，东南地区农村污水处理应侧重选择污水处理效果好、设施占地面积小的技术。

目前，东南地区集中式农村生活污水处理设施主要采用的是活性污泥法，约占 70%，具体包括 A/O 法、A^2/O 法、传统活性污泥法、氧化沟法，分别占 27.5%、19.3%、15.0%和 7.2%；其次是生物膜处理技术类别中的生物接触氧化法，占 30.2%。分散式污水处理设施主要采用的是小型人工湿地技术，占 48.2%，其他小型处理装置占 41.8%，净化沼气池仅占 6.6%。东南地区农村生活污水处理设施技术应用现状见图 4-7 和图 4-8。

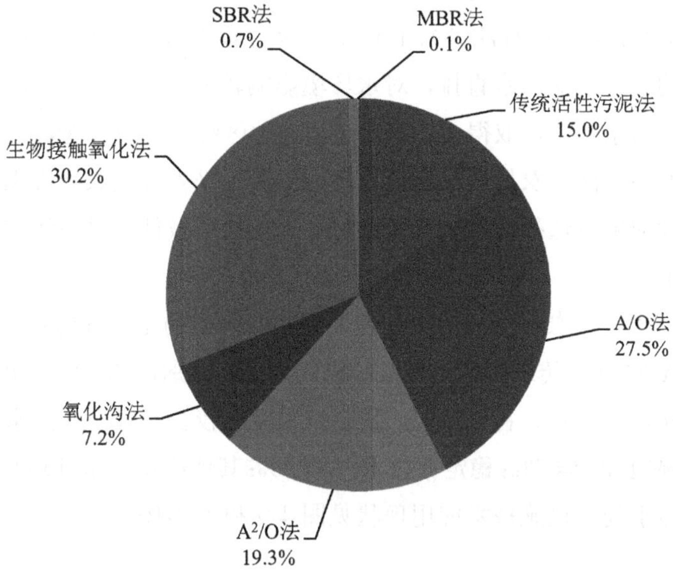

图 4-7 东南地区农村集中式生活污水处理设施技术应用现状

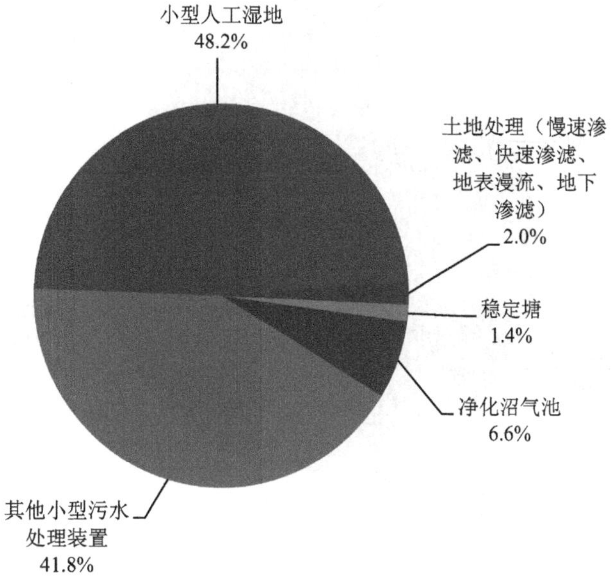

图 4-8 东南地区农村分散式生活污水处理设施技术应用现状

4）中南地区

中南地区包括河南省、湖北省、湖南省、安徽省和江西省。该区域内地形地貌复杂，包括山地、丘陵、岗地和平原等，湖泊多，河流交错纵横。该区域内农村人口数量、村镇数目、人口密度均较大，很多行政村位于《水污染防治行动计划》的重点流域，涉及南水北调中线工程水源地和沿线（如丹江口）、长江中下游的通江湖泊（如鄱阳湖、洞庭湖等），大量未经任何处理的农村生活污水直排，对水环境影响较大。近年来，湖北、安徽、湖南等地已开展农村生活污水处理，取得了一些进展。该地区经济总量在全国处于中等偏下水平，区域内经济发展不平衡，农村居民生活方式、生活水平差异较大。综上所述，中南地区农村生活污水处理应侧重选择污水处理效果好、工程投资较低、设施运行费用少的生物和生态组合工艺技术。

目前，中南地区集中式农村生活污水处理设施主要采用的是活性污泥法，约占 70%，具体包括 A/O 法、A^2/O 法、传统活性污泥法、氧化沟法，分别占 30.6%、18.3%、14.0%、7.0%；其次是生物接触氧化法，占 26.6%；其余技术应用较少。分散式污水处理设施主要采用的是小型人工湿地，占 54.7%；稳定塘技术占 11.3%；其他小型污水处理装置占 25.6%。中南地区农村生活污水处理设施技术应用现状见图 4-9 和图 4-10。

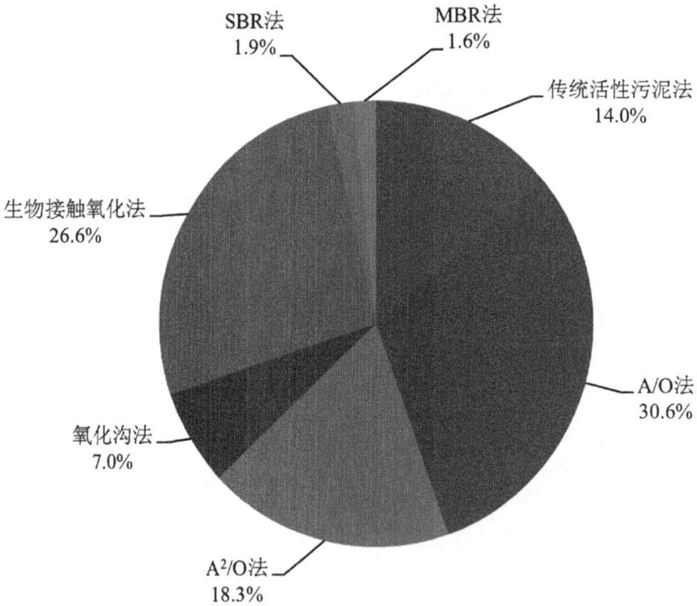

图 4-9 中南地区农村集中式生活污水处理设施技术应用现状

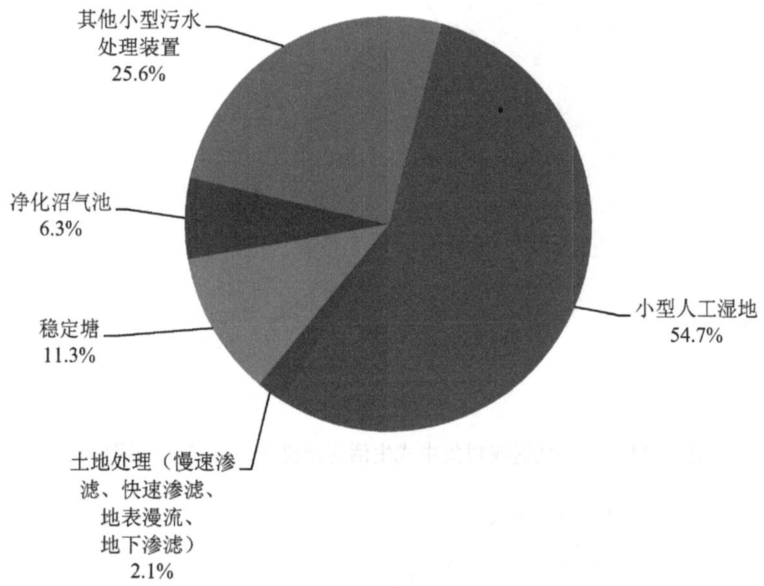

图 4-10　中南地区农村分散式生活污水处理设施技术应用现状

5）西北地区

西北地区包括陕西省、甘肃省、青海省、宁夏回族自治区、新疆维吾尔自治区和内蒙古自治区西部。西北地区属于内陆干旱半干旱区，年平均降雨量少，蒸发量大，除陕西省外，其他各省区的年降雨量均低于全国平均水平。该地区土地总面积约占全国总面积的 32%，而人口不到全国人口的 8%。其中 70%以上人口居住在农村，各村落距离较远。各省区国民生产总值和财政收入处于全国下游水平。宁夏、陕西、内蒙古等部分地区开展了农村生活污水处理，大多数农村经济欠发达，污水处理配套设施建设滞后。综上所述，西北地区农村污水处理应侧重选择投资和运行成本低、管理维护简便、便于就地处理和资源化利用的技术。

目前，西北地区集中式农村生活污水处理设施与其他地区有显著不同，其主要采用的是生物膜处理技术类别中的生物接触氧化法，占 58.9%；其次是活性污泥法，具体包括 A/O 法、A^2/O 法、氧化沟法、传统活性污泥法，分别占 17.8%、8.2%、8.2%、4.1%。分散式污水处理设施主要采用的是小型人工湿地技术，占 49.7%；其次为土地处理、稳定塘技术，分别占 11.2%和 10.7%；其他小型处理装置占 27.2%。西北地区农村生活污水处理设施技术应用现状见图 4-11 和图 4-12。

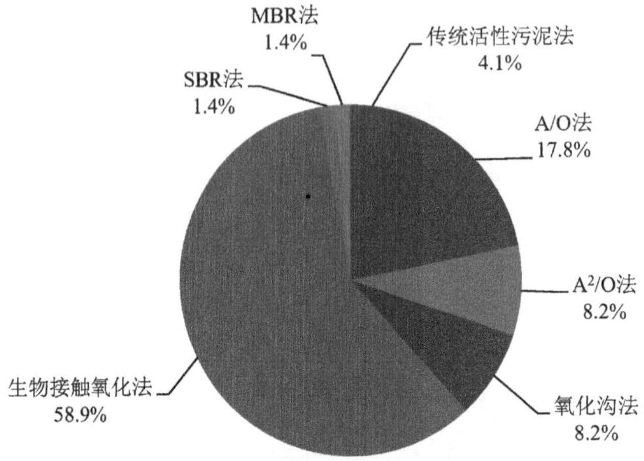

图 4-11 西北地区农村集中式生活污水处理设施技术应用现状

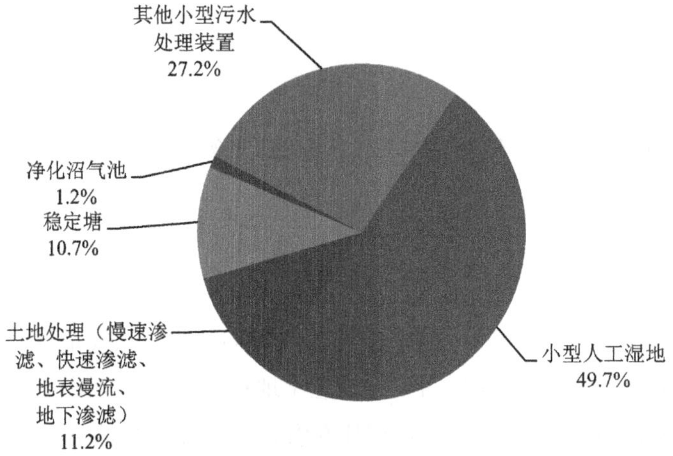

图 4-12 西北地区农村分散式生活污水处理设施技术应用现状

6）西南地区

西南地区包括四川省、云南省、贵州省、重庆市、广西壮族自治区和西藏自治区部分地区。西南地区地跨全国地势第一、第二阶梯，地形复杂，包括横断山区、云贵高原和四川盆地；主要江河有大渡河、雅砻江、金沙江、澜沧江、怒江、长江；西南地区还有大量的高原湖泊。地区气候类型多样，大部分地区属于亚热带、热带季风气候；地形以丘陵、山地、高原和平原为主。西南地区经济在全国处于中下水平，农村人口众多，是我国少数民族聚集集中的地区，定居了我国近 80%的少数民族人口。综上所述，西南地区农村污水处理应选择工程投资较低、设施运行费用较低、便于运行管理的技术，并考虑污水治理与利用相结合；在对水环境要求较高的农村，应采用生物生态结合的工艺。

目前，西南地区集中式农村生活污水处理设施也有别于其他地区，其主要采用的是生物膜处理技术类别中的生物接触氧化法，占 41.9%，其次是活性污泥法，主要为传统活性污泥法、A/O 法，分别占 32.8%、18.1%。分散式污水处理设施主要采用的是小型人工湿地技术，占 61.5%；其次为其他小型污水处理装置，占 29.7%；其他技术应用较少。西南地区农村生活污水处理设施技术应用现状见图 4-13 和图 4-14。

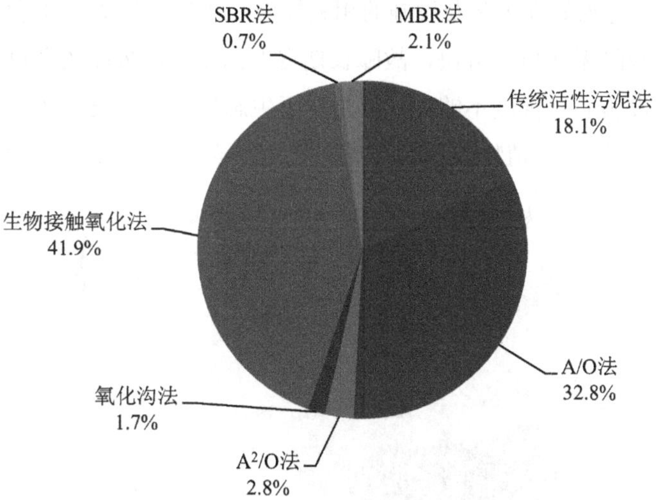

图 4-13　西南地区农村集中式生活污水处理设施技术应用现状

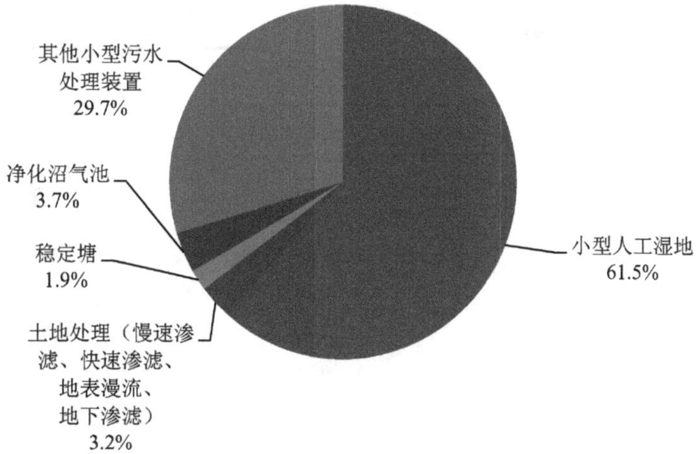

图 4-14　西南地区农村分散式生活污水处理设施技术应用现状

4.1.2.2　农村生活污水处理设施运行管护模式

农村生活污水处理设施运行管护模式主要有属地（村镇）自行运行管护、第三方运营管护和污水处理设施建设运营一体化（BOT）三种模式。

一些经济水平不高、污水治理刚刚起步或者设施较为分散的村镇，往往选择属地（村镇）自行运行管护模式。一般实践表明，这种运行管护模式很难保证设施正常运行。根据太湖流域污水处理设施运行情况调查（图 4-15），设施运行管护模式对设施能否正常运行影响巨大，属地（村镇）自行管护模式下设施不运行的情况最为普遍，由于污水处理设施缺少专业化管理养护，出现短路、管网堵塞等情况不能得到有效解决，导致设施不能正常运行。主要有两种问题：一是村民缺乏污水处理工艺及设施的相关知识，只能负责设施的开机、关机等简单操作，一旦设施出现故障无法自行解决，故障长期得不到排除，久而久之设施被遗弃荒废；二是村镇对污水处理设施的重视度不够，尤其是对于生态处理工艺设施（如化粪池+人工湿地），常出现湿地无专人管理、植物未及时收割等情况，导致污水处理效果不佳。

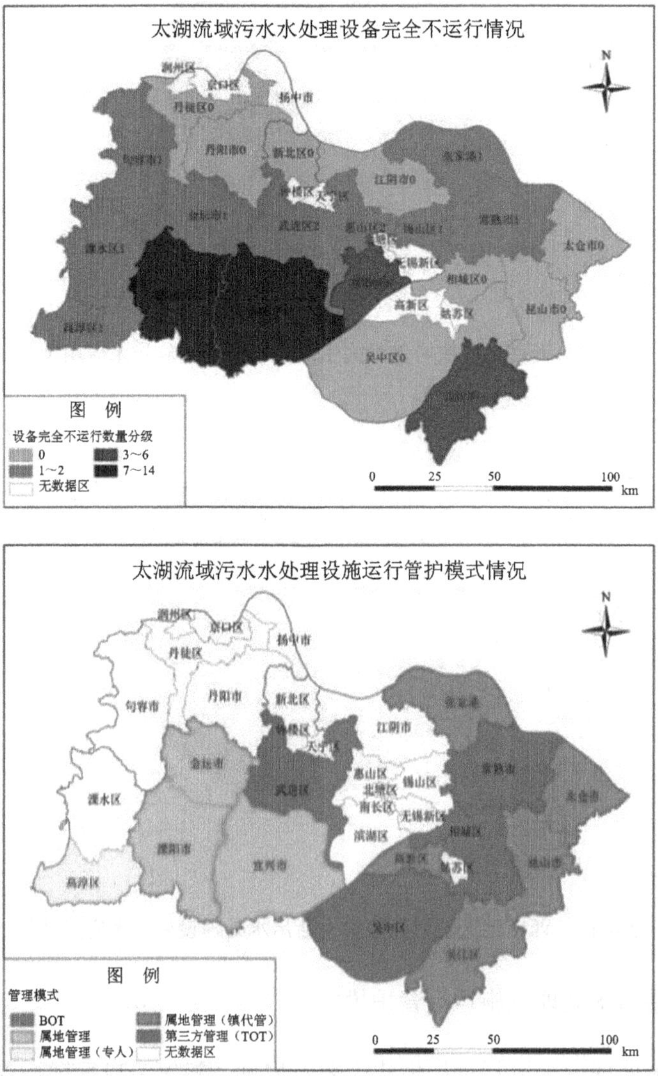

图 4-15　太湖流域生活污水处理设施运行管护模式与设施不运行情况对比

近年来，很多有条件的地区大力推行农村生活污水处理设施第三方运行管护模式。该模式为政府部门与专业化公司签订委托协议，在协议规定的期限内，以县区或乡镇为单位对农村生活污水处理设施进行连片打包，统一进行管理。具体又可分为政府购买服务、“PPP”租赁服务等模式。其中，政府购买服务模式较为常见，一般是由政府投资建成农村生活污水处理设施，委托第三方（具备专业能力的企业或事业单位）进行运行维护；地方政府或村集体拥有设施产权，并对设施运行情况进行监督管理，根据污水治理的绩效向第三方支付费用。“PPP”租赁模式是重庆等地区探索出来的一种新型市场化运作模式，由村镇委托第三方公司以租赁设施的形式，对污水进行达标处理并支付相关处理费用；污水处理设施产权归第三方，政府或村镇作为业主根据治理效果支付污水处理费用，也可以根据实际情况移除设施，合作形式更为灵活。调研表明，采用第三方运行管护模式明显提高了农村生活污水处理的专业化水平，有利于设施长效运行。

部分地区选择设施建设运营一体化模式（BOT），在农村生活污水治理中发挥了较好的作用。政府部门就农村生活污水处理设施项目与企业签订特许权协议，授权签约方企业承担该项目的投资（融资）、建设和维护，在协议规定的特许期限内，许可其建设和经营特定设施，并准许其通过向用户收取费用或出售产品的方式清偿贷款、回收投资并赚取利润。政府对这一基础设施有监督权、调控权。特许期满，签约方的企业将该设施无偿或有偿移交给政府部门。例如，在上海市崇明区，由中标单位负责完成农村生活污水处理设施建造、运行、维护等全套服务。同时，由乡镇及区环保部门对运营公司的运营情况进行多级监督管理，针对示范区内农村生活污水的水质特点、排放标准及各类型装置的运行特点，建立示范片区内农村生活污水处理装置操作规程与指南，对日常维护、安全管理方面的技术要点作出系统指导，确保污水处理设施能够持续有效运行。

4.1.3　典型地区农村生活污水治理经验

随着我国乡村振兴战略的不断推进以及农村环境综合整治政策的实施，各地探索出了多种各具特色的农村生活污水治理模式。

（1）浙江省的“千村示范、万村整治”统筹推进经验

浙江省农村生活污水有效治理村覆盖率达到 90%以上，受益农户达到 74%以上。“千村示范、万村整治”工作注重将污水处理设施建设与村容村貌提升统筹推进，打造了一批美丽宜居村庄（图 4-16），推动了生态旅游发展，生态、经济和社会效益明显。

图 4-16 浙江省生活污水处理设施建设注重与村庄环境相协调

浙江省“千村示范、万村整治”的经验可归纳为规划先行、统筹运维、政策保障三方面：

1）在生活污水处理设施建设前期做好规划，实现城镇污水处理设施全覆盖

指导各县（市、区）编制了县域农村生活污水治理规划，因地制宜选择适宜的技术模式：对城市周边特别是平原地区的乡村，实施就近纳管处理；对于其他农村，采取生物滤池、微动力、厌氧+人工湿地、一体化净化设施等分散式处理模式。制定并发布了适应当地生态环境情况的地方标准《浙江省农村生活污水治理设施水污染物排放标准》（DB 33/973—2015），明确了处理设施的排放要求。开展项目建设技术需求征集，编写了《农村生活污水治理基层实践 300 问解答》，组建技术服务团，加强培训辅导，让基层干部能看得懂图纸、管得住施工、把得好质量。

2）在生活污水处理设施运行期加强设施移交和运维管理

建立县级政府、乡镇政府、村级组织、农户和第三方专业服务机构“五位一体”的农村生活污水运维管理体系，明确各方责任（表 4-3）。各市、县（市、区）出台农村生活污水运维管理实施意见并制定考核办法，及时委托第三方开展已移交设施的运维管理。农村生活污水微动力处理设施用电按居民生活用电合表电价［0.558 元/（kW·h）］执行，比原先减少 59%。推广使用远程实时监控系统，省政府印发《2016 年度浙江省农村生活污水处理设施水质抽测方案（试行）》，对日处理能力 30 t 以上的农村生活污水治理设施实施在线监控，并定期对农村生活污水处理设施排放水质进行监督性监测。

3）完善政策法规，提供技术、经济、行政等全方位保障

浙江省委、省政府先后印发《关于深化“千村示范、万村整治”工程　扎实推进农村生活污水治理的意见》《农村生活污水处理设施水污染物排放标准》《关于加强农村生活污水治理设施运行维护管理的意见》等 20 多个政策文件和技术文件，以此来规范建设、验收和运行维护等各项工作。全省范围内开展农村生活污水治理和运维专项考核，同时将专项考核结果纳入“五水共治”“美丽浙江”等综合性考核。

表 4-3　浙江省“五位一体”农村生活污水治理体系中各方责任

污水治理相关方	主要职责	作用定位
县级政府	明确相关部门职责，制订运行维护管理办法； 筹措运行维护管理经费； 通过统一招投标或政府采购等方式确定第三方专业服务机构	责任主体
乡镇政府（街道办事处）	负责本行政区域内农村生活污水治理设施运行维护管理工作的组织管理； 要确定专门人员承担具体工作，制订运行维护管理的日常工作制度；监督第三方专业服务机构工作； 指导、督促村级组织、农户按各自职责开展日常运行维护管理	管理主体
村级组织	把农村生活污水治理设施运行维护管理纳入“村规民约”； 聘用有一定文化知识、责任心强的村民参与农村生活污水治理设施运行维护管理工作； 配合第三方专业服务机构对污水收集系统和终端处理系统开展异常情况检测、维修和设备更换等，做好设施防盗等保护工作	落实主体
农户	农户主动检查自家厕所水、厨房水、洗涤水等接入状况； 做好化粪池、接户管、户用检查井渗漏、堵塞和破损等的维修更换； 自觉管理房前屋后污水管网、清扫井及周边环境卫生	受益主体
第三方专业服务机构	负责农村污水设施的运营管理，建立运行维护队伍，并制定维护手册、操作规程和工作制度； 开展水质和水量的检测工作，并定期向县级主管部门汇报； 做好污水收集系统和终端处理系统常态化运行的巡查维修、设备更换等工作，并定期向县级行政主管部门报告运行维护情况	服务主体

浙江省农村生活污水治理经验有三个特点，值得其他地区学习借鉴：一是与其他工作统筹推进，不搞孤军作战，而是融入“五水共治”“美丽乡村”建设工作中，同时在城市生活污水处理设施覆盖的基础上有序推进，与其他工作相互借力、相互促进，达到“1+1 大于 2”的效果。二是注重机制建设，针对农村生活污水治理的特点建立科学务实的政策标准体系，深入推动设施建设和运行规范管理，确保项目发挥作用。三是注重发挥各级政府、农户和企业的作用。在浙江省人民政府办公厅《关于加强农村生活污水治理设施运行维护管理的意见》中，明确县级政府、乡镇政府、村级组织、农户和第三方专业服务机构的各方责任，确保污水治理工作有人负责、有人干事、有人监督。

（2）湖南省的“农村生活污水就地处理和资源化利用”经济实用经验

湖南省注重采取多种措施降低农村生活污水处理费用，扩大农村生活污水处理范围。借助当地气候条件适宜农村居民利用农家肥的有利条件，优先选择将适当处理后的生活污水进行资源化利用。同时，由于当地属于丘陵地带，充分利用地势高差进行污水引流，尽量采取无动力的污水管网建设，大大降低污水收集设施运行费用。在实践中摸索出三种适宜区域特点的农村生活污水处理模式：对居住分散的农户生活污水，采用三格化粪池或四格化粪池进行处理，处理尾水作为灌溉水回用于菜地；对村庄人口相对集中片区，按照三格净化池+人工湿地模式建设联户简易污水处理设施；对人口集中区域如居住小区、学校等，采用集中式人工湿地进行处理。

湖南省因地制宜降低农村生活污水处理费用的具体案例包括：

1）西洞庭湖管理区案例

该案例的突出特点是在人工湿地用地内建设太阳能光伏发电项目，部分解决了污水处理设备运行本身所需电量，同时在太阳能资源充足的时候，多余电量还可并网收费，有效降低了农村生活污水处理设施长效运行成本。

2）永兴县案例

永兴县创新融资方式，采用分期付款模式，引进湖南某环保工程有限公司垫资承建全县农村饮用水水源保护、生活污水收集处理、畜禽养殖污染整治三方面的工程内容，总投资约 1.6 亿元。项目通过验收后，分别按照 60%、30%、10%的总投资额分期支付费用，确保工程质量达到要求。

（3）山东省的“污水处理与改厕相结合”经验

山东省荣成市从 2015 年开始，着眼于打通污水处理“最后一公里”，将农村改厕与污水处理设施建设结合起来，构建覆盖城乡的污水收集处理体系，在全市实施了 12 万户农村厕所改造任务，22 处镇街驻地全部建成污水处理设施。300 多个村庄纳入污水集中处理，全市日污水处理能力达到 24.5 万 t，污水配套管网总里程达到 1 100 km。

荣成市农村改厕与污水处理设施有机结合的经验做法主要包括：

1）统筹规划农村改厕与污水治理设施建设

第一步，重点推进城乡污水处理设施建设和农村无害化卫生厕所改造，城区污水处理率达到 100%，镇街污水处理设施和农村无害化卫生厕所改造实现全覆盖。第二步，重点推进城市污水管网向镇村延伸建设，城乡污水收集管网里程实现翻番增长。对污水能够引入已有大管网的城区、镇区周边村庄，强化配套管网延伸建设，对距离大管网较远，且排水较为集中的新型社区，建设集中式污水处理设施。加强污水处理设施升级和雨污分流改造，污水处理水质达到《城镇污水处理厂污染物排放标准》一级 A 标准，村级污水集中处理率达到 50%。第三步，重点推进污水处理向农村覆盖、中水利用向更多领域拓展。统筹考虑村镇地质条件、撤并规划、污水总量等因素，确定建设模式，做到 “分村定位、一村一案”。对排水较为分散、集中收集困难的村镇，建设户型污水处理器，并合理利用附近的河道、水塘，建设人工湿地进行处理。

2）明确农村改厕和污水处理财政补贴标准，建立稳定的资金保障

农村改厕按照砖砌化粪池每户 1 200 元、聚乙烯化粪池每户 1 300 元的建设标准由市财政给予补贴，污水处理设施建设按沿海镇 30%、内陆镇 70%的比例进行补贴，户型处理

器建设市财政全额补贴。在运行上，沿海镇污水处理设施补贴50%，内陆镇享受全额拨款，村级设施和户型污水处理器，一律按70%的比例补贴。市级财政每年投入污水处理费用6 000万元以上，为改善生态环境、建设美丽乡村提供了有力保障。

3）建立农村生活污水处理设施运行管理制度，强化对委托单位的运营考核管理

为解决污水处理设施管理不到位的问题，荣成市印发了《关于推行城乡污水处理一体化管理的意见》，采取政府购买服务的方式，委托市水务集团统一管理，建成一座、移交一座、运行一座。为规范各级污水处理设施运营，进一步制定统一的管理考核办法和实施细则，对设施运转率、出水达标率、群众满意率等12项指标，每月评比打分，结果与拨付经费补贴挂钩，实现污水处理运行管理制度化、常态化。

（4）山东省的“因村施治，注重实效”经验

山东省枣庄市针对农村技术人员缺乏、污水可降解性强和污水处理运行费用不足等实际情况，按照“因地制宜、节省投资、运行简便、效果稳定”的原则，考虑各县区村庄人口密度、排水设施建设条件、自然水体分布情况等，分别采取不同模式处理农村生活污水。

在人口密集并且有排水基础设施的镇驻地和新型社区，建设微动力地埋式小型污水处理站进行污水集中处理；对污水量比较小、条件较差的村庄结合原有的河道、池塘等条件，灵活选用小型湿地或氧化沟等处理技术；对村内规划较早、路面硬化较好且没有自然坑塘、河道的村庄，为避免投资过大，采取与农村沼气建设和改厕、改厨、改圈相结合的方式，使用净化池处理污水，将沉淀下来的粪便和降解后的污水用于果树的追肥和浇灌。

（5）广西壮族自治区的“第三方运行管理”经验

广西壮族自治区钦州市灵山县从2011年开始先后在佛子等10镇共66个行政村建设了54座农村生活污水处理站，由于缺少污水处理设施运行维护方面的经验，加之没有足够的、专门用于污水处理运营的资金，导致部分项目运行受到影响，后期污水处理效果不够理想。自2017年起，灵山县对全县建成的54座农村生活污水处理设施采取第三方托管运营的管理模式，发挥专业化环保服务公司的管理经验和治污技能优势，提高治污效率，确保污水达标排放，实现农村生活污水治理运维规范化、专业化、长效化。主要经验做法有：

1）建立第三方委托运营合约机制

灵山县制定了《灵山县农村生活污水处理设施第三方运营托管服务（含维修）实施方案》。采取一次性招标3年、合同每年一签的形式。由县环保局、县财政局、运营公司签订三方年度服务合同。签订合同后，在灵山县成立运营服务中心，建立项目信息档案库，配备水质分析检测设施设备和技术人员，建立运营服务管理制度，并加强业务培训。

2）建立资金保障机制

将环保部门运营监管费用及第三方运营费用纳入年度县本级财政预算。第三方运营单

位按要求将资金申请材料报县环保部门、财政部门审批，财政部门根据资金预算情况，进行审核，并按考核结果及时将经费落实到位，确保运营管理资金得到保障。2017年，灵山县财政共投入146.7万元用于全县农村污水治理设施运行管理。

3）建立运营管理考核制度

由县环保局、县财政局及污水处理设施项目所在地的镇政府按季度对第三方运营公司实行监管和考核，审定第三方运营公司的运营技术方案，制定《灵山县农村生活污水设施第三方运营服务考核办法》和《灵山县农村生活污水处理项目运行维护管理考核细则》，按考核成绩拨付运营经费。

4）实行考核评估管理

将农村生活污水第三方运营托管纳入考核评估管理办法，县环保部门、县财政局和所在人民政府（街道办）对第三方运营公司进行考核评估，包括设施的正常运转率、设备完好率、出水达标率等。对不按要求落实相应条款的第三方运营公司会进行相应处罚。同时完善检测数据的统计分析和报表制度、污水处理设施完好报告制度、突发事件应急制度等。2017年以来，县环保部门已组织开展了4个季度的运营管理情况考核，根据抽查考核结果，各农村污水处理站运行管理良好，处理后污水排放达标。

（6）重庆市的“农村生活污水处理设施租赁”经验

重庆市尝试农村生活污水处理设施“PPP”租赁，即由业主委托第三方对集中排放的生活污水进行达标处理并支付相关处理费用的模式。其中污水处理设施由第三方负责建设及运行，业主仅支付污水处理费用，污水处理设施的产权归第三方所有，其余附属设施的产权归业主所有。该模式需要明确界定业主和第三方的责权：业主提供污水处理设施的建设用地，建设污水收集设施；按照合同约定对第三方处理效果进行监督管理；按照约定按期支付运行费用。第三方在业主指定的地点建设污水处理设施并承担设施的建设和日常运行费用，对生活污水进行处理并达到约定的处理效果，负责污水处理设施的日常运行管理和维护、维修，达到约定期限后，负责污水处理设施的移除。

以重庆市渝北区复兴镇小湾社区污水处理站为例，该污水处理站服务于小湾社区，处理规模为300 m^3/d，处理工艺为逆向曝气一体化设备，租用两套日处理能力为150 m^3的设备并联运行，处理后达到《城镇污水处理厂污染物排放标准》（GB 18918—2002）一级 B标准。业主提供污水处理站场地100 m^2，负责厂界220 V电源接入，对污水站建设方面投入为零。租赁期限为3年，吨水处理费用为2.5元，分季支付污水处理设备租赁费和运营托管费用，年支付费用21.9万元。重庆市的调查结果表明，租赁模式与直接建设污水处理设施相比，在规范的管理下，能够大幅降低建设运营成本，实现政府、村民和市场主体“三赢”。具体对比分析见表4-4。

表 4-4　小型污水处理设施一体化设备租赁与建设成本对比分析

<table>
<tr><th colspan="9">日处理 50 m^3 污水处理设施</th></tr>
<tr><th rowspan="2">序号</th><th rowspan="2" colspan="2">项目</th><th colspan="2">建设传统污水处理设施</th><th colspan="2">购买一体化污水处理设备</th><th colspan="2">租赁一体化污水处理设备</th></tr>
<tr><th>金额/元</th><th>备注</th><th>金额/元</th><th>备注</th><th>金额/元</th><th>备注</th></tr>
<tr><td>1</td><td>土地费用</td><td>征地费</td><td>6 060</td><td>占地 100 m^2</td><td>2 727</td><td>占地 45 m^2</td><td>2 727</td><td>占地 45 m^2</td></tr>
<tr><td rowspan="5">2</td><td rowspan="5">土建投资</td><td>预处理池</td><td>37 500</td><td>25 m^3×
1 500 元/m^3</td><td rowspan="5">37 500</td><td rowspan="5">25 m^3×
1 500 元/m^3</td><td rowspan="5">37 500</td><td rowspan="5">业主承担</td></tr>
<tr><td>曝气池</td><td>45 000</td><td>30 m^3×
1 500 元/m^3</td></tr>
<tr><td>沉淀池</td><td>15 000</td><td>10 m^3×
1 500 元/m^3</td></tr>
<tr><td>消毒池</td><td>3 000</td><td>2 m^3×1 500 元/m^3</td></tr>
<tr><td>管理用房</td><td>20 000</td><td>20 m^3×
1 000 元/m^2</td></tr>
<tr><td rowspan="4">3</td><td rowspan="4">设备投资</td><td>双风机</td><td rowspan="4">125 000</td><td>1.5 kW，
每天运行 22 h</td><td rowspan="4">280 000</td><td>0.36 kW，
每天运行 22 h</td><td rowspan="4">—</td><td rowspan="4">由服务方承担</td></tr>
<tr><td>双提升泵</td><td>0.75 kW，
每天运行 22 h</td><td>0.55 kW，
每天运行 22 h</td></tr>
<tr><td>加药设备</td><td>0.5 kW，每天运行 22 h</td><td>0.3 kW，
每天紫外 22 h</td></tr>
<tr><td>其他设备</td><td>0.25 kW，
每天运行 22 h</td><td>0.2 kW，
每天运行 22 h</td></tr>
<tr><td>4</td><td>资金利息</td><td></td><td>150 465.00</td><td>5.39%等额本息</td><td>203 683</td><td>5.39%等额本息</td><td>25 587</td><td>5.39%等额本息</td></tr>
<tr><td>5</td><td>大修费</td><td>3 年一大修</td><td>140 000.00</td><td>风机 3 年换 1 台；提升泵 1.5 年换 1 台；加药设备 6 年换 1 台</td><td>160 000</td><td>风机 3 年换 1 台；提升泵 1.5 年换 1 台；紫外线灯管 1.5 年换 1 次</td><td>—</td><td rowspan="2">均由服务方承担</td></tr>
<tr><td>6</td><td>二次投资</td><td>常规砼结构污水处理设施，10 年就要进行池体改造或新建</td><td>298 678</td><td>改造费用及资金利息</td><td>411 411.6</td><td>污水净化器可用 10 年，到使用年限后需重新购置设备，购置费用及资金利息</td><td>—</td></tr>
</table>

日处理 50 m^3污水处理设施								
序号	项目		建设传统污水处理设施		购买一体化污水处理设备		租赁一体化污水处理设备	
			金额/元	备注	金额/元	备注	金额/元	备注
7	日常费用	人工费	366 000	1 人兼职管理	366 000	1 人兼职管理	—	
		电费	389 664	电费按 0.82 元/（kW·h）计算	183 142	电费按 0.82 元/（kW·h）计算	—	
		药剂费	50 400	50 g NaClO/m^3，按 2.8 元/kg 计算	—	—	—	
		耗材	60 000	250 元/月	60 000	250 元/月	—	
		运行费用	480 000	含水质检测、机器维修、管理费等	480 000	含水质检测、机器维修、管理费等	—	
8	年租赁费用	—	0	—	0	—	68 400	按 3.8 元/m^3 计算
项目初始投资合计/万元			23.6		32.0		4.0	由服务方承担
20 年投资及运营费用合计/万元			218.7		218.4		140.8	
污水处理分摊费用/（元/m^3）			6		6		3.9	
说　明			1. 以 20 年全寿命期为基础，以日处理 50 m^3 污水处理设施为计算依据； 2. 以污水处理设施满负荷运行为计算基础； 3. 人工工资按 2 000 元、保险按 1 050 元考虑					

从表 4-4 对比分析可以看出，一套日处理 50 m^3 的污水处理设施，采用传统工艺建设污水处理设施和购买一体化设备由业主自行管理，其全寿命期每吨污水处理费用都在 6 元/m^3；如果采用租赁方式，业主需支付的污水处理费用为 3.9 元/m^3，可节约超过 70 万元费用支出。

通过对比两种模式发现，租赁模式比传统的污水处理设施建设模式具有明显优势。首先，由第三方建设并运行处理设施，解决了农村运行管理难的问题；其次，由于业主对污水处理设施拥有使用权，而产权仍然归属第三方，避免了建设成本的投入，节约了使用成本；最后，对于人口逐步萎缩的农村地区，污水处理规模降低，不适用的设施由第三方拆除并回收，也避免了设施闲置。

4.2　农村生活垃圾治理实践

近年来，农村生活垃圾治理难题日益突出。一方面随着现代生活方式进入农村地区，日用消费品、包装废弃物明显增加，电子产品、过期药品等有害垃圾频频出现；另一方面，农村生活垃圾传统的循环途径日渐萎缩，如传统的庭院养殖几乎消失，有机垃圾就地消纳的方式逐渐减少，也使农村生活垃圾中厨余垃圾量增大。在农村地区作为燃料普遍使用的煤炭，也是灰土等无机垃圾产生的主要来源。

农村生活垃圾的组分和产生量与城市生活垃圾相比有一定差异，且农村地区尚未覆盖如城市般完善的市政垃圾收集处理系统，各地经过不断的探索和实践建立了“村收集、镇转运、县处理”的农村生活垃圾处理模式，部分地区尝试结合农村生产特点，以资源化为导向鼓励实施垃圾回收利用和有机垃圾堆肥再生利用。

4.2.1　农村生活垃圾的产生特征

农村生活垃圾产生量有明显的地域差异。调查结果表明，全国各省市农村生活垃圾产生量为 0.41～1.17 kg/（人·d），其中北京市农村生活垃圾产生量最大，是最小值黑龙江省的 2.85 倍。各省（市、区）农村生活垃圾产生量总体上呈现北方高于南方、东部高于西部的特点，北方和东部经济较发达地区农村生活垃圾产生量最高，西南和西北经济欠发达地区产生量最低，这主要是受各地社会经济发展水平、燃料结构、生活习惯等因素的影响。

农村和城市生活垃圾的产生量也存在一定差异，这主要是由于中国城乡二元结构导致农村的社会经济发展水平普遍低于城市，而且农村居民更崇尚节俭、日常生活中有更多的垃圾利用途经，村镇生活垃圾人均日产量普遍低于其周边城市。但东部地区如山东、河北等省份农村地区因人口密度大、城乡一体化村镇数量多，特别是部分建筑垃圾和农业废弃物混入生活垃圾，导致村镇生活垃圾人均日产量与城市人均日产量接近甚至反超。

农村地区生活垃圾的来源主要有：日常餐饮产生的过剩食材；日常用品消费产生的包装和残余物，如包装物、过期药品、燃煤（柴）灰渣、卫生护理用品、废弃小家电、废电池等；在生活垃圾中也经常混入的少部分生产资料包装物，如农膜、农药包装袋/瓶、作物秸秆、畜禽粪便、产业经济附属产品等。

近年来，农村居民生产与消费模式发生变化，农村生活垃圾组分特征日趋城市化。但与城市生活垃圾组分相比，农村生活垃圾具有低厨余和金属含量、高灰土含量的特点。相关研究表明，大部分地区农村生活垃圾中厨余和金属含量显著低于城市，相反，农村生活垃圾中灰土含量显著高于城市（表 4-5）。在城乡差距较大的地方，农村生活垃圾中的可降解有机物（厨余+木竹）和可回收物（纸+橡胶塑料+织物+金属+玻璃）明显低于城市，农村生活垃圾中的惰性物质（灰土+砖瓦陶瓷）明显高于城市。城乡差异和可再生资源回收渠道（或拾荒人员数量）是影响垃圾组分的重要因素。

表 4-5 部分地区农村与城市生活垃圾成分对比 单位：%

地区	类别	厨余类	纸类	橡塑类	纺织类	木竹类	灰土类	砖瓦陶瓷类	玻璃类	金属类	其他类
沈阳	农村	59.77	7.85	12.85	3.61	2.52	2.23	3.69	5.4	2.01	0.06
	城市	19.37	1.92	2.08	0.22	0.16	74.6	0.42	0.65	0.38	0.23
北京	农村	26.28	3.94	5.48	1.16	3.05	57.47	1.5	0.9	0.16	0.06
	城市	53.96	17.64	18.67	1.55	3.08	2.15	0.57	2.07	0.26	0.05
青岛	农村	32.8	3.2	5.4	1.3	0.9	39.2	14.5	2.3	0.2	0.2
	城市	69	9.5	8.4	3	0.3	6.3	0.3	2.2	0.9	0.1
上海	农村	50	2	5	10	3	15	0	15	0	0
	城市	72.49	6.01	13.79	2.14	1.88	0	0.28	3.09	0.24	0.09
重庆	农村	31.97	5.38	6.92	1.74	1.99	34.27	3.51	1.45	0.46	12.44
	城市	72.97	9.34	8.4	3.16	1.91	1.48	0.92	1.46	0.36	0
合肥	农村	28.26	17.85	23.65	2.59	5.74	13.72	5.93	2.13	0.14	0
	城市	48.33	13.08	20.19	3.38	3.37	4.94	3.25	2.66	0.82	0
广东	农村	57.8	12.02	15.83	4.38	0.95	2.52	0.15	2.93	0.6	2.57
	城市	47.75	13.66	13.91	10.28	2.86	5.82	3.35	1.72	0.65	0

4.2.2 农村生活垃圾的收集处理模式

农村生活垃圾的治理范围包括村庄农户房前屋后，治理对象包括村巷道柴草杂物、积存垃圾、塑料袋等白色垃圾、河岸垃圾、沿村公路和村道沿线散落垃圾等。

2015 年住房和城乡建设部等部门印发的《全面推进农村垃圾治理的指导意见》要求，农村生活垃圾收运和处理方式根据村庄分布、经济条件等因素确定，原则上所有行政村都要建设垃圾集中收集点，配备收集车辆；逐步改造或停用露天垃圾池等敞开式收集场所、设施，鼓励村民自备垃圾收集容器。每个乡镇都应建有垃圾转运站，相邻乡镇可共建共享。逐步提高转运设施及环卫机具的卫生水平，普及密闭运输车辆，有条件的应配置压缩式运输车，建立与垃圾清运体系相配套、可共享的再生资源回收体系。选择符合农村实际和环保要求、成熟可靠的终端处理工艺，推行卫生化的填埋、焚烧、堆肥或沼气处理等方式，禁止露天焚烧垃圾，逐步取缔二次污染严重的简易填埋设施以及小型焚烧炉等。边远村庄垃圾尽量就地减量、处理，不具备处理条件的应妥善储存、定期外运处理。

近年来，在相关部门的大力推动下，各地初步建立了“村收集、镇转运、县处理”的农村生活垃圾处理模式。一些有条件的地区积极探索“户分类、村收集利用、镇转运和县处理”模式，强化了农户垃圾分类和减量的环节，即农户在对生活垃圾进行一次分类后，由村庄进行二次分类，对可以回收利用的垃圾和可以堆肥的有机垃圾进行再生利用和减量化，其余垃圾再经乡镇转交县级垃圾处理场进行无害化处理。在县级设施收集的村镇垃圾、焚烧或填埋是其主要的终端处理手段。

4.2.3　典型地区农村生活垃圾治理经验做法

随着农村生活垃圾产生量的不断增加，垃圾围村现象严重影响农村人居环境。经过多年的探索和实践，我国各地总结出很多适合农村社会经济特点的生活垃圾收集处理模式。

（1）浙江省的“农村生活垃圾分类处理”经验

浙江省长兴县推出“户分类、村收集、就地资源化处理”和“户分类、转运集中处理”的农村生活垃圾分类处理工作体系，实现农村生活垃圾分类处理工作的全区域覆盖、全流程管控。全县 17 个乡镇（街道、园区）、225 个村（居）、2 351 个自然村均已开展农村生活垃圾分类工作，受益农户达到 95%以上，全县户分质量正确率可达 75%以上，全县农村可腐烂垃圾日处理量达到 43 t，大大降低了农村生活垃圾的处理成本。主要经验做法包括：

1）抓好源头户分类工作

结合农村居民的认知水平，将生活垃圾确定为“可腐烂”和“不可腐烂”两类，通过各级宣传、培训和教育，提高群众垃圾分类工作的知晓度和参与度，培养广大群众自觉分类意识和良好习惯，实现群众愿分、会分、准确分。通过不断的宣传教育和简便易懂的分类方式，广大农户基本能按“可腐烂”与“不可腐烂”两种类别进行精准户分类。

2）注重垃圾中转精准化

按照“每 150～200 户配一名保洁员”的标准，配齐村级保洁员队伍。保洁员定时定点统一上门收集，并对垃圾进行二次分拣。同时，在集镇设置中转房，配备专职管理员，对中转垃圾进行三次分拣，杜绝混收、混装、混合运。全县设置 22 辆大型清运车每天清运垃圾两次，实现了日产日清。

3）做到末端处理设施标准化

按照“政府主导、农民主体、市场运作、科学治理”的原则，分类推行县域集中式机械化快速堆肥发酵处理、乡域集中式机械化快速堆肥发酵处理、动力生物发酵仓处理等三种模式，实现垃圾终端处理的标准化。全县拥有大型县域集中处理终端 1 座，日处理能力 200 t，垃圾资源化利用站 5 座。12 个乡镇实行县域集中处理，3 个乡镇实行乡域集中处理，2 个乡镇实行生物发酵处理。

4）推行第三方运作

积极引入市场化机制，探索推行“政府主导、公开招标、合同管理、评估兑现”的第三方服务管理模式。通过招投标，由保洁公司等市场主体承担日常运作任务，镇、村两级负责监督和管理，彻底解决农村生活垃圾分类“易反复、常反弹”的问题。以李家巷镇为例，该镇投入400万元，引入某有限公司作为第三方保洁服务公司，负责垃圾桶发放、垃圾收集、清运等日常工作，不但减少了各村的工作负担，也解决了部分农村剩余劳动力的就业问题。

5）实行网上、网下晾晒比拼

在网上，建立县、乡、村三级微信工作群，各镇、村实时上报推进工作图片和信息，及时反馈各项工作的情况。县领导小组每日点评指导，县主要领导每日关注，形成浓厚的比学赶超氛围。在网下，建立工作网格，根据农户数进行片区划分，由村干部、党员、村民代表负责包干，重点抓好业务宣传和检查工作，并以“红黑榜”的形式评比曝光，督促农户自觉做好生活垃圾分类工作。

（2）湖南省的“农户参与垃圾分类与资源化利用激励机制”经验

湖南省以“资源化、减量化”为立足点，因地制宜地推出“户分类减量、村主导消化、镇监管支持、县以奖代投”的生活垃圾处理新模式，缓解了政府花钱转移垃圾的窘境。如湖南省津市大力推广“绿色存折”制度，在每个村组设置并联3个一组的垃圾分类收集桶，要求农户按可回收垃圾、不可回收垃圾和有害垃圾分别将垃圾投入相应桶内。村卫生保洁员每日集中收集垃圾后，将可回收垃圾留下，积聚到一定量后送交邻近集镇废品回收点兑付现金或生活物品，将垃圾变成“储蓄”，大大提高了农户参与垃圾分类的积极性。

长沙市望城区全面推广垃圾分类减量，按每村10万元的奖励标准确定30个分类减量试点村，印发了垃圾分类减量工作指导规范文件。按照“户分类抓习惯养成、再分类抓精细分拣”的思路，通过村干部包片负责、反复宣讲，引导村民逐步形成分类习惯，通过回收补贴等激励措施调动分类保洁员再分类工作积极性，引导各试点村因地制宜选择科学的分类模式。家家户户垃圾分类入桶、菜叶沤肥，分拣中心回收垃圾分类精准，保洁员工作干劲十足。30个试点村垃圾减量率均达80%以上，同时涌现出一大批分类减量先进典型。同时区内大部分行政村按照60元/（户·a）左右的标准实行收费制度，每村1年可收费五六万元，这部分费用对缓解村级垃圾处置运营压力虽不明显，但对倒逼群众生态环保意识提升有较大作用。

（3）山东省的“人工分拣与太阳能资源化利用设施相结合”经验

山东省枣庄市采取“户收集、村集中分类减量、乡镇中转运输、区（市）无害化处理”垃圾处理模式。具体做法是：村保洁员把户收集来的垃圾运到垃圾分拣站进行集中分类和减量处置，把垃圾分成无机垃圾和有机垃圾，无机垃圾如建筑垃圾、砖、石、瓦片等进行路面平整或就地填埋；有机垃圾分为可利用垃圾和不可利用垃圾，可利用垃圾再分为可回收垃圾和不可回收垃圾，可回收垃圾进行定期外卖，剩下的如厨余垃圾、树叶、杂草、灰土及农业废弃物等可降解垃圾进行堆肥发酵成有机肥料，做到可利用垃圾不出村；不可利用垃圾分成有毒有害垃圾和无毒无害垃圾，有毒有害垃圾如农药瓶、电子垃圾等作为危险废物送危险废物中心处理，无毒无害垃圾由村集中，乡镇定期运输，送区（市）垃圾填埋场填埋。

为解决冬季气温低、发酵慢的问题，在垃圾分拣站内建设太阳能垃圾处理器，利用太阳能垃圾处理器进行混合堆肥，并将垃圾渗滤液收集回用喷淋，增加太阳能垃圾处理器内的湿度，提高堆肥效果，同时将产生的臭气、水蒸气通过活性炭吸收后排放。目前全市所有乡镇高标准建设了垃圾中转站，示范村建成各类堆肥厂 196 处，其中“太阳能垃圾堆肥场”182 处。实际运行表明，80%以上的农村生活垃圾可以在村内综合利用，仅有 10%左右的垃圾需运到城市垃圾填埋场集中处理。

（4）日本德岛县上胜町的“零垃圾”运动

德岛县上胜町位于日本四国岛的中间山地，以农业和林业产业为主，属于日本比较偏远的农业地区，距离德岛市中心大约 1 小时车程。截至 2018 年 5 月，町内有 751 户家庭，总人口数量为 1 577 人，老龄人口比例为 52.2%，属于人口过疏和严重老龄化地区。

20 世纪 90 年代，上胜町与日本的其他地区一样，没有开展生活垃圾回收。居民产生的生活垃圾主要是通过野外焚烧进行处理，焚烧产生的有害废气威胁人体健康。1998 年，上胜町政府出资购买了两台小型焚烧设施对垃圾进行焚烧处理，由此结束了持续多年的生活垃圾野外焚烧。但随着日本政府对小型焚烧炉更加严格的管理和对二噁英类污染物的排放限制，上胜町的两台小型焚烧炉因不能满足新的管理要求而停止运行，当地政府不得不重新为生活垃圾寻找出路。

上胜町所在区域属于陡峭的山地，加之人口持续下降，且人口结构以老年人为主，垃圾外运比较困难。2000 年前后上胜町政府开始推进垃圾分类及就地资源化利用，尽量减少焚烧和填埋的垃圾。早期将生活垃圾分为 22 类进行回收，2003 年细化到 34 类，具体见表 4-6。2003 年上胜町成为日本第一个发布“零垃圾”运动宣言的地方政府，目标是在 2020 年实现町内垃圾零焚烧和零填埋。上胜町“零垃圾”运动不是居民的自主选择，而是在社会规则和自然环境限定下的被迫选择。

表 4-6　上胜町 34 类垃圾资源化利用或无害化处理方式

序号	垃圾分类	资源化利用（或无害化处理方式）
1	铝罐	铝罐
2	钢罐	建材
3	喷气罐	建材
4	金属盖	建材
5	透明瓶	透明瓶、茶色瓶
6	茶色瓶	茶色瓶、其他色瓶
7	其他色瓶	再生玻璃、其他色瓶
8	循环利用瓶	洗净直接再利用
9	其他玻璃瓶、陶瓷器	填埋

序号	垃圾分类	资源化利用（或无害化处理方式）
10	干电池	水银、锰、镍再利用或填埋
11	荧光灯	资源利用（水银、锰）、玻璃棉
12	荧光管（损坏物品）	玻璃棉
13	镜子、体温计	填埋
14	灯泡	水银、锰、镍再利用或填埋
15	白色托盘	苯乙烯原料
16	旧衣物、毛巾	缓冲材料
17	纸盒	卫生纸
18	瓦楞纸板	瓦楞纸内芯
19	报纸、广告纸	报纸
20	杂志、复印纸	点心盒等
21	一次性筷子	造纸原料（纸浆）
22	PET 瓶	PET 瓶、纤维
23	PET 瓶盖	瓶盖、塑料制品
24	打火机	焚烧
25	被褥、窗帘、地毯	再生棉（含化学纤维的焚烧）
26	纸尿裤、卫生巾	焚烧后填埋
27	废食用油	肥料
28	塑料容器包装	RPF（燃料）、塑料再生颗粒
29	必须燃烧的物品	焚烧后填埋
30	废轮胎、废电池	再生轮胎、铅再利用
31	大件垃圾（电视、电冰箱、洗衣机、空调）	焚烧
32	家电类	分解后材料再利用
33	厨余垃圾	肥料
34	农用塑料袋、农药瓶等	电线、拖鞋

回顾上胜町“零垃圾”运动历程可以发现，上胜町政府由于工作人员有限，全町生活垃圾管理及回收设施均委托当地一家 NPO（即 NGO，非营利组织）进行管理。该机构负责制定垃圾分类及资源化利用方案、开展垃圾分类回收利用的宣传教育和培训并经营町内唯一的垃圾站，协助政府实施“零垃圾”运动计划。上胜町“零垃圾”运动主要通过两项规则来落实：一是不设置垃圾回收车，且厨余垃圾原则上不回收，由住户在家庭内堆肥后回用；二是与日本其他区域相比分类更加精细，在分出可燃垃圾和不可燃垃圾的基础上按照可回收再生、不能回收再生进一步细分。除极少数有害废弃物，如废干电池、纸尿裤等卫生用品焚烧或填埋外，绝大部分废弃物根据用途进行资源化利用，实现物尽其用。

为促进生活垃圾进行有效分类和资源化利用，上胜町政府采取了给予设施补助金、建立积分制度和加强垃圾预处理等多种措施，有效调动了村民垃圾分类和资源回收利用的积极性。为加大厨余垃圾的资源化力度，对购买电动厨余垃圾处理机的家庭给予补助，屋外堆肥容器政府给予 50%的购买补助资金。为增加对垃圾回收从业人员的吸引力，指导上胜町居民将垃圾进行有效清洗整理，以降低垃圾回收处理成本。制定了垃圾资源回收积分制度，参与垃圾分类的每个家庭都有一张积分卡，每个月通过摇号对 10 个家庭予以 1 000 日元的奖励。

除家庭外，政府通过“零垃圾”认证制度鼓励商店、餐厅、旅馆等积极参与生活垃圾管理。截至 2018 年年初，町内已有 7 家商店、餐厅、旅馆获得了“零垃圾”认证。通过“零垃圾”运动，上胜町生活垃圾回收利用率高达 81%，厨余垃圾 100%实现就地堆肥化，大大降低了垃圾处置费用。据町政府的概算，2016 年全町产生的生活垃圾处理仅需支付 1 600 多万日元，人均生活垃圾处理费不足 10 000 日元，远低于日本全国人均 14 100 日元的水平。同时，“零垃圾”运动提升了当地的知名度，增加了餐饮、住宿等服务业的收入，推动了当地产业的发展。

图 4-17　垃圾堆放点玻璃瓶分类堆放

图 4-18　垃圾堆放点包装清洗及晾晒区

图 4-19　再生利用产品作坊

图 4-20　“零垃圾”认证商店提示

（5）日本鹿儿岛县大畸町的“村民自治组织”经验

大畸町位于鹿儿岛县东南部，面积约 100 km^2，人口约 1.3 万人。同上胜町类似，大畸町也遇到了垃圾处理的“瓶颈”问题。1990 年，大畸町与邻近的志布志市联合建设了库容为 72 万 m^3 的填埋场，处理两地产生的垃圾。填埋场投入使用初期，填埋的都是没有经过分类的混合垃圾。但是，随着垃圾产生量的急剧增长，很快将会出现库容告急的情况。考虑到财政支付能力，当地政府放弃了新建垃圾焚烧设施的方案，而是将垃圾处理目标转变为垃圾彻底分类，以提高资源化利用率和减少垃圾填埋量。1999 年，大畸町成立垃圾回收利用中心，全面拉开了垃圾分类和资源化利用的序幕。到 2015 年，当地垃圾填埋量较 1998 年减少了 83%。

大畸町的垃圾分类得力于村民自治组织，即“卫生自治会”。町内所有家庭都要在“卫生自治会”进行登记成为会员，并对自己投放的垃圾负责。同时町内所有的垃圾回收点都有一个“环境卫生协调员”负责对投放的垃圾进行指导和监督。每增加一种新的垃圾分类命名时，相关部门均会给村民多次召开说明会，讲解分类方法及注意事项，相关责任人还要参加各种研讨。投放垃圾时，每家每户的垃圾袋上必须写上会员名字，不遵守投放规则的垃圾会被贴上警示条不予回收，还会追究会员的责任，若没有写姓名，则必须由此区域的环境卫生协调员负责。这种连带责任方式保证了垃圾分类的准确性。

以上的事例表明，农村生活垃圾的减量化不仅能够大大降低垃圾处理成本，使农村垃圾废弃物“变废为宝”，同时还能提高村民的环境意识和参与意识，是一种值得提倡的应用于农村垃圾处理的方式。

4.3 农村环境综合整治项目推进经验

2008 年以来，在中央财政的大力支持下，生态环境部不断深化“以奖促治”政策，大力推进农村环境综合整治工作。截至 2018 年年底，累计安排农村环境综合整治专项资金 495 亿元，共完成 16.3 万个村庄环境综合整治。按照《水污染防治行动计划》《农村人居环境整治三年行动方案》和《全国农村环境综合整治“十三五”规划》的部署要求，到 2020 年，全国要完成新增 13 万个建制村环境综合整治的目标任务。农村环境综合整治的重点区域是南水北调东线、中线水源地及其输水沿线、京津冀地区、长江经济带和环渤海地区，重点任务是做好农村饮用水水源地保护、农村生活垃圾和污水治理以及畜禽养殖污染防治等。随着农村环境综合整治工作的持续推进，整治后的村庄人居环境明显改善，农村居民的获得感、安全感和幸福感显著增强，各地也涌现出了一大批农村环境综合整治先进经验。

4.3.1 浙江省安吉县经验

浙江省安吉县充分依托中央农村环境综合整治工作，开展农村生活污水、垃圾治理，成效显著。主要做法包括：

（1）因地制宜推广环保技术

各整治村以农村生活污水处理和生活垃圾处理为主要整治内容，因地制宜推广了一批低成本、高效率、易维护的农村环保实用技术。其中，农村生活污水处理项目以推行集中式人工湿地处理技术为主，将污水处理与绿化景观相结合，充分利用太阳能等低碳动力，采用强化好氧+生态湿地的方式对集中式生活污水进行处理。同时，还采用了多介质土壤层、接触氧化、生物转盘等多种技术类型的处理设施。

（2）结合多项工作提升整治效果

安吉县把农村环境综合整治工作作为“美丽乡村”创建的一项主打工程，与“美丽乡村环境提升”工程相结合，实行联动考核，优化综合治理效果；与全省“五水共治”和“清水入湖”工程相结合，有效削减农村面源污染；与农家乐治理等环保民生问题相结合，为解决地方特色行业污染治理提供示范。

（3）狠抓工程建设质量

一是严把方案编制关，坚持“不规划、不实施”的原则，县级层面编制实施《安吉县农村连片整治项目规划和技术标准》，各整治村逐村编制实施方案，每村设计施工图纸，乡镇督查施工建设。二是严把招投标关，新建项目所在乡镇必须履行招投标程序，严格依法组织招投标活动并实施监督。三是严把工程质量关，为保障工程质量，各整治村有规划、有重点地选择合适的污水处理技术。建立村工程监理小组，负责项目推进、督查与验收。

（4）以三级联动强化滚动推进机制

通过“抓点、带线、促面”，集中资金，确保建设一批、见效一批，分批分片滚动推进。通过树立标杆，推广典型模式，引导整治村主动思考，合理选择处理模式。所有整治村在推进上推行“突出重点、统筹兼顾”原则，重点新建空白区块的污水治理，同时着力解决原有污水设施改造完善和新增一批垃圾处置设施。截至 2014 年，累计新增集中式生活污水处理系统 204 座，完善提升原有生活污水处理系统 100 余座，涌现出如华光村 PEZ 处理、余石村分散式净化槽处理、横山坞村太阳能驱动等一批生活污水处理优质工程。建立县、镇、村三级联动推进机制，分层签订工作责任状，确保农村环境综合整治示范工作在组织、人员、资金、项目、责任上“五落实”。同时，多次组织乡镇、村负责人外出交流学习农村生活污水处理技术，通过召开现场会、技术研讨会、区域合作交流等形式，在全县推广先进的农村生活污水治理、农家乐污水治理、垃圾收集处置的经验做法，不断提高镇村一级的环保管理水平，有效解决了招投标、项目资金、技术选型、工程质量、推进进度等问题。

（5）建立专项资金管理机制

印发“资金使用管理办法”具体指导中央专项资金的划拨和使用，由各项目实施村按工程进度分阶段到县上报账，以确保专项核算、专款专用。全面落实地方配套和报账制度，明确必须在完成方案审查、技术选型、签订施工合同后方予以拨付30%的启动资金，完成工程量70%后予以拨付40%资金，余款则通过县级验收后最终拨付。建立定期检查和通报制度，督促乡镇、村严格按规定使用专项资金。采取跟踪问效的方式，对示范工程的实施进展和效果开展绩效评价，对资金使用情况、财务管理状况、项目管理水平和绩效目标完成情况进行综合评估，公示评估和评价结果以自觉接受群众监督。

4.3.2 四川省丹棱县经验

四川省丹棱县位于成都平原西南边缘，北与成都市蒲江县、东与眉山市东坡区相邻，地处成都一小时经济圈，辖区面积449 km^2，辖5镇2乡，总人口16.5万人，其中农业人口13.3万人，71个行政村，5个居委会，439个村民小组，2014年全县生产总值44.7亿元，公共财政预算收入2.62亿元，全县农民人均纯收入10 773元。

丹棱县按照“政府引导、统一规划、农户主体、项目支持、奖补激励”的原则，以项目资金和奖励政策作引导，通过“宣传发动、典型引路、集中连片打造、逐渐全县铺开”的工作思路，将农村环境综合整治与打造生态农业、发展旅游产业、塑造文化名县策略、完善农村基础设施建设等相结合，实现农村环境改善与生态产业发展的双赢。

（1）建立全县统筹的农村生活垃圾分类与处理体系

打破乡镇、村组行政区域界线，在全县统一布局农村生活垃圾收运基础设施。由县政府统一设计、县财政统一投入，按一般联户池每个300元、联组分类减量池和村收集站每个1 500元、每个村收集站配备6～8个垃圾桶、垃圾转运车每辆约30万元的标准建设，将全县村收集站按线路串联成8条垃圾收运线路，安排5台压缩式垃圾车每天收集所有村收集站的垃圾，形成了“户分类、村收集、县处理”的垃圾治理操作模式。在此操作模式下又探索出了“村民自治、群众主体”的做法，按照“谁受益，谁负担”原则，村民自愿确定交纳垃圾收集费，多数村每人每月交纳1元。

探索推行了“三方监督、互动管理”机制。各村（社区）组建了卫生管理小组和村民代表卫生监督小组，既监督村民，又监督承包人；承包人监督村民是否按要求初分类和定点倾倒，监督村组干部有没有管理村民；村民监督承包人有没有及时清运，监督村组干部有没有尽责管理承包人。

将村级农村生活垃圾收运实行项目化管理。采取大村单村承包、小村邻村承包、分片几村承包、整乡镇连村承包等方式吸引承包人参与竞标，通过召开村民大会或邻村、连片、全乡镇的村民代表大会，采取公开竞标方式，确定农村生活垃圾收集和公共区域常态保洁承包人，签订承包协议，明确工作职责、费用支付、安全保障、社会保险、违约责任等。

（2）通过农村生活污水处理改善区域人居环境质量

为遏制生态环境和水环境恶化，丹棱县划定了禁养区和限养区，对梅湾湖周边的养殖户全部予以关闭，对百亩农作物实施了土地流转，种植生态林木，在场镇所在地和新农村聚居点，建设污水集中处理设施；对居民相对分散的居民点建设沼气池和湿地池，促生了一个典型生态宜居村庄。仅2012年度农村环境连片整治项目就投入资金2 225万元，建成集中式生活污水处理设施3座、分散式生活污水处理设施1 660套，铺设污水收集管网近1 km，新建农村污染治理综合利用经济型温室1个、生态沟渠及生态河流1 200 m，实现了农户生活污水处理率达到80%的目标。

农户生活污水处理与改厨、改水、改厕、改圈、改庭院、改入户道路等基础设施建设工作中一起推进，受到了农民群众的普遍欢迎，其幸福感和获得感明显增强，有力促进了农村生产、生活环境改善，实现了家居文明清洁化、庭院经济高效化、农业生产无害化、卫生环境优良化。

（3）创新畜禽污染治理“三二一”模式

丹棱河上游没有工业企业，水体污染主要来自畜禽养殖污染。为了有效遏制污染，丹棱县以农村环境连片综合整治为契机，探索出了畜禽污染治理“三二一”模式。

按照“村民自治、群众主体”的做法，依照“村规民约”，由乡镇、村组监督，县里“以奖代补”的方式督促养殖户修建沼气池、干粪池，县政府负责在乡镇建好沼液收集池；养殖户采用干湿分离工艺，实行干粪和尿液分开第一次减量，干粪进行堆积后作为农家肥使用，沼液用于农作物种植进行第二次减量；干粪和多余的沼液由专业的抽施粪服务队转运。抽施粪服务队由乡镇采取竞标的方式组建，县财政每年给予每支抽施粪服务队10万元的工作经费补贴，抽施粪服务队与乡镇签订承包协议，负责所在乡镇干粪和多余沼液的收集、转运、施肥，杜绝畜禽养殖污染。养殖户与抽施粪服务队签订协议，一个电话，在24小时内，一辆车只付10～15元的油费，就把多余的畜禽粪污转运走，养殖户还和所在村委会签订杜绝污染承诺书，接受村委会和抽施粪服务队监督管理。抽施粪服务队将多余的干粪转运到当地一家生物科技有限公司生产有机肥。多余的沼液转运到乡镇沼液收集池，需要施用农家肥的农户，一辆车只需付60～120元的费用，就可以完成果树的施肥浇灌。

在粪污资源化利用的基础上，大力发展“猪-沼-果”生态循环农业，推广生态种养模式，丹棱柑橘“不知火”通过国家绿色食品A级认证，成为全国最大的优质“不知火”生产基地县，梅湾村实现人均增收5 000元以上，形成了农村旅游生态观光环线，促进了农村经济转型升级发展。

4.3.3 江苏省南通市通州区经验

江苏省南通市通州区位于南通市域中南部，紧邻长江，区域从西、北、东三个方向包围南通市区，全区总面积 1 525.74 km^2，其中陆地面积 1 351.50 km^2、江海水域 174.24 km^2，现有 114.2 万人，全区实现地区生产总值 1 026.66 亿元，按常住人口计算人均地区生产总值为 8.99 万元。全年全区居民人均可支配收入 29 668 元，其中农村居民人均可支配收入 19 929 元。

2014 年 6 月，通州区正式启动覆盖拉网式农村环境综合整治试点工作，规划试点共 90 个行政村（居），开展农村生活污水的收集治理和非规模化畜禽粪便的综合利用，主要做法包括：

（1）坚持规划先行

高标准编制五年试点规划和年度实施方案，委托专业技术单位编制《南通市通州区农村环境综合整治规划（2013—2017 年）》，又编制了年度实施方案，确保项目高质量、有序推进。筛选重点整治村庄，以规划保留的规模较大的村庄为基本单元，向撤并乡镇后的原乡镇镇区所在地、农民集中安置小区等农村人口集中的区域倾斜，并将生活污染突出、畜禽养殖污染突出等环境问题明显的村庄列为整治重点，着力解决全区农村生活污染和畜禽养殖污染问题。

（2）优化项目审批

通州区整治办会同财政、国土、规划、发改、农委、住建、审计等部门，统一协调拟建项目的打包立项、工程设计、规划与用地预审等事项，加快解决畜禽养殖污染治理项目用地问题，加快完善项目建设前期手续；统一组织工程概预算和标底的编制与审核，统一组织项目环评工作，统一组织工程设计，减少单个项目逐个审批的繁复，尽量缩减前期工作周期，合力推进工程建设。加大考核督查力度，将试点工作列为区政府为民办实事工程，纳入各镇及相关部门目标管理绩效考核和生态文明建设重点工作考核，区委、区政府每月进行重点督办。

（3）规范项目管理

在实地调研的基础上，结合全区工作实际，研究制定总体工作方案，对试点村庄的选择、整治项目与选址的确定、资金筹措与管理、项目设计与前期工作、工程建设与质量管理、设施运行与管理等重点工作进行了明确。出台《通州区覆盖拉网式农村环境综合整治项目管理暂行办法》和《通州区覆盖拉网式农村环境综合整治专项资金管理暂行办法》，对项目实施原则、乡镇及相关部门的工作职责、项目申报和前期管理、项目实施和监督管理、长效运行管理等做了明确规定。研究制订整治资金管理办法，明确资金补助标准、拨付方式及管理要求，将项目前期征地等费用纳入区财政统筹安排。

（4）严格资金补助标准

实行专账管理，强化资金事前、事中和事后管理，做到全程管控。各镇设立专项资金专户，区镇两级实施专账管理，将乡镇按财力分为一、二、三类镇分别补助乡镇自筹资金的 80%、60%、40%，推动乡镇整治工作开展。区财政、环保、审计等部门对专项资金管理使用和项目实施进行指导和监督，确保专项资金按规定使用。

4.3.4　小结

农村生活污水和生活垃圾治理是农村人居环境整治的重要内容，是党的十八大以来农村生态环境保护的重要工作。由于我国农村布局分散、区域差异、量大面广的问题十分突出，基础设施建设和运行存在较大困难。通过梳理和总结我国农村生活污水和垃圾治理经验，重点把握以下几个方面：

（1）强化政府主导

一些典型案例的县市，如安吉县农村人居环境整治工作之所以进展有序、成效显著，根本原因在于各级党委、政府领导的高度重视和有力推动，调动各部门和社会力量，统筹推进农村生活垃圾、污水治理等工作，大力推进农村环境综合整治。

（2）因地制宜确定治理模式

只有充分考虑村庄分布、自然环境、经济水平和农民期盼，筛选符合当地特点和需要的农村生活污水、垃圾治理技术模式和长效运行管护机制，才能确保农村人居环境基础设施建得起、用得好，避免设施“高大上”、技术“杂而乱”，导致后期不能正常运行，或者运行成本过高。

（3）确保稳定的资金投入渠道

按照“中央支持、县级配套、镇村筹集”的原则，整合相关涉农资金，充分发挥中央资金引导作用，带动地方财政资金投入，同时整治村自筹资金，调动村民委员会和农民群众共建共享农村环境基础设施的责任感和积极性，提高资金利用效率。

（4）建立健全有效的管理机制

农村人居环境整治工作从启动之初就要将创新机制、打造示范放在核心位置，既要效果、也要经验，既要质量、更要创新，建立督促推进机制、资金投入机制、运行管护机制、宣传引导机制等，切实发挥连片整治示范作用。

（5）积极引导村民参与与监督

村民作为受益者应积极参与农村环境改善活动，承担部分责任和义务；在积极参与的同时，还要作为行为主体协助政府和相关管理部门实施监督的责任，进一步提升设施的运行效果。

第 5 章 养殖业污染治理实践

我国是农业大国，养殖业主要包括畜禽养殖和水产养殖。畜禽养殖是我国农业的支柱产业，目前生猪养殖量占世界总量的 50%，禽类养殖占世界总量的 1/3，肉类总产量约占世界的 30%。随着畜禽养殖业的迅猛发展，畜禽养殖环境污染问题日渐凸显。统计结果表明，畜禽养殖业排放的 COD 接近全国总量的一半，且占农业源排放 COD 的 96%以上，畜禽养殖污染已经成为农村的突出环境问题。水产养殖也是我国农业的重要产业，2018 年全国水产养殖总产量超过 5 000 万 t，占我国水产品总产量的 78%以上，成为世界上唯一养殖水产品总量超过捕捞总量的国家。但是，与新时代的发展要求相比，水产养殖与水环境保护不协调，带来一定的水环境污染问题。为推动我国养殖业污染防治和粪污资源化利用工作，本章分析了我国畜禽养殖和水产养殖的污染来源途径，梳理了目前适用于不同养殖污染治理的典型模式和案例，希望能为养殖业污染治理工作提供经验借鉴。

5.1 我国养殖业污染来源及现状

我国畜禽养殖业和水产养殖业发展迅速，但产业化水平整体仍不高，污染物排放量大，污染治理和综合利用水平低，以面源污染为主，已经成为农村地区主要污染来源和污染治理难点。

5.1.1 畜禽养殖

5.1.1.1 畜禽养殖发展现状

当前，畜牧业已成为我国农业农村经济的支柱产业，肉、蛋产量多年居世界第一。改革开放以来，畜牧业产值占农业的份额从 1978 年的 15%提高到 2016 年的 28.3%，并且由传统养殖不断向现代标准化养殖方式转变。2016 年全国肉类总产量 8 537.8 万 t、禽蛋产量

3 094.9 万 t、牛奶产量 3 602.2 万 t，分别比 1980 年增长了 7 倍、12 倍和 33 倍。畜牧业的发展带动了畜禽产品消费的不断增加，我国畜禽产品出口额从 1978 年的不足 20 亿美元上升到 2016 年的 56.4 亿美元，2016 年畜禽产品进口额达到 234 亿美元，30 年间进口额保持了较快增长。

近 10 年来，我国主要畜禽品种出栏量总体保持增长态势，同时受产业市场调控、行业布局调整、环境压力等因素影响，畜禽养殖规模化程度持续增长，传统养殖区域也逐步进行调整。

（1）畜禽养殖总量

表 5-1 是 2007—2016 年 10 年间我国主要畜禽年出栏量统计值，由表 5-1 中数据可知，2007—2016 年，生猪出栏量由 5.65 亿头增加至 6.85 亿头，增长率为 21%；牛出栏量由 0.44 亿头增加至 0.51 亿头，增长率为 16%；羊出栏量由 2.56 亿只增加至 3.07 亿只，增长率为 20%；家禽出栏量由 95.79 亿只增加至 123.73 亿只，增长率为 29%。图 5-1～图 5-4 反映了生猪、牛、羊和家禽 10 年来出栏量。由图可知，生猪出栏量 2007—2014 年逐步增长，仅在 2011 年有部分回落；2014 年出栏量达到 7.35 亿头峰值后，2015 年较 2014 年减少 2 685.4 万头，2016 年又进一步减少 2 323 万头。牛和羊出栏量 2007—2016 年持续增长，仅在 2011 年出栏量有所回落。家禽出栏量总体增长，仅在 2013 年和 2014 年有所回落。

表 5-1　全国主要畜禽年出栏量

年份	生猪/万头	牛/万头	羊/万只	家禽/万只
2007	56 508.3	4 359.5	25 570.7	957 867.0
2008	61 016.6	4 446.1	26 172.3	1 022 155.7
2009	64 538.6	4 602.2	26 732.9	1 060 945.0
2010	66 686.4	4 716.8	27 220.2	1 100 578.0
2011	66 170.3	4 670.7	26 661.5	1 132 715.2
2012	69 789.5	4 760.9	27 099.6	1 207 704.3
2013	71 557.3	4 828.2	27 586.8	1 190 459.0
2014	73 510.4	4 929.2	28 741.6	1 154 467.1
2015	70 825.0	5 003.4	29 472.7	1 198 720.6
2016	68 502.0	5 110.0	30 694.6	1 237 300.1

数据来源：《中国畜牧业统计》。

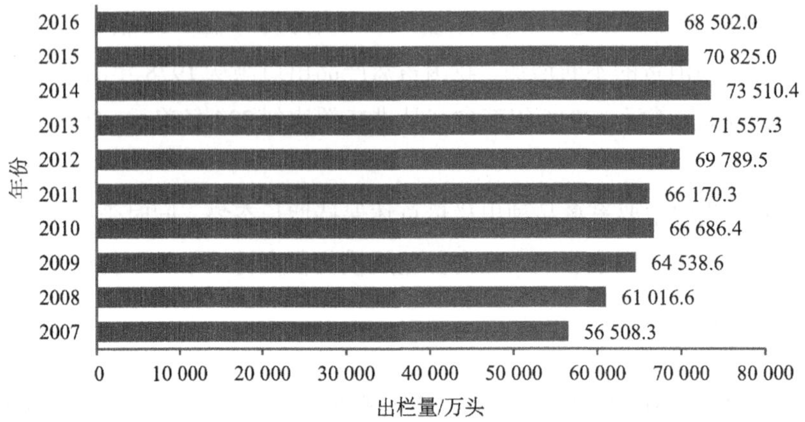

图 5-1　2007—2016 年生猪出栏量

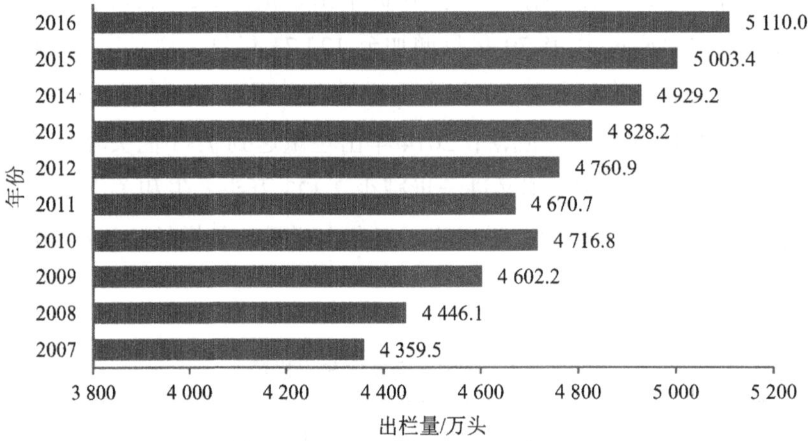

图 5-2　2007—2016 年牛出栏量

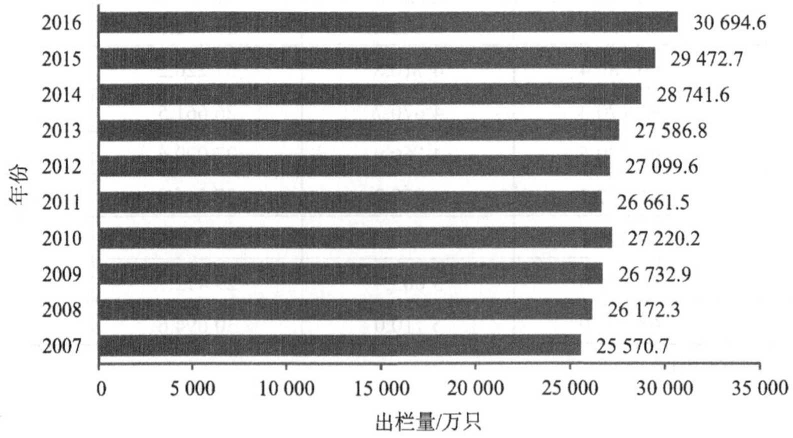

图 5-3　2007—2016 年羊出栏量

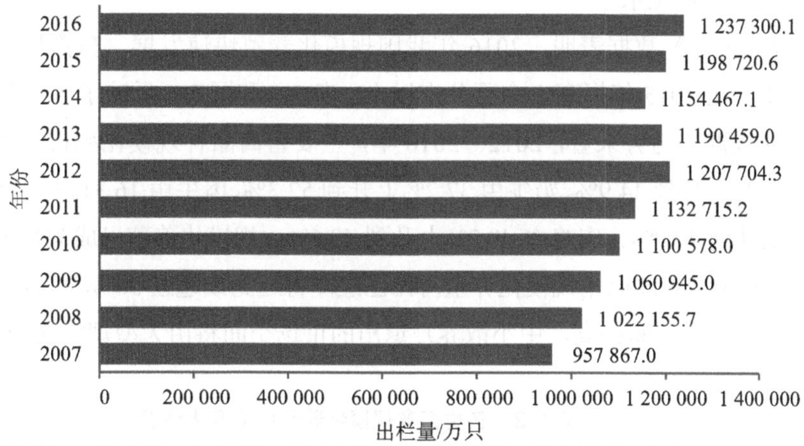

图 5-4　2007—2016 年家禽出栏量

（2）畜禽养殖结构

为了解我国各类畜禽品种占比情况，参照《畜禽养殖业污染物排放标准》（GB 18596—2001），将四大畜禽产品折算成猪当量进行核算，其中：30 只蛋鸡折算 1 头猪，60 只肉鸡折算 1 头猪，1 头奶牛折算 10 头猪，1 头肉牛折算 5 头猪，3 头羊折算 1 头猪。图 5-5 是 2006—2017 年我国养殖业主要畜禽产品出栏量转化猪当量的变化情况，可以看出，转化为当量的养殖结构中，养殖量最大的是生猪，其余依次为家禽、牛、羊。

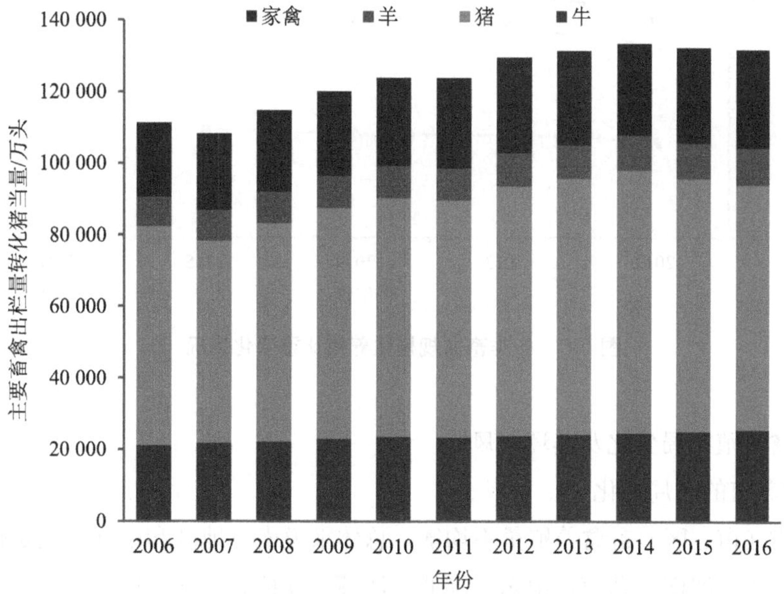

图 5-5　养殖业主要畜禽产品出栏量转化猪当量的变化情况

（3）畜禽养殖规模化水平

《中国畜牧业统计》数据表明，2016 年我国规模化养殖快速发展，畜禽规模化养殖比例达到 56%左右，比 2015 年提高 2 个百分点以上。表 5-2 和图 5-6 反映了各类畜禽规模比重，从图表中的数据和趋势来看，2012—2016 年，主要畜禽品种规模化率持续增长：生猪规模化率由 38.5%上升到 44.9%、奶牛由 37.2%上升到 52.3%、肉牛由 16.3%上升到 17.5%、蛋鸡由 31.9%上升到 40.7%、肉鸡由 40.2%上升到 49.6%。规模化养殖已成为我国畜禽养殖业的发展趋势，其中肉鸡和奶牛规模化养殖占比已经即将达到或超过 50%，可以预见我国畜禽养殖规模化水平将会不断提高，中小散养户退出的市场空间将由大型规模化企业来填补。

表 5-2　各类畜禽规模化养殖比重变化情况　　单位：%

畜禽种类	2012 年	2013 年	2014 年	2015 年	2016 年
生猪	38.5	40.8	41.8	43.3	44.9
奶牛	37.2	41.1	45.2	48.3	52.3
肉牛	16.3	16.7	17.4	17.5	17.7
蛋鸡	31.9	34.7	35.8	37.2	40.7
肉鸡	40.2	42.3	44.7	45.5	49.6

数据来源：《中国畜牧业统计》。

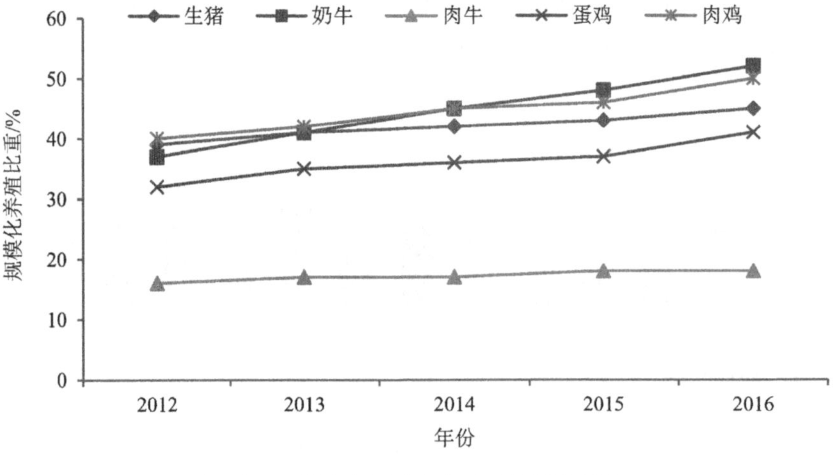

图 5-6　各类畜禽规模化养殖比重变化情况

（4）畜禽养殖布局变化及其环境风险

1）畜禽养殖的布局变化

我国各省（市、区）畜禽养殖量不均衡，总体来说南方地区和中部地区是传统的重点养殖区，如四川、河南、湖南、山东、湖北、江苏、安徽、江西、广西、广东等省各类畜禽种类养殖量较高。表 5-3 是全国各省（市、区）2015 年和 2016 年主要畜禽年出栏量，比较2015年和2016年数据，大部分省份生猪出栏量有所下降，降幅最大的是四川，仅内蒙古等7个省（区）出栏量增加；大部分省份牛出栏量增加，增幅最大的是内蒙古，仅山东等4个省（市）出栏量降低；大部分省份家禽出栏量增加，增幅最大的是山东，仅北京等7个省（市）出栏量降低。

表5-3 各地区主要畜禽年出栏量

地区	生猪/万头		牛/万头		家禽/万只	
	2015年	2016年	2015年	2016年	2015年	2016年
全国总计	70 825.0	68 502.0	5 003.4	5 110.0	1 198 720.6	1 237 300.1
北京	284.4	275.3	8.4	7.4	6 688.4	3 882.7
天津	378.0	374.8	19.6	20.1	8 019.3	7 910.6
河北	3 551.1	3 433.9	325.4	331.9	58 435.0	60 772.4
山西	783.7	748.9	40.2	40.3	8 780.9	9 639.6
内蒙古	898.5	909.2	326.4	339.7	10 439.1	10 950.0
辽宁	2 675.7	2 608.8	266.3	272.3	86 493.5	91 622.8
吉林	1 664.3	1 619.3	303.2	306.4	39 098.6	41 556.5
黑龙江	1 863.4	1 844.7	269.7	274.3	20 579.8	21 452.3
上海	204.4	171.1	0.1	0.1	1 943.9	1 713.5
江苏	2 978.3	2 847.3	17.4	17.0	73 536.8	71 462.1
浙江	1 315.6	1 169.2	8.3	8.8	15 202.3	14 941.7
安徽	2 979.2	2 874.9	112.5	114.6	75 286.0	78 146.9
福建	1 707.8	1 720.5	29.2	30.2	52 882.5	57 062.1
江西	3 242.5	3 103.1	139.1	143.3	47 656.1	50 656.1
山东	4 836.1	4 662.0	447.5	445.5	176 896.0	187 826.2
河南	6 171.2	6 004.6	548.6	550.2	91 550.0	93 420.0
湖北	4 363.2	4 223.6	159.9	160.3	51 222.7	52 195.9
湖南	6 077.2	5 920.9	168.5	172.7	41 474.7	42 671.9
广东	3 663.4	3 531.9	58.3	59.1	97 423.4	97 391.1
广西	3 416.8	3 280.1	149.3	149.8	80 825.0	82 237.3
海南	555.7	529.6	26.7	26.8	14 686.0	15 315.0
重庆	2 119.9	2 047.8	67.7	70.4	24 206.6	24 928.1
四川	7 236.5	6 925.4	295.5	305.2	66 154.9	67 776.9
贵州	1 795.3	1 759.4	133.3	140.7	9 618.2	10 397.3
云南	3 451.0	3 378.6	292.8	300.4	21 080.9	21 698.8
西藏	18.1	18.3	128.4	125.9	168.2	171.8
陕西	1 205.6	1 142.9	54.6	55.5	5 312.9	5 278.6
甘肃	696.0	670.3	179.4	189.4	3 816.6	4 024.9
青海	137.5	138.3	115.6	125.2	429.7	463.3
宁夏	91.5	96.2	64.4	68.2	1 019.0	1 088.3
新疆	463.1	471.0	247.3	258.1	7 793.6	8 645.4

数据来源：《中国畜牧业统计》。

受南方水网地区生态环境压力加大和成本等因素影响，生猪和牛的养殖布局逐渐向北转移，即所谓“南猪北养”，家禽和肉羊养殖布局则变化不大，具体呈现以下特点和趋势：

一是生猪养殖由南向东北转移。以2014年为基准，2016年除西藏生猪出栏量略增外，其余省份均有不同程度的下降，南方省份减幅远高于北方省份，浙江减幅为32.2%、上海减幅为29.6%、福建减幅为13.6%，南方水网地区（包括上海、江苏、浙江、安徽、江西、山东、河南、湖北、湖南、广东）共减少猪2 298.2万头，占全国减少量的45.9%。而内蒙古和东北三省大量承接生猪养殖项目。2016年内蒙古生猪出栏量909.2万头，计划2020年生猪出栏量翻番。2016年黑龙江与广东多家企业签订了共27个大型生猪产业项目，已开工建设的项目生猪总出栏量达到1 650万头，计划到2020年全省畜牧业产值占农业总产值的50%。

二是牛养殖业向东北、西北集中。东北地区的内蒙古、辽宁、黑龙江牛出栏量及占比持续增加，2015年上述3省（区）牛出栏量862.4万头、占全国总出栏量的17.2%，较2005年增加152.72万头、提高3.8个百分点。西北地区的甘肃、新疆牛出栏量及占比也呈增加趋势，2015年上述2省（区）出栏量436.7万头、占全国总出栏量的8.5%，较2005年增加111.53万头、提高1.5个百分点。与之形成对比的是，中部地区牛出栏量占比逐渐降低，2005—2015年，河北、安徽、山东、河南四个养殖大省牛出栏量占全国总出栏量比例由38.8%降低至28.7%。

2）畜禽养殖的种养结合趋势变化

农业部门于1984年建立了全国农村固定观察点调查体系，1986年正式运行至今，具体管理办公室设在农业农村部农村经济研究中心。该体系是对固定不变的村和农户进行长期性跟踪调查，包括2万多个农户、300多个行政村，分布在全国除香港、澳门、台湾以外的32个省（区、市）。根据调查结果，我国种养结合户的数量比重由1986年的2/3左右持续下降到了2015年的不足1/5，其中绝大部分种养结合农户是退出养殖业成了纯种植户，少部分农户是完全退出种养行业成了非农户。

3）潜在的环境风险

北方地区在大力发展畜牧业的同时，也会产生很多潜在的环境问题。以黑龙江省为例，2015年全省畜禽养殖排泄物总量约为1.13亿t，随着省政府大力支持的“两牛一猪”项目逐渐投产，2020年全省粪污总量预计接近2亿t。畜禽养殖爆发式的增长不可避免地增加了接受地的环境承载压力，可能带来水环境、土壤等多方面的环境风险和污染转移等问题。

①过度集中养殖带来区域土壤和水环境风险。规模化养殖在生产和环保上更有利于管理，但是在有限区域内养殖过于集中也会带来很多环境问题。畜禽养殖业转移到北方后，大多为大型规模化养殖场，并集中在部分城市及养殖大县，会导致局部地区养殖密度过大，超出当地土地承载能力。以黑龙江省为例，超过90%的畜禽养殖集中在绥化、哈尔滨、齐

齐哈尔、牡丹江、大庆、佳木斯 6 个地市，而这 6 个地市的耕地面积只占全省耕地面积的 37.6%。北方地区处理畜禽粪便的常规方式是将粪便进行无害化处理后作为肥料就地就近还田。例如黑龙江省 2015 年有 94.26%的生猪养殖固体粪便经自然堆积发酵后还田利用。如果大量粪便缺乏足够农田消纳，就可能污染区域土壤、地表水和地下水。并且，东北地区水环境质量现状并不理想。根据《2017 年黑龙江省环境质量状况》，绥化等 6 个城市仅牡丹江市地表水水质为优，其他 5 个城市地表水均存在不同程度的污染，其中绥化市河流为中度污染，劣Ⅴ类水质比例高达 20%。因此，“南猪北移”可能造成北方局部地区养殖密度过大、污染水体和土壤环境，导致养殖“污染”向北转移，带来新的环境问题。

②生产高耗水加剧北方地区水资源供给压力。北方地区较南方地区水资源匮乏，大量的畜禽北上将对北方水资源供给造成压力。生猪养殖耗水量较高，根据有关测算，每头猪整个生长周期的用水量为 4～9 t，大规模的生猪养殖将加剧北方地区用水压力。以内蒙古赤峰为例，该市 2016 年生猪出栏量为 394.74 万头，计划到 2020 年生猪出栏超过 1 000 万头，核算新增用水量 2 400 万～5 400 万 t/a，将会给当地地下水开采、利用带来压力。同时，紧邻内蒙古的华北地区地下水超采形势严峻，地下水漏斗区治理任务艰巨。目前，河北省为了减少地下水用量，甚至不惜牺牲一定粮食产量采取休耕等强力措施。“南猪北移”势必会增加畜禽养殖业用水量，如果不兼顾养殖业迁入区域的水资源平衡，盲目扩增养殖量，将加重北方地区水资源缺乏和地下水超采问题。

③养殖项目激增加重环境监管压力。随着东北地区养殖项目数量的增加，环境监管压力也明显加大。东北地区基层环保监管力量薄弱，尤其是乡镇一级专职环保监管人员几乎空白。在养殖北移的趋势下，如何把好环保关，将是北方地区的生态环保执法面对的巨大挑战。

④气候寒冷不利于粪污资源化利用和污染治理。东北和西北地区的寒冷气候条件以及一年一熟的耕作制度需要长时间储存畜禽粪便，不利于对粪便及时进行资源化利用和处理，并且可能因储存不当，导致污染物泄漏。如黑龙江省几乎有半年的时间处于冷冻期，低温条件不利于粪便发酵，无论是制取沼气、生物天然气还是有机肥，自然条件都不如南方地区。北方的耕种活动通常在 5—9 月，在其他非耕种时节产生的畜禽粪便需要修建足够容积的储粪池妥善收集。如果储粪池容积不足，或是防渗措施不够，则容易发生粪便外溢，造成环境污染。

5.1.1.2　畜禽养殖污染来源和特征

畜禽养殖污染在世界范围内普遍存在。日本公害调查委员会的材料显示，1986 年日本全国发生的污染事件中，畜禽养殖场造成的占 8.1%。欧美畜禽养殖业发达国家，也发生了不同程度的畜禽养殖污染危机，并引发了一系列社会问题。目前我国畜禽粪污年产生量约

38 亿 t，30%以上的畜禽粪污未得到资源化利用或无害化处理，给环境带来严重影响，已经成为农村地区的突出环境问题。

（1）畜禽养殖污染来源

畜禽养殖过程中的污染来自畜禽粪尿、冲洗污水、病死尸体及其垫料等，其中未经处理的畜禽粪尿和冲洗污水量最大、污染最重。

1）畜禽粪尿

畜禽粪尿是畜禽养殖场最主要的污染源。不同畜种粪尿排泄量有差别，如牛的粪尿排泄量明显高于其他畜禽，鸡的粪尿排泄量低于猪。据测定，鸡粪中 BOD_5 为人粪尿的 0.7 倍；猪粪尿中 BOD_5 为人粪尿的 13 倍。畜禽粪便中含多种污染物，主要包括粪尿厌氧分解产生的硫化氢、氨、醇类、酚类、酰胺类、胺类和吲哚等有机物，以及大量的病原菌、微生物，还有重金属和药物等。其中，粪便中的重金属主要来自饲料，饲料中有多种微量元素添加剂，如 Cu、Zn、Mn、Cr 等。据报道，目前我国每年使用的微量元素添加剂量高达 30 万～38 万 t，但 95%以上的添加剂未能被动物吸收利用，这部分矿物质随粪尿进入农田，造成土壤的重金属污染。

2）冲洗污水

冲洗污水是畜禽养殖过程中清洁地面粪便和尿液使用的水。冲洗污水的产生量与畜种、地理位置、季节、畜禽粪尿清理方式等有关。如肉牛场的污水量比奶牛场少、养鸡场的污水量比养猪场少、北方比南方少、同一养殖场冬季比夏季污水量少等。但污水产生量与清粪方式关系最大，目前主要的清粪方式有干清粪、水冲粪和水泡粪。

干清粪是粪便一经产生便分流，干粪由机械或人工收集、清扫、运走，尿及冲洗水则从下水道流出，分别进行处理。干清粪工艺固态粪污含水量低，粪中营养成分损失小，肥料价值高，便于高温堆肥或其他方式的处理利用。同时，采用干清粪方式的养殖场污水通常会比采用水冲粪方式的养殖场污水中的 COD 浓度低一个数量级，其他指标通常也会相差 3～6 倍，易于净化处理。因此《畜禽养殖业污染防治技术规范》中要求新建、改建、扩建畜禽养殖场应采取干清粪工艺。

水冲粪是采用高压喷头清理粪沟中粪尿的清粪方式。水冲粪劳动强度小，但污水产生量大，在劳动力缺乏地区较常采用。采用水冲粪的方式即便将粪水固液分离后，大部分可溶性有机质及微量元素等仍留在污水中，污水中的污染物浓度仍然很高，而分离出的固体物养分含量低、肥料价值低。

水泡粪主要用于生猪养殖，是在猪舍内的排粪沟中注入一定量的水，粪尿、冲洗水和相关饲养管理用水一并排放至地板缝隙下的粪沟中，储存一定时间后，打开出口的闸门，将粪沟中的粪水排出。水泡粪比水冲粪节省用水，但由于粪便长时间停留，厌氧发酵产生硫化氢、甲烷等有害气体，同时粪水中有机物浓度更高，进行污水处理更困难。

3）病死的尸体及其垫料等

病死的畜禽含有病原微生物，极易污染环境，需要用物理、化学等方法处理病死动物尸体及相关动物产品，消灭其所携带的病原体，消除动物尸体危害。垫料是发酵床的主要成分，养猪场采用木屑、谷壳、米糠等按比例混合并添加有益微生物菌群发酵作为猪舍垫料，垫料内所含的微生物可将生猪排出的粪尿作为自身活动的养料加以吸收、利用、转化，日常只需对猪舍垫料进行常规管理，免冲水、免清扫、零排放。但是垫料中含有粪便等物质，若不能及时清运利用，会对堆存场地的土壤和地下水产生影响。

（2）畜禽养殖对环境的影响

畜禽粪便、冲洗污水、垫料等在堆存、运输和利用（排放）期间可能对大气、土壤和水环境造成污染，并带来健康危害。

1）畜禽养殖污染物对水体的影响

畜禽粪便和冲洗污水中含有大量的氮、磷和有机污染物，进入地表水体会造成COD、BOD、NH_3-N、TP、TN等指标超标，甚至形成水体富营养化；进入地下水会造成溶解氧含量减少，有毒有害成分增加，严重时使水体发黑、变臭，丧失使用价值。调查结果显示，从全国范围来看，固态粪污中污染物进入水体的流失率处于2%～8%的水平，而液体排泄物中污染物进入水体的流失率达50%。

2）畜禽养殖污染物对土壤的影响

粪便、垫料等废弃物含有抗球虫药物、抗生素、重金属等污染物，如果污染物排放量超过了土壤本身的自净能力，便会出现降解不完全和厌氧腐解，产生恶臭物质和亚硝酸盐等有害物质，引起土壤组成和性状发生改变，破坏其原有的基本功能。高浓度污水可导致土壤孔隙堵塞，造成土壤透气性、透水性下降，出现板结，严重影响土壤性质。

3）畜禽粪便对环境空气的影响

畜禽粪便堆积发酵后，会产生氨、硫化氢等有害气体，对当地环境空气质量造成影响。波兰1993年调查表明，散发到大气中的氨59.6%是从动物粪便中来的。畜禽粪便产生的恶臭会严重影响附近群众的生活环境，是目前畜禽养殖污染中群众投诉最多的问题。

4）畜禽养殖废物对健康的影响

畜禽粪便、垫料、病死尸体等废弃物含有大量的病原微生物和寄生虫卵，如不及时处理，会滋生蚊蝇，使环境中病原种类增多、菌量增大，极易造成人、畜传染病的蔓延，引起人畜共患病的发生，危害人畜健康。目前已知全世界有250多种“人畜共患疾病”，畜禽养殖废物不当处置会给人群健康带来巨大隐患。

（3）畜禽养殖污染特征

1）畜禽养殖污染排放量占比高

畜禽养殖污染在农业面源污染中占比最大。《全国第一次污染源普查公报》显示，2007

年我国畜禽养殖业排放的 COD 达到 1 268.26 万 t，占农业源排放总量的 96%；TN、TP、Cu、Zn 排放量分别占农业源排放总量的 38%、56%、97.76%和 97.82%。表 5-4 反映的是 2011—2014 年畜禽养殖污染物排放情况。从表中可知，尽管畜禽养殖 COD 排放量呈现逐年减少的趋势，但其 COD 排放量占全国总排放量的比例呈现逐年增长的趋势，2011—2014 年畜禽养殖 COD 排放量占全国总排放量的比例从 44.6%上升到 45.7%；另外，畜禽养殖污染物中 NH_3-N 的排放量和占全国总排放量的比例均呈现逐年下降的趋势；但从其排放绝对量来看，畜禽养殖污染物排放量还是相当大，污染问题不容小觑。

表 5-4　2011—2014 年畜禽养殖污染物排放情况

年份	COD			NH_3-N		
	排放量/万 t	占农业源比例/%	占全国总排放量比例/%	排放量/万 t	占农业源比例/%	占全国总排放量比例/%
2011	1 114.6	94	44.6	65.2	78.8	25.0
2012	1 099.0	95.3	45.4	63.1	78.3	24.9
2013	1 071.7	95.2	45.6	60.4	77.5	24.6
2014	1 049.1	95.2	45.7	58.0	76.8	24.3

注：农业源、畜禽养殖数据源自《环境统计年报》，其中 2011 年 COD 和氨氮排放量数据根据《2012 年环境统计年报》中的“比上一年减少或增加的比例”推算得出。

2）畜禽粪便具有资源属性

我国自古就有粪便还田的传统，粪便是土壤肥料的重要来源。畜禽粪便中含有丰富的有机物和氮、磷、钾等养分，同时也能供给作物所需的钙、镁、硫等多种矿物质及微量元素，满足作物生长过程中对多种养分的需要，对提高土壤肥力、改良土壤性质和增加作物产量都有很好的作用。同时，粪便还田量也要适度，如果过量会危害农作物、土壤、地表水和地下水，还会导致土壤盐分增高，使植物生长受影响。

5.1.2　水产养殖

水产养殖是指人为控制下繁殖、培育和收获水生动植物的生产活动，一般包括在人工饲养管理下从苗种到水产品的全过程。我国是传统渔业的起源地之一，水产养殖历史长达 2 000 多年。按养殖水体盐度的高低可将水产养殖分为海水养殖和淡水养殖两种，其中，根据养殖水域的不同，海水养殖又分为海上养殖、滩涂养殖和其他养殖；淡水养殖又分为池塘、湖泊、水库、河沟、其他等多种养殖方式。按养殖对象分类，可分为鱼类养殖、贝类养殖、虾类养殖、蟹类养殖等；按养殖方式分类，可分为池塘、湖泊、水库、河沟、网箱、工厂化养殖等。各地区因地形、气候等的不同，主要养殖品种与养殖方式差异较大。其中，东南沿海主要养殖对虾、罗非鱼、大黄鱼等优势品种，多采用网箱养殖；黄渤海地区主要养殖对虾、贝类、鱼类等，多采用工厂化养殖；西南地区主要发展稻田养鱼、山区流水养鱼；西北地区由于盐湖资源和低洼盐碱地丰富，重点发展耐盐碱渔业。

随着经济的发展和人民生活水平的提高，人们对水产品消费的需求日益增加，我国水产养殖业也在不断发展，我国逐渐发展成为世界上最大的鱼类捕捞国、水产养殖国和海产品出口国，水产养殖业取得了历史性进步，养殖品种呈现多样化趋势，从过去的几种增加至目前的 40 多种。水产养殖业在快速发展的同时，也对养殖水域及其周边生态环境造成了破坏，成为影响区域生态环境质量的重要因素之一。

5.1.2.1　水产养殖发展现状

（1）水产养殖总量的变化趋势

2000 年以来，我国水产养殖业快速发展，养殖产量逐年增加，水产养殖成为最主要的水产品生产方式，且以淡水养殖为主导。2000 年，我国水产品总产量约 4 279 万 t，其中，养殖产量约 2 578 万 t，占总产量的 60%；捕捞产量 1 701 万 t，占总产量的 40%。2017 年，全国水产品总产量增至 6 445 万 t，其中养殖产量为 4 906 万 t，占总产量的 76%；捕捞产量 1 539 万 t，占总产量的 24%。近 20 年间，水产养殖总产量增加近 1 倍，占水产品总量的比例也增加了 16%，水产养殖在我国水产品中的主导趋势明显，其变化趋势如图 5-7 所示。

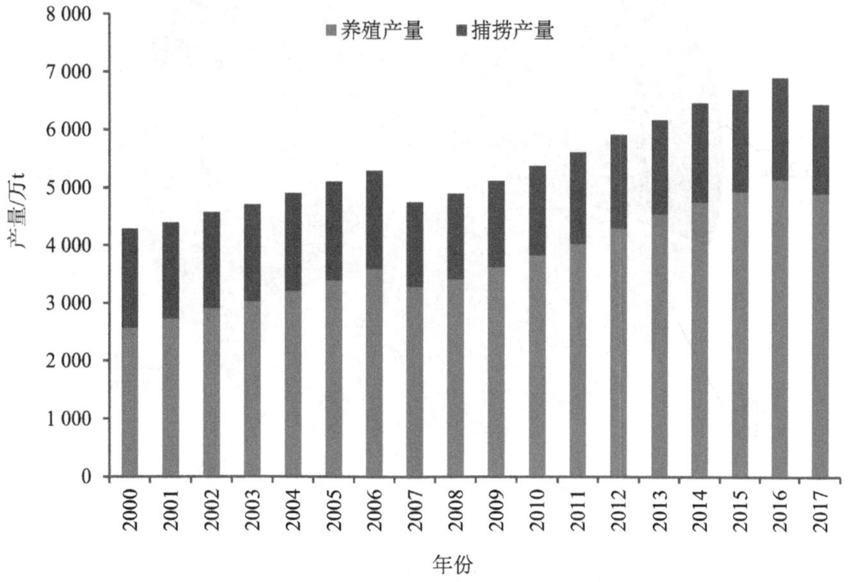

图 5-7　2000—2017 年我国水产品产量及构成

（2）水产养殖地域分布特征

我国水产品的生产主要集中在东部地区，约占总量的 80%，中部占 18%，西部仅占 2%左右。海水养殖主要分布在山东、福建、辽宁、广东等沿海地区，2017 年 4 个省份海水养殖产量占全国海水养殖总产量的 75%。图 5-8 是 2017 年我国淡水水产养殖产量地域分布图。由图 5-8 可知，80%以上的淡水养殖产量集中在湖北、广东、江苏、湖南、江西、广西等地。

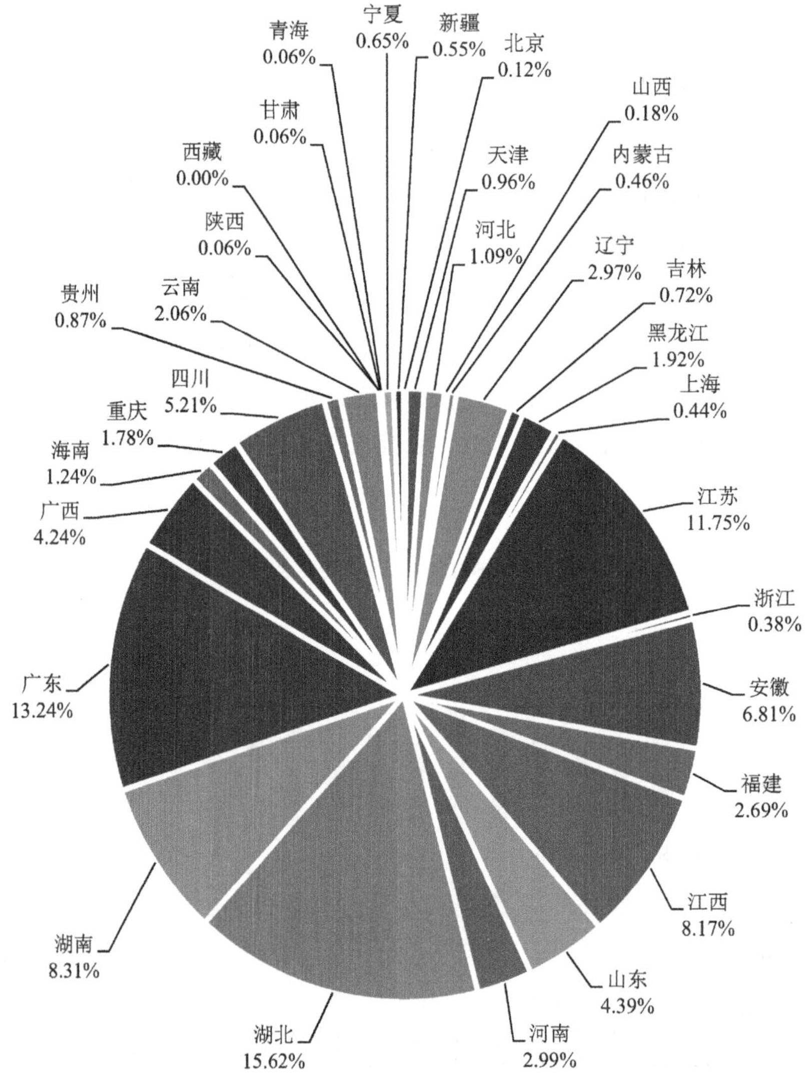

图 5-8　2017 年我国淡水水产养殖产量地域分布示意

（3）水产养殖方式比较

根据我国水产养殖总量统计结果，淡水养殖面积和产量均高于海水养殖。2000—2017

年我国淡水养殖和海水养殖产量变化如图 5-9 所示，淡水养殖和海水养殖的养殖量和养殖面积均呈上升趋势，但上升幅度淡水养殖高于海水养殖。从总产量来看，淡水养殖占主导地位，成为我国主要的水产养殖方式。

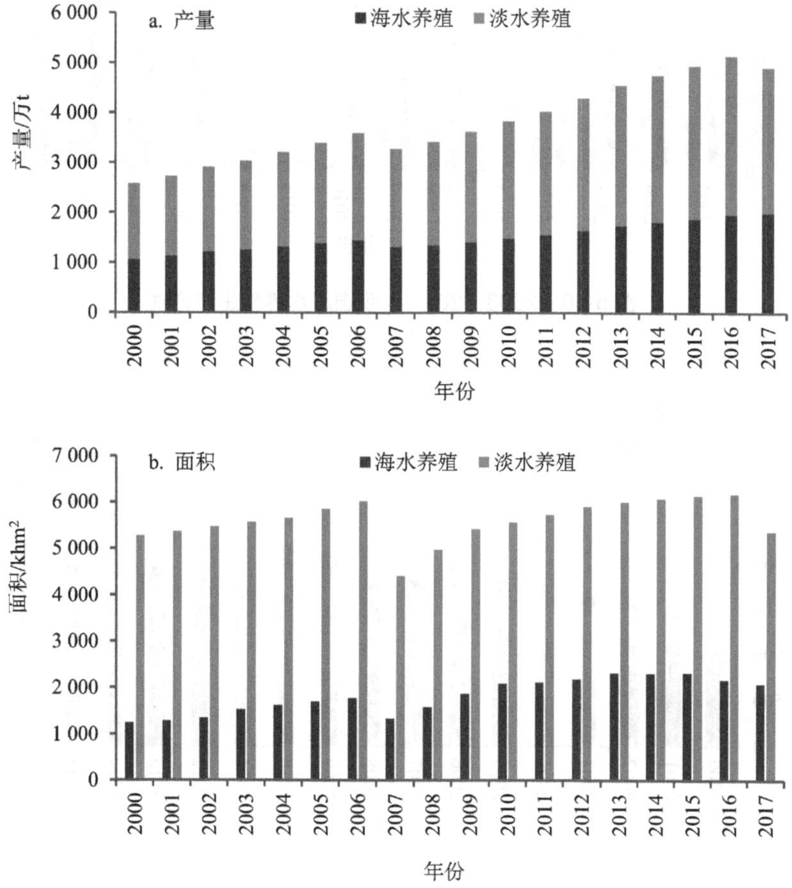

图 5-9 我国水产养殖构成

其中，海水养殖主要包括海上养殖、滩涂养殖和其他养殖等。图 5-10 是我国 2003—2017 年海水养殖生产方式统计结果。由图 5-10 可知，海上养殖是我国海水养殖的主要生产方式，生产面积总体呈扩大趋势；滩涂养殖是海水养殖的第二大生产方式，近年来基本保持稳定发展的态势。

淡水养殖方式主要包括池塘养殖、水库养殖、湖泊养殖、河沟养殖等。图 5-11 是我国 2000—2017 年淡水养殖产量及面积变化图。由图 5-11 可知，池塘养殖在所有淡水养殖方式中占比最高，无论是养殖产量还是养殖面积都远高于其他淡水养殖方式，从变化趋势上，池塘养殖面积略有增加，养殖产量总体呈上升趋势；水库养殖是淡水养殖的第二大方式，养殖面积和养殖产量总体均呈增长趋势，但增长幅度较小。

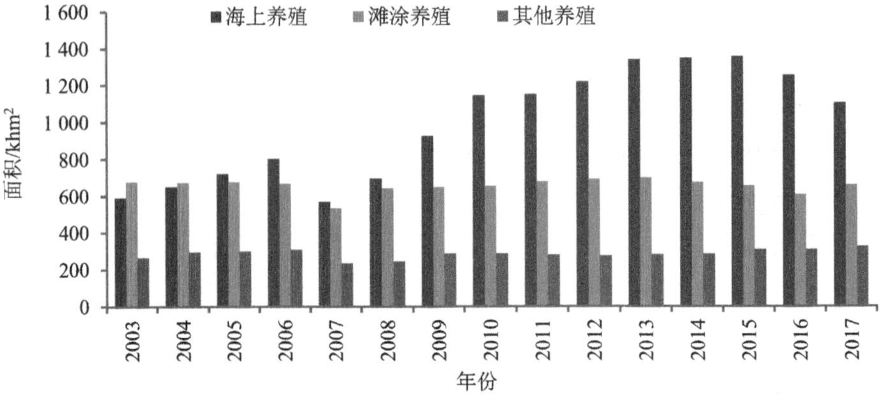

图 5-10　2003—2017 年我国海水养殖生产方式

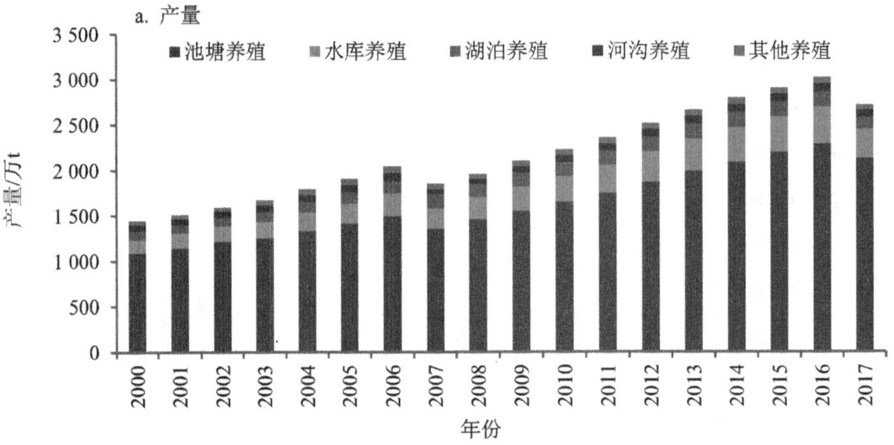

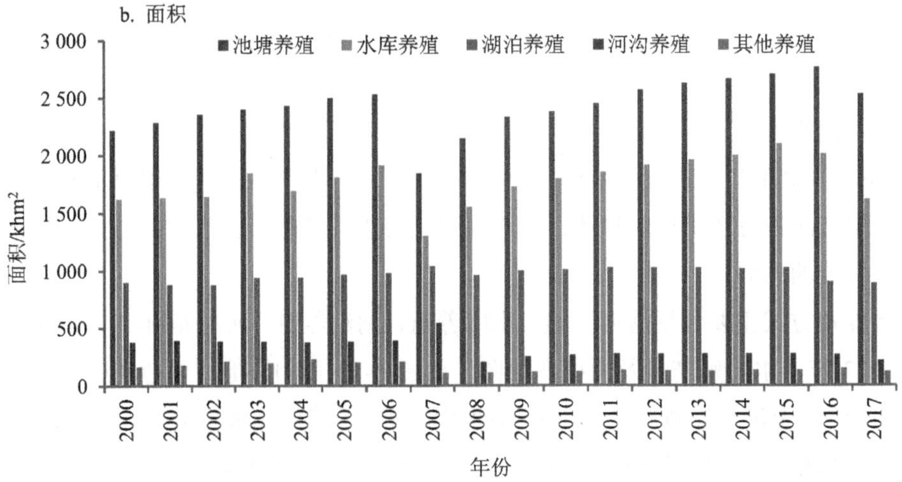

图 5-11　我国淡水养殖生产方式构成

5.1.2.2 水产养殖的污染来源和环境影响

《第一次全国污染源普查公报》显示，水产养殖业每年 COD、总氮、总磷的排放量约为 56 万 t、8 万 t 和 2 万 t，分别占农业源污染物排放量的 4%、3%和 6%。自 1997 年以来，我国海域多次发生规模巨大、毒性极强的赤潮，给相关海域的生态环境质量造成巨大影响。2011—2015 年，我国湖泊、水库重要渔业水域水环境中总氮、总磷污染较为严重，超标面积占监测面积的比例基本维持在 80%以上；2015 年，全国湖泊、水库重要渔业水域中总氮、总磷和高锰酸盐指数的超标比例分别为 85%、81%、49%。2016 年全国重要渔业水域的总氮、总磷、高锰酸盐指数和铜超标面积在 2015 年基础上又有所增加。2017 年，全国渔业生态环境监测网对黑龙江流域、黄河流域、长江流域和珠江流域的 80 个重要鱼类、虾类的产卵场、索饵场、洄游通道、增养殖区及自然保护区进行了监测，与 2016 年相比，高锰酸盐指数、石油类和挥发酚超标面积均有不同程度的增加；总氮、总磷和铜超标面积略有减少，但污染形势依旧严峻。

海水养殖和淡水养殖常引起氮、磷及有机物的富集，造成水体富营养化。水产养殖过程中，通过水生生物排泄、投饵投药等途径向水体排放氮、磷等元素，当水体中的氮、磷排放与吸收被打破平衡，超过水体自然吸纳能力时，就形成了水产养殖污染。我国水产养殖污染主要是由饵料鱼药过剩、尾水直排、底部沉积物处置不合理等问题造成的，对环境的影响具体表现为以下三个方面：

（1）残饵、肥料、生物代谢废物在养殖水域中过量累积造成水质下降

长期以来，我国水产养殖处于集中分布、高密度、高产出的养殖状态，日趋增长的水产养殖规模，大多超过水体可承载的容量，加重水域生态环境自净负担，导致氮、磷等营养物质过剩，氨氮、硫化物等有害物质排放，抗生素滥用等一系列水环境污染问题。

为了片面追求产量，一些养殖者往往采用高密度、高投入、高产出的水产养殖方式，一味地加大饵料及药物等的投入。随着水产养殖量的不断扩张，我国养殖投饵率也快速升高，2017 年水产养殖饲料产量达到 2 080 万 t，比 2000 年约增长了 3.24 倍。养殖水域大多处于一个封闭性、以人工调控为主的半人工控制的生态系统，因环境容量有限、地理特征封闭使得水体交换和物质循环能力低下。养殖密度过大，投饵、投肥量增加，造成养殖过程产生的残剩饵料、排泄废物等污染物不易转移和扩散，导致氮、磷等营养物质过剩。在高密度的水产养殖业内，水产养殖过程中使用的抗生素 70%～80%会进入水环境，对水质产生不良影响。同时劣质饵料滥施滥用加剧了养殖水域的环境污染。一些养殖者技术水平较低，养殖过程中过多地注重成本，对饲料和药物等方面的关注力度不够，往往选择成本较低、环保性能不高的饲料作为投喂物，盲目地投入使用，引发大量残饵、肥料、生物代谢废物在养殖水域中过量累积，水体自净能力下降。水环境中融入了较高比例的氮、磷等

物质，造成水体富营养化。同时残渣和排泄物经微生物分解后产生大量氨氮、硫化物等有害物质，大量“营养”及有毒有害物质沉积在塘底中，引起水体缺氧、黑臭的现象。

（2）尾水未经处理直接排放，对周边生态环境造成恶劣影响

水产养殖尾水的成分不同于工业废水，主要由易降解有机物和营养盐组成，虽然污染物浓度低于生活污水，但具有废水排放量大、污染易富集等特点。目前我国水产养殖业普遍缺乏对尾水的处理措施，绝大多数养殖尾水在水生生物捕捞过后，未经过任何处理便直接排放到附近沟渠、水体、土壤中。会导致水体酸碱度、溶解氧等理化因子改变并恶化底泥的环境，破坏水体原有的生态平衡，对环境的恶劣影响不容小觑。

（3）底部沉积物随意处置，导致水产养殖污染影响范围扩大

水产养殖过程中，养殖区底部沉积物可通过再悬浮、溶解、释放等过程产生固液态废物（残饵、水生生物粪便和排泄物以及固态物质的溶出成分）等，引发水体二次污染。水产养殖区底泥中碳、氮、磷含量、耗氧量及残饵含量均比周围水体沉积物中高。长期以来，我国在水产养殖底泥方面的处理及监管几乎空白，绝大多数底泥或长期深埋在水底，或随意堆放在养殖水体周边甚至附近的农田、土壤中，使得底泥等沉积物中的有毒有害物质逐渐渗入附近水体、土壤、水生生物及植物体内，污染养殖水域及其周边的土壤环境，进而影响养殖水域周边植物、农作物的生长和品质安全，产生“连环污染”。尤其是一些性质稳定的药物，难以被水环境中的微生物分解，长期积累在水环境和水产动物体内，并通过生物链逐渐转移和放大，对整个水域生态系统以及人类的身体健康都造成危害。

5.2 国内外养殖业污染防治模式及典型案例

我国畜禽养殖污染防治和水产养殖污染防治工作整体上还处于试点阶段，但也形成了一些实施效果好、具有一定推广价值的典型案例。本节在选取国内案例的基础上，筛选荷兰、丹麦等养殖大国在应对养殖污染方面的成功经验，供读者参考。

5.2.1 畜禽养殖污染防治模式及典型案例

畜禽养殖污染既是影响周边环境的重要农业面源污染的来源，也因畜禽粪尿具有资源属性，其所含丰富的有机物和氮、磷、钾等养分对提高土壤肥力、改良土壤性质和增加作物产量发挥着重要作用，因此对于畜禽养殖业的污染防治主要采用两种技术：一是以源头控制为主的污染预防技术；二是以资源化利用为主的末端治理技术。

5.2.1.1 源头控制污染防治模式及典型案例

源头控制一方面是改良畜禽养殖饲料成分配比，减少其中重金属等有害物质的添加量

或寻找替代品；另一方面是采取清洁的粪污处理工艺，从源头减少畜禽养殖污水的产生量。

（1）控制饲料源头

畜禽粪便中的重金属等污染物主要来自饲料。动物摄入饲料时并不能完全吸收饲料中的各种营养成分，吸收不了的将随粪便排出。因此应采用科学的饲料配方，不仅可以满足畜禽的生产效率和产量，还可以最大限度地降低畜禽粪便中氮的排放，减少对环境的污染。以饲料中的铜为例，在各国的饲养标准中铜含量仅为 3～8 mg/kg，但由于铜对猪有很好的促生长作用，饲料中铜的添加量往往达到 125～250 mg/kg，这些高浓度添加到饲料中的铜以无机形式存在，在猪的消化道内吸收率低（一般成年动物对饲料中铜的吸收率不高于 5%～10%，高剂量时的吸收率更低），因此有必要减少高铜添加剂的使用。可以考虑使用有机微量元素产品，如蛋氨酸锌和赖氨酸铜等，按照相应需要量的一半配制饲料，对猪的促生长作用并不会降低，而铜、锌的排出量可减少 30%左右。

（2）清洁粪污处理工艺

清洁粪污处理工艺是指从源头上减少畜禽养殖场的污水产生量，一是要做到雨污分离，二是尽可能地采用干清粪方式。表 5-5 比较了干清粪、水冲粪和水泡粪三种清粪工艺耗水量及水质指标，可知干清粪耗水量最低，各种污染物浓度远小于其他两种清粪方式，是目前比较理想的清粪方式，可大大降低畜禽养殖污水的产生量和污染物浓度。

表 5-5　干清粪、水冲粪和水泡粪水质指标比较

清粪工艺	水量		水质指标		
	平均每头猪/（L/d）	万头猪场/（m^3/d）	BOD_5/（mg/L）	COD_{Cr}/（mg/L）	SS/（mg/L）
干清粪	10～15	60～90	200～800	800～1 500	100～350
水冲粪	35～40	210～240	5 000～6 000	11 000～13 000	17 000～20 000
水泡粪	20～25	120～150	8 000～10 000	8 000～24 000	28 000～35 000

数据来源：《畜禽养殖业污染物排放标准》（二次征求意见稿）编制说明。

5.2.1.2　末端治理污染防治模式及典型案例

由于畜禽粪尿等废物的资源化特性，其末端治理的含义与工业污染物处理的概念不同，更需要突出综合利用的特点。同时，畜禽养殖污染防治模式还受畜种、区域环境、处理或利用方向的深刻影响。例如，牛粪和猪粪这些有机营养高的粪便适宜制取沼气，鸡粪适宜制造有机肥；有土地消纳能力地区的适宜“种养结合”，土地资源少且有环境容量的地区可考虑加强污水和固体废物处理达标排放等。

各地根据自身情况，创造了多种畜禽养殖废弃物处理和利用模式。2014 年全国 2 802 个标准化养殖场畜禽养殖废物处理方式的统计结果表明，不同类型的养殖场废物处理利用模式组合也多种多样，其中生猪养殖场有 42 种、奶牛场有 39 种、蛋鸡场有 25 种、肉鸡场有 30 种。通过对这些模式进行归类合并，可归纳为种养结合、清洁循环、达标排放、集中处理和综合利用五大类，其中种养结合和清洁循环两类处理模式占比较大。图 5-12 反映了 4 种畜禽养殖废弃物处理模式的占比，生猪、奶牛、蛋鸡、肉鸡粪污处理利用模式中种养结合和清洁循环两种模式占比分别为 40%、36%，38%、29%，41%、27%，40%、26%。

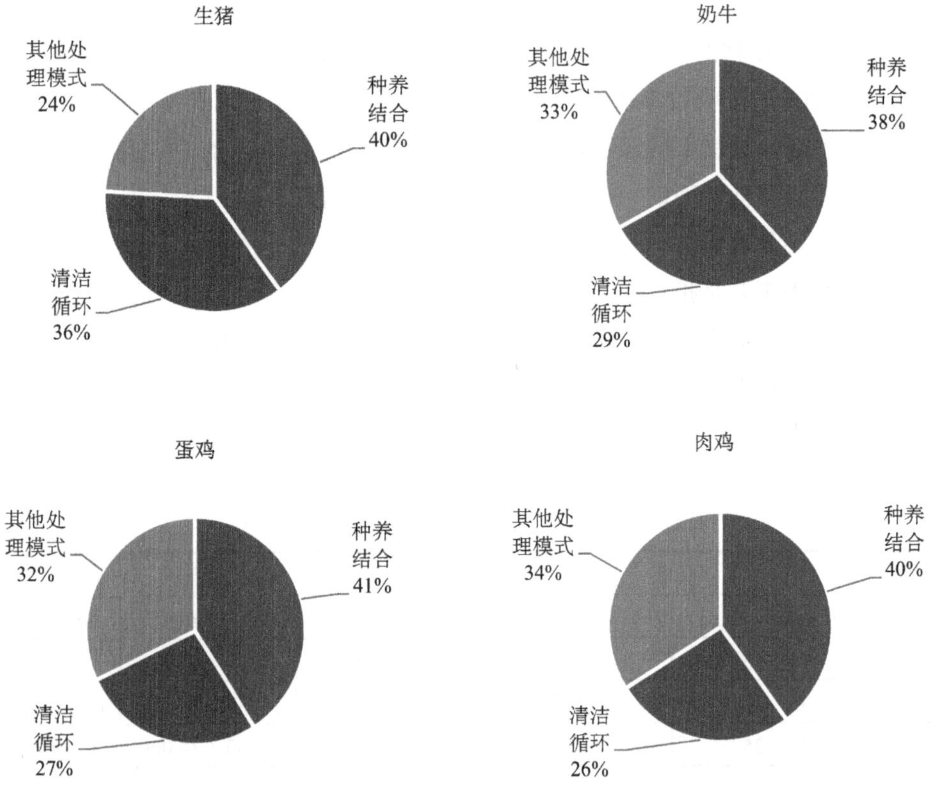

图 5-12　生猪、奶牛、蛋鸡和肉鸡养殖废弃物处理模式占比情况

随着技术的发展，畜禽粪污综合利用模式不断细化和改进。根据不同的处理和利用途径，可将畜禽粪污综合利用典型模式总结为 7 种。

（1）粪污全量收集还田利用模式

该模式是对养殖场产生的粪便、尿和污水集中收集，使其全部进入氧化塘贮存。氧化塘分为敞开式和覆膜式两类，粪污通过氧化塘贮存进行无害化处理，在施肥季节进行农田利用。

1）工艺流程图

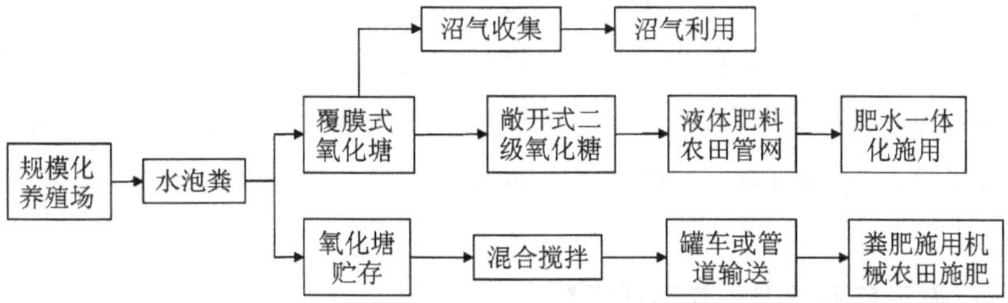

2）模式特点

这种模式是目前大力推广的粪污综合利用方式。

主要优点：粪污收集、处理、贮存设施建设成本和处理利用费用低，粪便和污水全量收集，养分利用率高。

主要不足：粪污贮存周期一般要达到半年以上，需要足够的土地建设氧化塘贮存设施；施肥期较集中，需配套专业化的搅拌设备、施肥机械、农田施用管网等；粪污长距离运输费用高，只能在一定范围内施用。

适用范围：适用于猪场水泡粪工艺或奶牛场的自动刮粪回冲工艺，粪污的总固体含量小于 15%，需要与粪污养分量相配套的农田。

3）典型案例

【案例一：大型规模养殖场粪污还田】

河南某公司研发了机械刮板清粪模式，实施源头节水和饲料管控，采取粪便高温堆肥、尿液厌氧处理，主推粪尿全部作为肥料农田利用。

在源头控制方面，加强节水：采用全漏缝地板，在养殖过程不使用清水冲洗；改进饮水器，采用水位限制器防止猪只玩水及嘴角漏水；采用电脑控制喷雾降温减少用水；采用高压水枪冲洗圈舍地面；采取节水奖励制度，强化节水管理。严格控制饲料中铜、锌等微量物质含量，并利用微生态发酵技术，尽可能提高饲料中各类物质的吸收利用率，降低粪便尿液中铜、锌等的排出量。

在无害化处理方面，固体粪便及沼渣通过高温好氧堆肥发酵，杀灭病原微生物，制成有机肥，产品销往外地。尿液厌氧处理，产生的沼液暂存于沼液贮存池，在施肥季节进行农田利用。

在资源化利用方面，根据施肥周期及气候条件，设计能够预存 9 个月以上的沼液贮存池。贮存池先铺设防渗膜，后浇筑钢筋混凝土防渗层，确保防渗漏、防溢流，不对地下水造成污染。免费为周边农民铺设沼液施肥管网，采用加压输送方式将液肥输送到农田，方便农民施用。根据农田氮、磷、钾测定情况，实施测土施肥。定期对土壤进行监测，在施肥前期公司对沼液各项指标进行化验检测，根据不同作物确定施肥量。

【案例二：适度规模养殖粪便模块化处理还田】

河南某集团建立了百亩单元千头猪生产线生态循环养殖模式，根据农作物土地消纳畜禽粪便的能力，依托生态循环农业示范基地进行生猪育肥，粪污通过管道注入处理池，加入光合菌除臭发酵，然后用于农田灌溉。千头猪生产线地处大田中间，粪污就地利用，既解决了养殖业的粪污污染问题，又改善了土壤团粒结构，增强了土地肥力，提高了农产品品质。

【案例三：第三方服务组织粪污还田】

黑龙江某公司的中小型养殖场建有公共粪肥存储池 100 个，拥有粪肥播撒机及配套机械设备 50 套，收集双城地区的奶牛场、猪场粪污 2 万 t（干物质含量低于 12%），收集的粪污存储在密闭存贮设施中，春播前及秋收后，使用高效还田设备，按测土测粪配方进行均质、精准还田。

【案例四：中小散户粪污还田】

广西玉林市的福绵区针对中小散养殖场户普遍存在的粪污和沼液直排问题，提出实施以“截污建池、收运还田”为主的治理方式，依靠市场机制促进粪污资源化利用，让养殖场户“管得住粪污”、种植户“用得动粪肥”。福绵区樟木镇有生猪存栏约 2.3 万头，2018 年组织养殖场户自行完成“截污建池”，新建沼液贮存池 863 个，池容约 2.6 万 m^3。组织和扶持村民成立“绿农保”粪肥收运还田服务合作社，由政府配备 5 辆沼液粪肥收运车，对养殖场户积存的沼液粪肥按 15 元/t 左右的价格实施有偿清运，再以 30～40 元/t 的价格有偿送至果、菜、林等用肥大户并实施机械化喷施，实现沼液粪肥“收运还田”。由于减少了畜禽散养户污染物直排，自 2018 年 4 月以来，南流江干支流水质持续改善。监测数据显示，8 月初，南流江干流横塘断面氨氮、总磷浓度比 5 月初下降 98%和 43%；2018 年 6 月、7 月、8 月初氨氮浓度分别是 2017 年同期的约 1/2、1/5 和 1/15，水质已从劣Ⅴ类提升到Ⅳ类，水质明显改善。

【案例五：荷兰养分管理模式】

荷兰处理畜禽粪便的核心是养分管理，在过程环节上注意污染控制，重点目标是还田利用，将农田中氮和磷向环境的排放降至可接受水平。受严格的粪污施肥量限制，养殖场产生的多余粪便必须外运处置，需要支付 5～20 欧元/t 的费用将粪便送往耕地农场，支付使用粪肥的种植户 3～10 欧元/t 的处理费。据统计，2011 年荷兰境内养殖场在有限距离内运输以及在自己农场内直接利用的粪便占 74%、运送到其他农场的占 23%、出口的占 3%。

为更好地实现粪肥还田，荷兰根据粪肥还田距离使用不同的撒粪车，粪便可以直接注入地下 5～15 cm 深度，缝隙间距 15～20 cm，粪便中的养分被直接吸收，肥料流失概率小。

贮肥式撒粪车（有粪罐）

贮肥式撒粪车（无粪罐）

【案例六：丹麦畜禽粪污资源化利用模式】

丹麦大多数养殖场为家庭农场，配备了粪便处理设施，包括沉淀池、曝气池、抽送和搅拌设施、液体肥施肥车和固体肥抛肥车等，同时也会有相应的农田，畜禽粪便可替代化肥施用于农田。例如某养牛公司，有 300 头泌乳奶牛和 900 hm^2 农田，采用畜禽粪污全量资源化利用模式，能够替代 40%的化肥用量。该模式流程为：泌乳奶牛产生的粪污首先进行固液分离，固体部分返回牛舍作为牛床垫料，液体部分贮存后还田利用。粪污贮存过程中的污染控制也很重要：丹麦仅允许每年 2—5 月进行粪浆还田，因此养殖农场需要修建能贮存 9 个月以上粪浆的池子；粪浆贮存期间，需在池子上覆盖 15～20 cm 的秸秆，防止臭气及挥发性气体排放，该措施能减少 80%的臭气扩散。

【案例七：意大利中小型养殖场粪便直接还田模式】

意大利政府规定未经处理的粪便不能直接施用于农田，粪尿、饲养用水需在储粪池中贮存至少 2 个月，通过厌氧发酵无害化处理后还田。意大利的养殖场大多拥有一定规模的土地，大部分猪场和部分奶牛场粪便采用上述方法堆存处理后还田。粪肥还田包括地表施肥和深层施肥两种模式。据测算，地表施肥模式粪便中氮素利用效率约为 50%，其中氨态氮挥发损失达 30%～50%；深层施肥模式粪便中氮素利用效率可达 80%，其中氨态氮挥发损失仅为 2%～3%。深层施肥是减少空气环境污染的有效方法，对比试验表明，深层施肥完全可以用粪便替代化肥保证作物生长。

（2）粪污专业化能源利用模式

该模式以专业生产可再生能源为主要目的，依托专门的畜禽粪污处理企业，收集周边养殖场粪便和污水，投资建设大型沼气工程，进行高浓度厌氧发酵，沼气发电上网或提纯生物天然气，沼渣生产有机肥供农田利用，沼液供农田利用或深度处理后达标排放。

1）工艺流程图

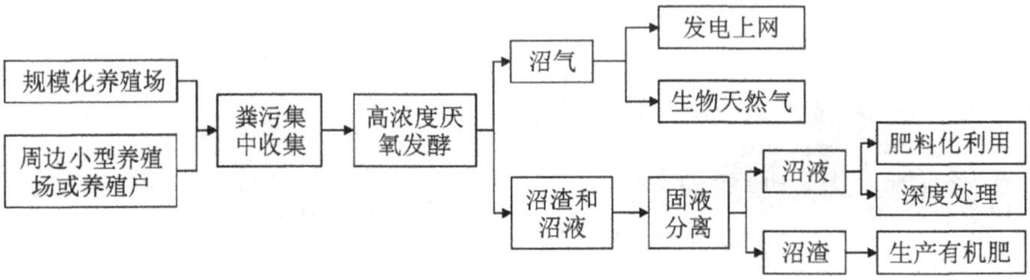

2）模式特点

主要优点：对养殖场的粪便和污水进行集中统一处理，减少小规模养殖场粪污处理设施的投资，专业化运行，能源化利用效率高。

主要不足：一次性投资高，能源产品利用难度大，沼液产生量大且集中，处理成本较高，需配套后续处理利用工艺。

适用范围：适用于大型规模养殖场或养殖密集区，具备沼气发电上网或生物天然气进入管网条件，需要地方政府配套政策予以保障。

3）典型案例

【案例一：依托大型规模养殖场粪污专业化能源利用】

河北某公司年出栏 20 万头生猪，与全县 32 家养猪场、合作社签订粪尿收购协议，对粪尿进行统一收集、集中处理，政府部门对粪污收集进行定价。企业建设了 2 万 m^3 沼气工程，日处理 800 m^3 畜禽粪污，每年可产生沼气 660 万 m^3。安装了 2 MW 的沼气发电机组，2016 年发电 1 512 万 kW·h，发电收入达千万元。沼液进行固液分离后，固体部分生产有机肥销售，液体部分就近还田利用、制成水溶肥，未利用的沼液进入城市污水处理厂深度处理后达标排放。

【案例二：依托第三方粪污处理企业专业化能源利用】

浙江省龙游县的生猪养殖场固体粪便大多委托专业公司进行处理，由 16 辆全封闭式吸粪车定期到养殖场收集固体粪便，年收集量 18 万 t，占全县的 72%。该粪污处理公司建设了厌氧发酵沼气工程，形成 2 MW 发电机组并网发电，年发电量达 1 200 万 kW·h，发电收入十分可观。沼渣生产有机肥 1.6 万 t，主要通过政府集中采购发放给农户使用；沼液进行浓缩处理，10 倍浓缩生产液体浓缩肥，剩余 90%的沼液深度处理达标排放。

【案例三：政府建设集中沼气处理设施解决养殖散户粪污问题】

上海市崇明区以行政村为单元，在空旷地建设一个较大规模的沼气工程点，每日回收该村所有养殖户和相邻村庄散养户的猪粪、猪尿进行集中处理，再将产出的沼气集中供应给该村住户，实现原料集中收集、粪污集中处理、产品集中供应“三集中”。以一个常年存栏生猪 3 000 头的片区沼气站为例，片区点日可处理猪粪 6 t、尿污水 20 t，日可产沼气 480 m^3。该模式的运行机制为：政府部门负责项目的实施及协调推进、资金的监督管理、承建及托管单位的监管等工作；养殖户负责其所有棚舍、雨污分离、干湿分离以及配套干粪堆棚与集尿池、用于养殖户进行粪污运输的道路等设施的改造、建设工作，每日将猪舍产生的粪便清运至干粪堆棚内，将尿污水收集进入集尿池内；承建及托管单位负责项目的建设以及托管运行工作，以“自主经营、自负盈亏；各负其责、相互配合；产品计量、有偿使用；市场调节、兼顾公益；权益转让、适度返补；服务提升、安全管理”48 字方针的市场化托管运营机制，对所托管的项目进行日常运行维护管理，确保工程的长效运行和用气户的正常用气；用气户自愿安装、有偿使用沼气，按时缴纳气费，自觉爱护供气管网及沼气用具，安全使用沼气，享受托管单位的服务；沼渣沼液用户自愿接受、有偿使用沼渣沼液，及时缴纳沼渣沼液费用，科学使用沼渣沼液，享受托管单位的技术指导与服务。

【案例四：意大利养殖场沼气发电模式】

大型养殖场：马卡农场是意大利大型规模奶牛场，奶牛存栏 3 450 头，距离罗马市中心仅 20 km。农场占地 3 425 hm^2，有 2 460 hm^2 的土地用于配套生产，种植粮饲兼用玉米、青储玉米、小麦和青储小麦，其余土地种植蔬菜供应罗马市场。意大利政府鼓励奶牛场采用沼气发电工艺处理奶牛粪便，因此该农场建设了两个沼气池进行发电。第一个沼气池采用 70%粪便+30%生物质模式，发电规模 990 kW·h；第二个沼气池采用 30%粪便+70%生物质模式，发电规模 650 kW·h。两个沼气池在正常运转情况下每年卖电总收入超过 400 万欧元，极大地调动了农场利用沼气生产可再生能源的积极性。除沼气外，沼渣和沼液也得到了充分利用。沼液作为肥料直接还田，沼渣经干燥后作为奶牛场卧床和运动场的垫料，一段时间后将垫料运出作为农田作物肥料。此外，牛场挤奶厅和等候厅冲洗水、一般生活污水进行集中，过滤后返回作为冲洗用水重复利用。

中小型养殖场：意大利养殖场多为中小型养殖场，单独的养殖场畜禽粪便产生量不足以支撑稳定的沼气生产，因此会有一些中小型养殖场自发组成合作社，合建一个沼气发电企业，集中合作社中几家养殖场的粪便作为沼气发电企业的原料。仅伦巴第大区就有 250 个此类沼气发电企业，占养殖场的 15%。此类沼气发电企业根据每天粪便量和发电量的需求，添加一定比例的生物质原料，也有 100%粪便生产沼气发电的情况。相比马卡牧场生产工艺，不添加生物质的沼气池发电效率相对较低，但能有效解决粪便处理和利用问题。沼气发电后，沼渣和沼液基本按粪便来源分别运回各自养殖场，利用养殖场自有的农田进行施肥消纳。

（3）固体粪便堆肥利用模式

以蛋鸡、肉鸡和羊规模养殖场的固体粪便为主，经好氧堆肥无害化处理后，就地农田利用或生产有机肥。

1）工艺流程图

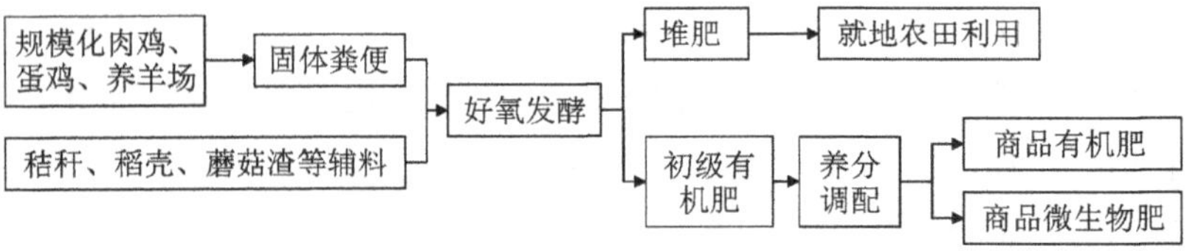

2）模式特点

主要优点：好氧发酵温度高，粪便无害化处理较彻底，发酵周期短；堆肥处理可以提高粪便的附加值。

主要不足：好氧堆肥过程易产生大量的臭气。

适用范围：适用于只有固体粪便、无污水产生的规模化肉鸡、蛋鸡或养羊场等。

3）典型案例

【案例一：肉鸡规模养殖场有机肥生产】

四川某鸡粪集中处理中心采用“公司+农户”饲养肉鸡，存栏种鸡 35 万只，养殖户年出栏肉鸡 3 000 万只，粪便全部收集进行集中处理，生产商品有机肥。公司投资约 1 100 万元，建成年生产能力达到 4 万 t 颗粒有机肥的生产线。收集的鸡粪和蘑菇渣等辅料按照一定比例混合后，堆肥、腐熟生产颗粒有机肥，有机-无机复混肥售价为 3 200～4 000 元/t，普通有机肥售价为 1 300～1 500 元/t。鸡粪原料成本 150～250 元/t，运输成本约 50 元/t。

【案例二：依托专业有机肥生产企业处理肉鸡粪便】

武汉市某养殖场，存栏蛋鸡 100 万只，日产鲜蛋近 60 t。100 万只蛋鸡每年产生鸡粪约 3.6 万 t，采用传输带方式收集鸡粪，由鸡粪运输专用车运至有机肥生产基地，以米糠、秸秆等作为辅料掺合物，配以发酵菌种，经科学调配进入发酵车间进行有氧发酵。一次发酵后的半成品经再经 20～30 d 的二次堆肥发酵，进一步腐熟，并充分失去水分，即可达到有机肥标准，进入筛分、包装、入库、销售环节。年产优质有机肥料 2.5 万 t，年有机肥销售额达 300 万元。

【案例三：依托规模养殖场处理周边散户粪便制造有机肥】

黑龙江某企业，年出栏 200 万只肉鸡，以自身养殖场鸡粪为主要原料，同时收集周边养殖散户畜禽粪便制造有机肥。粪便处理流程是：鸡舍—贮粪池—蒸发沥干—发酵车间—粉碎—造粒—烘干—冷却—装袋。项目年可处理畜禽粪便 5 300 t、秸秆 1 500 t，年生产有机肥 2 300 t，主要为水稻肥，其次可用于瓜果。

（4）异位发酵床模式

该模式是在传统发酵床养殖基础上进行改进而来的，垫料不直接与生猪接触，猪舍免冲洗，粪便和尿液通过漏缝地板进入下层垫料或转移到舍外铺设垫料的发酵槽中，进行粪便尿液的发酵分解和无害化处理，经过一段时间后可直接作为有机肥料进行农田利用。

1）工艺流程图

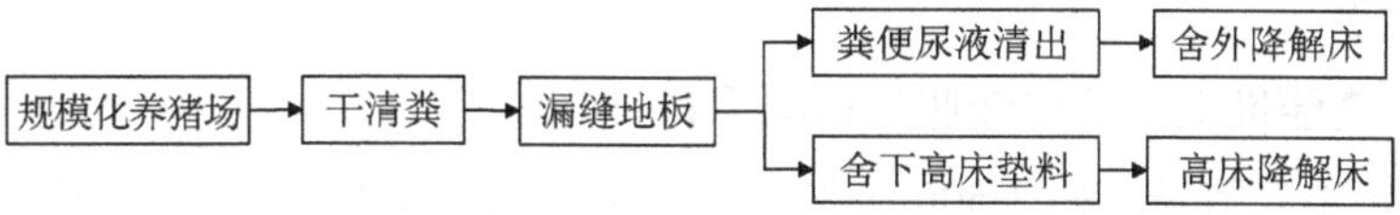

2）模式特点

主要优点：饲养过程不产生污水，处理成本低。

主要不足：大面积推广垫料收购难；粪便和尿液混合含水量高，发酵分解时间长，寒冷地区使用受限；高架发酵床猪舍建设成本较高。

适用范围：主要适用于南方地区周围农田受限的生猪养殖场，其中舍外发酵床适用于年出栏 1 000～2 000 头猪的养殖场，高架发酵床适用于规模较大的养殖场。

3）典型案例

【案例一：中小规模生猪养殖场舍外发酵床】

某家庭农场，生猪常年存栏 500 头，年出栏 1 000 头，猪粪便和尿液清理到舍外的大棚，大棚内建有发酵床，底部铺设木屑、稻壳、蘑菇渣等，采用机械（管道）或人工将粪尿均匀撒入并翻堆，定期加入菌种，实现污水零排放。

【案例二：大规模生猪养殖场高架发酵床】

广东某公司采用两层结构的高架猪舍养猪，其中上层养猪，下层利用微生物好氧发酵原理，以木糠等有机垫料消纳粪尿，生成有机肥料。万头猪场的土建和设备投入约 620 万元，减少污水处理设施投入约 180 万元，与传统养殖模式相比，增加投入约 110 万元，在运行费用方面，年有机肥收入 54 万元，每年需要垫料 35 万元，人工费用、电费等费用 18 万元，收入和支出基本平衡。

（5）粪便垫料回用模式

该模式基于奶牛粪便纤维素含量高、质地松软的特点，将奶牛粪污固液分离后，固体粪便进行好氧发酵无害化处理后回用作为牛床垫料，污水贮存后作为肥料进行农田利用。

1）工艺流程图

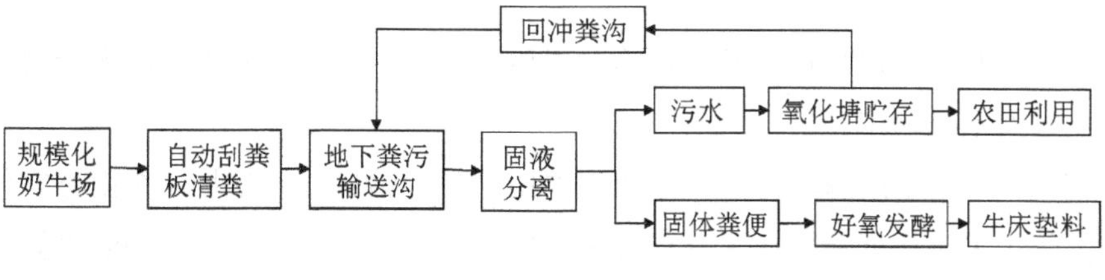

2）模式特点

主要优点：牛粪替代沙子和土作为垫料，减少粪污后续处理难度。

主要不足：作为垫料如无害化处理不彻底，可能存在一定的生物安全风险。

适用范围：适用于规模奶牛场。

3）典型案例

【案例一：粪便堆肥无害化处理垫料回用】

黑龙江某奶牛养殖场存栏 1 500 头奶牛，其中泌乳牛 700 头。粪便固液分离后的固体粪便含水率 70%左右，进行 8～9 周的好氧发酵后，回填卧床，污水贮存在总容积 8 万 m^3 的氧化塘中，用于周边农田施肥用。每天每头牛可节约垫料费用 0.5 元，年可节约 27 万元。

【案例二：沼渣回用做牛舍垫料】

陕西某公司，存栏 1.9 万头奶牛，牛场采用散栏式圈舍，建有 2 万 m^3 大型沼气工程、5 000 m^2 沼渣晾晒棚等粪污处理与利用设施。粪污采用机械刮粪板刮入牛舍两端或中间的粪沟，粪污经过厌氧发酵制取沼气。厌氧发酵后的物料泵入固液分离机，分离后的沼渣含水率 70%左右，在钢构太阳板晾晒棚晾晒，经晾晒后含水率降到 40%以下，沼渣全部晾晒用作牛卧栏垫料，节约垫料成本 360 万元。

（6）污水肥料化利用模式

该模式指养殖场产生的污水厌氧发酵或氧化塘处理贮存后，在农田需肥和灌溉期间，将无害化处理的污水与灌溉用水按照一定的比例混合，进行水肥一体化施用，固体粪便进行堆肥发酵就近肥料化利用或委托他人进行集中处理。

1）工艺流程图

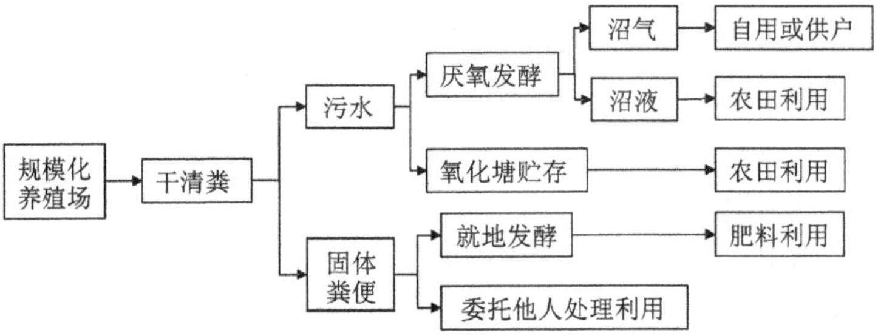

2）模式特点

主要优点：污水进行厌氧发酵或氧化塘无害化处理后，为农田提供有机肥水资源，解决污水处理压力。

主要不足：要有一定容积的贮存设施，周边需配套一定农田面积；需配套建设粪水输送管网或购置粪水运输车辆。

适用范围：适用于周围配套有一定面积农田的规模猪场或奶牛场，在南方宜使用厌氧发酵生产沼气等无害化处理，在北方宜直接使用氧化塘贮存，在农田作物灌溉施肥期间进行水肥一体化施用。

3）典型案例

浙江省龙游县某村内 6 家规模养猪场，有近 1.5 万头生猪，污水经厌氧发酵无害化处理，沼液与村里 3 800 亩种植基地相配套，通过集中布网还田利用，共建有沼液池 1.8 万 m^3，铺设灌溉管网近 18 km，年消纳沼液约 6 万 t，减少化肥使用约 300 t，按每亩节约化肥 150 元计算，每年可节约成本 50 万元以上。

该地某养殖公司常年生猪存栏量约 8 000 头，年产固体粪便约 5 100 t、尿液及冲洗污水约 4.38 万 t，粪污收集处理后，通过建设沼液输送管网、田间池贮存等方式，供周边 3 000 亩猕猴桃基地、1 000 余亩茶地利用。

（7）污水达标排放模式

该模式指养殖场产生的污水通过厌氧发酵+好氧处理等组合工艺进行深度处理，污水达到《畜禽养殖业污染物排放标准》或地方标准后直接排放，固体粪便进行堆肥发酵就近肥料化利用或委托他人进行集中处理。

1）工艺流程图

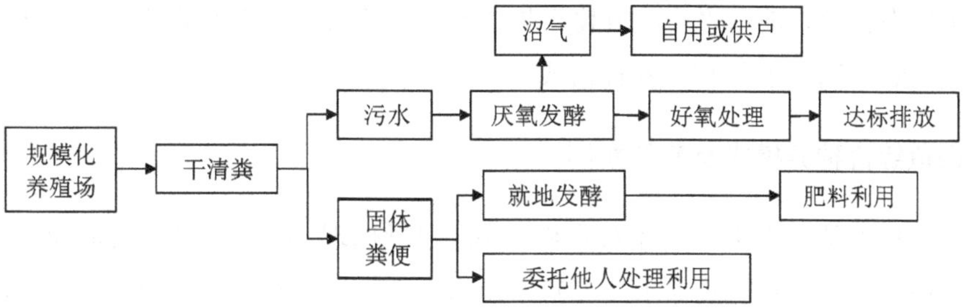

2）模式特点

主要优点：污水深度处理后实现达标排放；不需要建设大型污水贮存池，可减少粪污贮存设施的用地。

主要不足：污水处理成本高，大多数养殖场难以承受。

适用范围：适用于养殖场周围没有配套农田的规模化猪场或奶牛场。

3）典型案例

【案例一：规模猪场污水深度处理达标排放】

浙江某公司存栏母猪 2 000 头，污水处理采用高效固液分离系统、高效 UASB 厌氧发酵系统、四级生化联合处理技术等工艺，污水处理中心总投资 800 万元，日处理污水 240 t，合计吨污水处理费用约为 6.2 元，处理后水达标排放，部分出水循环用于苗木灌溉、水生蔬菜种植和水产养殖等。

【案例二：规模奶牛场污水处理达标排放】

山东某养殖场为满足山东省排放标准 COD 50 mg/L 的要求，奶牛废水处理采用固液分离+厌氧消化+好氧曝气+生物除氮+深度处理工艺流程，污水处理达标后外排。整套处理设备总投资近 7 000 万元，吨水处理成本 20～30 元。

【案例三：日本生猪养殖污水处理达标排放】

日本法律对养殖废水处理要求较高，要求生猪养殖必须采取防臭措施。在日本，生猪液态粪便大多经处理后排放，比例为70%～80%，用于发电和液肥的比例较小。由于粪便污水中 BOD 浓度高、氮浓度高，大多采用活性污泥法处理。在脱氮处理方面，通常采用循环式硝化脱氮法（利用流入污水的有机物）、间歇曝气法（序批式活性污泥法）、硫黄脱氮法、厌氧氨氧化菌法等技术。

5.2.2 水产养殖污染防治模式及典型案例

为避免水产养殖造成污染，国内外都开展了多种尝试与探索：一方面探索出多种综合利用的清洁养殖模式，从源头减少水产养殖污染；另一方面通过实施养殖尾水全域综合治理，解决尾水排放造成的污染问题。其中，清洁养殖模式主要包括稻鱼综合种养、池塘内循环微流水生态养殖、池塘“一改五化”集成养殖、鱼菜共生生态养殖、工厂化循环水养殖和受控式集装箱循环水养殖等 6 种模式。

5.2.2.1 稻鱼综合种养模式及典型案例

稻鱼综合种养是基于生态循环农业和生态经济学原理，将水稻种植与渔业生产相结合的一种综合技术。该模式能确保水产养殖不换水、作物种植不施肥或少施肥，实现资源可循环利用，是绿色、生态、互利的现代生态循环农业发展新模式，具有“不与人争粮，不与粮争地”的优点。养殖对象以经济甲壳类为主，如小龙虾、河蟹等；以鱼类为辅，如泥鳅、黄鳝等。主要包括稻鱼共生、稻鳖共生、稻虾连作、蟹池种稻等模式，在湖北、浙江、湖南等地得到了推广与示范。

（1）模式特点

稻鱼综合种养模式利用稻田的浅水环境，辅以人为的技术措施，既种植水稻又养殖水产品，构成动植物共生系统，使稻田内的水资源、水生动物资源以及其他物质和能源更加充分地被养殖的水生生物利用，能够有效改善稻田的生态环境，提高太阳能利用率，促进系统内的物质循环和重复利用。稻田从单一的种植结构，转变为复合结构，具有较高的综合效益，具有稳粮、促渔、增效、提质、生态等多方面功能。

同时，稻鱼综合种养能高效吸收底泥和水体中的氮、磷、钾等有机肥，具有超强的淤泥和水体净化能力，特别适合淤泥深、水质肥的池塘或者深水稻田栽培，在减少水产养殖污染的同时，又提高了农业生产效益。

（2）适用范围

适用于水稻种植区域，稻虾养殖宜选择水源充足、排灌方便、保水性强的田块。

（3）典型案例

【案例一：湖北省监利县稻田养虾】

湖北省是小龙虾的盛产地，其中洪湖监利等地是小龙虾养殖较为集中的地区，以稻田养虾模式为主。该模式主要利用池塘低洼的单季稻田，7 月插秧、11 月初收割，收割后稻草还田，然后灌水放养种虾繁育虾苗。第二年开春后，施有机肥或补充少量菜饼饲料，4 月中旬至水稻插秧前开始捕捞。

稻田养虾的关键是对稻田进行改造，沿着田埂周围挖深沟，将内侧和池塘一样，做成坡型，并根据实地情况做好进出水口，上、下进排水口要设立防逃网。养殖过程中饲料以生物肥为主，辅以黄豆、小麦；小龙虾生命力强对水质要求不高，故用药较少。在“稻-虾”系统中，广阔的稻田为虾提供活动空间；稻谷收获后冬季田间淹水，稻秆可作为虾苗的栖息场所，为虾苗孵化提供保温功能；腐烂后的稻秆能促进水体浮游生物生长，既为虾提供食物，又缓解了秸秆还田矛盾，有利于秸秆的回收利用，还能够杀灭残存害虫，减少次年虫源，降低虫害发生率。同时，虾的排泄物为稻谷生长提供有机肥料，减少了化肥、农药的施用，从而降低了虾养殖对环境的污染程度。

图 5-13　湖北省稻田养虾模式

【案例二：湖北省洪湖市“回”形池种青养鱼】

洪湖市作为淡水鱼产业技术示范县，以草鱼为主的大宗淡水鱼类养殖面积约占全市水产养殖面积的 56%，“回”形池种青养鱼模式在当地得到广泛应用。“回”形池种青养鱼模式遵循草鱼的生态习性和养殖池塘生态位的特点，建造“回”形养殖池塘，规格一般为 40～60 亩，沟渠宽度为 15～20 m，水深 3.5 m，中部浅滩水深 2 m，底泥厚度 0.2～0.3 m；每个池塘需配备增氧设备两套以上（一般为叶轮式增氧机或喷灌式洒水增氧设备）。每年 10 月底干塘起捕，清塘消毒处理后于春节前后在“回”形池四周深水区按一定比例放养草鱼、花鲢、白鲢、青鱼、鲫鱼等苗种。第二年 3 月在“回”形池中间平滩和池埂种植黑麦草或小米草，待 4 月底、5 月初青草长成，鱼池加水至淹没青草以便草鱼自由上滩吃草，6 月在池埂种植苏丹草，通过反复割长，可基本满足每年 3—10 月草鱼青饲料需求。

该模式减少了人工配合饲料的投喂，从而减少因饲料使用而造成的氮、磷等营养元素在水中和底泥中的积累；草鱼摄食青饲料后排出的粪便通过生物菌肥分解肥水，又成了混养花白鲢的天然饵料，减少了排泄物对水环境的污染。黑麦草、小米草和苏丹草种植过程中只需施少量有机磷肥，无须喷施农药或只喷施高效低毒药物防治病害蚜虫，减少了草鱼疾病的发生，也减少了渔药的使用次数和使用量。

图 5-14 湖北省洪湖市“回”形池种青养鱼

5.2.2.2 池塘内循环微流水生态养殖模式及典型案例

池塘内循环微流水生态养殖模式又称“跑道养鱼”，是将原有池塘养殖的鱼、虾、蟹等集中在流水槽里进行养殖，用增氧机翻动水体进入流水槽，经过高密度水生动物养殖区后，将残余的饲料、粪便等收集起来，再移除池塘系统。流出的水中含有水生动物的排泄物、部分溶于水中的饲料、残存渔药等物质，经过水生植物等吸收后回到养殖池塘循环使用。

（1）模式特点

池塘内循环微流水生态养殖系统实际就是一个封闭式、良性循环的生态系统，流水槽内的水经过集污处理和水生植物的净化后回到流水槽里，最终目的是达到零废水排放。一个完整的池塘内循环微流水生态养殖系统主要包括增氧推水设备、流水养鱼池、集污系统、污水处理系统、水质监测系统、导流墙、底层增氧设备及拦鱼栅、备用发电机、起捕设备等辅助设备。其中，增氧推水设备是系统的心脏，为整个系统提供水流动力，同时起到增氧作用。在微孔气提式推水增氧设备中，曝气管和鼓风机是最核心的配件，鼓风机可以克服曝气管的通气阻力把空气源源不断地输入养殖池中。流水养鱼池（养殖区）是系统的主体，是鱼类生活的区域。养殖槽前端至前端防逃网的区域即为增氧推水区，前端防逃网至后端防逃网的区域为养殖区，后端防逃网至尾端拦鱼网的区域为集污区。集污系统是系统的排泄器官。集污系统和污水处理系统能否成功高效地将养殖的残饵粪便移除养殖区是养殖能否成功的关键。在流水养鱼池的末端延伸作为废弃物收集池，收集池的下游建有矮墙，供收集鱼类废弃物之用。收集的废弃物通过水泵吸出，可作为生物肥料。导流墙引导水流经过池塘生态净水区，使整个池塘水体循环流动而不形成死角，保证了水体的循环使用。导流墙可以根据原有池塘实际情况，因地制宜，利用原有的池埂或清淤所产生的弃土堆筑；也可以用“鱼菜共生”浮床加 0.5 cm 鱼苗网片制成。底增氧设备是铺设在流水养鱼池池底或外部池塘生态净水区的增氧设备，在鱼生病、捕捞及水体整体缺氧时起到临时增氧的作用。拦鱼栅将各个功能区隔开，保证养殖吃食性鱼类只在养鱼池中活动，既可防止鱼类逃跑，又不影响水体的流动。发电机是池塘内循环微流水生态养殖系统中必不可少的应急设备。传统养鱼模式中的水是相对静止的，而池塘内循环微流水生态养殖模式利用增氧推水设备使塘水 24 小时循环流动，后面的吸污装置则一直收集鱼粪残饵，流动水带来氧气、食物，也将粪便、残渣带走。

（2）适用范围

适用于池塘养殖方式，尤其是土地资源较少、人力资源不足的地区。

（3）典型案例

【案例：重庆市池塘内循环微流水生态养殖】

截至 2018 年年底，重庆市建成池塘内循环微流水养殖系统 253 槽，共计约 0.7×10^5 m^3。与传统池塘养殖模式相比，使用池塘内循环微流水生态养殖模式的水产动物生长速度快、成活率高、饲料系数低、发病率低、生产管理便利。

池塘内循环微流水生态养殖技术利用现有的池塘进行改造，不占用额外的土地资源，在不改变原有池塘养殖面积的前提下，将主养吃食性品种集中在新型设施（占池塘总面积 5%以下）中进行“圈养”。设施中配有固体废物自动收集装置，可回收利用养殖过程中产生的残饵、粪便等固体废物，并通过养殖槽前端的增氧推水设备产生循环水流，模拟流水生境，改善水体环境条件。设施外的池塘水面通过浮床植物、水生植物、底栖生物、固定化微生物膜等多种生物组合，实现养殖水体的原位修复，并为养殖设施提供循环水源，以达到高效、生态、低碳、循环的效果（图 5-15）。

图 5-15 池塘内循环微流水生态养殖

资料来源：重庆市农业农村信息网。

5.2.2.3 池塘“一改五化”集成养殖模式及典型案例

池塘“一改五化”集成养殖技术是一种水产集约化养殖增产技术，“一改”指改造池塘基础设施，将小塘改成大塘、浅塘改成深塘、不规则池塘改成规则池塘，并整修、改进排水系统、排污管道等；“五化”指水质环境洁净化、养殖品种良种化、饲料投喂精细化、病害防治科学化、生产管理信息化。该技术结合了先进的养殖新技术、新理念，注重池塘水质调节和节能减排技术的应用，在有效增加山区池塘经济效益的同时，创造了生态价值。

（1）模式特点

该模式采用微孔增氧，与传统增氧机相比，可平均节省电费约 30%，池塘养殖的鱼、虾、蟹类等的发病率平均降低约 15%，综合效益可提高 20%～60%；采用水上蔬菜种植技术，与传统技术相比，能够减少换水次数，有效控制水中有害物质，降低疾病发生率；同时池塘底部的排污系统可有效降低池塘底质中的底泥厚度、底层耗氧量和底层有害病原的富集，对改良水质、预防病虫害有良好效果。

（2）适用范围

池塘“一改五化”集成养殖技术主要针对山地丘陵多、平原面积小、水源不足、提灌不方便、养殖成本高、污染程度广的地区，适用于池塘养殖方式，尤其老旧池塘的改造。

（3）典型案例

【案例：重庆市池塘“一改五化”集成养殖】

2009年重庆市结合渔业“保供给，保增收”中心任务，提出并实施、推广池塘“一改五化”集成养殖技术。

“一改”。即小塘改大塘：将用于成鱼养殖的不规范的小塘并成大塘，池塘以长方形东西向为佳、面积10～20亩为宜；浅塘改深塘：通过塘坎加高、清除淤泥实现池塘由浅变深，使成鱼塘水深保持2.0～2.5 m，鱼种池水深1.5 m左右，鱼苗池水深0.8～1.2 m；整修进排水系统：整修进排水、排洪沟渠等配套设施，要求每口池塘能独立进排水，并安装防逃设备；建设排污设施：在池塘低洼处建设安装底排污收集管，在池塘中铺PVC管，并在池塘外低洼处建设底质分级处理池。

“五化”。水质环境洁净化：通过鱼菜共生、微生物制剂、合理使用增氧机、环境保护剂等方式来调控池塘水质，不用换水改良水质就能实现净水；养殖品种良种化：选择具有市场、苗种可得、养殖可行的优质鱼类品种饲养；饲料投喂精细化：不同养殖品种要仔细选择特定营养组成的优质饲料；病害防治科学化：在养殖中、后期，根据养殖池塘水质情况，使用水质改良剂，合理放养和搭配养殖品种，保持养殖水体的生态平衡，有效预防传染性疾病的暴发；生产管理信息化：运用水质在线检测系统、水产品质量安全溯源系统、质量安全追溯查询系统、生产技术服务平台系统、渔业信息系统平台等，来保证高效生产。

图5-16　池塘“一改五化”集成养殖技术

资料来源：百度图片。

5.2.2.4 鱼菜共生生态养殖模式及典型案例

鱼菜共生是一种生态平衡的复合种植方式，将水产养殖和无土栽培技术相融合，采用水中养殖鱼、水面种植蔬菜立体生产，以动物排泄物替代人工配制的营养液，同时水培蔬菜吸收水中营养物质净化池塘养殖水体，形成良性循环。

（1）模式特点

鱼菜共生技术是一种涉及鱼类与植物的营养生理、环境、理化等学科的生态型可持续发展农业新技术，利用鱼类与蔬菜的共生互补，在池塘水面进行蔬菜无土栽培。该技术是一种可持续设施渔业新技术，蔬菜种植无须再施肥，可有效减少养殖换水。

（2）适用范围

适用于有机蔬菜生产与渔业养殖结合区域，既适用于规模化的农业生产，也可用于小规模的家庭农场或景观观赏。

（3）典型案例

【案例：瑞士都市农夫集装箱（Urban Farmers Box）】

都市农夫集装箱是由瑞士应用科学大学名下的都市农夫公司开发研究的概念产品，是针对鱼菜共生系统在家庭和社区应用而产生的项目。

整个装置分为两层，一层放置养鱼池的敞顶集装箱盒子，二层为垂直种植温室，总高约 5 m，重约 3.5 t，是一个小规模、可拆卸、方便移动的社区家庭型鱼菜共生装置。该装置在相对完整的室内空间构建了一个密封水循环系统，能有效避免城市环境和农业产出的相互干扰。养殖箱用水经过细菌过滤器处理后形成植物用肥水，利用水泵将肥水作为养分供应至二层无土栽培室，供植物生长吸收利用，净化后的水在水质监控装置的监测下输送回养殖箱，既有效减少了养殖用水对环境的污染危害，又创造了更多的经济价值。

5.2.2.5 工厂化循环水养殖模式及典型案例

工厂化循环水养殖在国际上被称为 RAS（Recirculating Aquaculture System），它不同于普通的工厂化养殖，主要是利用水体循环，运用自动化信息等先进技术和工业化手段，控制养殖生物的生活环境，并对其进行科学、有效的管理，是一种新型养殖方式。工厂化循环水养殖模式因其具有生态环保、节能减排、高度可控等功能，受到诸多国家的青睐，是摆脱传统粗放经营性、资源依赖性、促进水产养殖可持续发展的重要模式。

（1）模式特点

工厂化循环水养殖集生物技术、工程技术、电子技术于一体，具有集约化、高产量、高效益、低污染等特点，既有利于节水，又有利于防止外源性污染。

在操作方面，工厂化循环水系统必须做好充气、清除颗粒物质、生物过滤、缓冲 pH

等方面的设计，并加强生产投入品管理、水环境管理和疫病检测，如此才能保证高效养殖。

（2）适用范围

基本上不受自然条件的限制，可以根据需要在任何地点建立工厂化循环水养殖生产系统。一般来说，此技术更适宜在水资源匮乏、气候条件恶劣的地区进行推广，因为在这种条件下传统养殖模式无法进行正式运作。

（3）典型案例

【案例一：山东东营淡水石斑鱼工厂化循环水养殖】

淡水石斑鱼养殖平均体重可达 2 kg，最大的可达 3 kg 以上，养殖密度可达 80 kg/m^3 以上，是经济价值较高的鱼类之一。山东东营建有淡水石斑鱼工厂化循环水养殖系统示范基地，该基地占地面积 1 500 m^2，养殖水体 840 m^3。主要工作流程为：循环水养殖系统将养殖水输入全自动微滤机中，通过设备净化过滤处理及浮床生物过滤器生物反应处理后进行增氧，之后再经紫外线杀菌和温度调节，最后将水重新流回养殖场。

工厂化循环水养殖淡水石斑鱼系统具有能耗低、占地面积小、受自然环境影响小、方便管理等优点。系统使用一个循环水泵一次提水，充分利用水位差所产生的势能完成整个系统的工作循环；系统工艺合理、操作简单、维护方便、故障率低、投资少；不受到气候、水质变化等自然环境的影响和制约；方便养殖及管理，能有效隔离病害和控制病源的侵入、降低细菌和发病率。

【案例二：日本银汉鱼封闭式工厂化循环水养殖】

日本自 20 世纪 60 年代起发展工厂化循环水养殖，目前工厂化循环水养殖的各类鱼、虾、贝类等鲜活水产品年产达 20 万 t 以上。日本最早将微生物固定化技术用于养殖生产系统，该系统结构合理、集约化程度较高、能耗低、成本低，大大提高了日本水产养殖的综合效益。

日本以往的封闭式循环水养殖更偏重于经济效益，对水产养殖产量的增加具有更大的作用。而银汉鱼封闭循环水养殖系统与之不同，其属于海水封闭式工厂化循环水养殖，泡沫分离效果好，对减少环境污染具有重要意义。银汉鱼属河口鱼类，银汉鱼封闭循环水系统属半咸水系统，主要是通过机械式微滤机和泡沫分离器去除水体中的有机悬浮物。微滤机可以去除粒径大于 45 μm 的颗粒有机物，再通过泡沫分离更好地去除有机悬浮物；并采用转盘式生物接触反应器和硫化砂床等生物过滤方式去除氨氮等物质，在转盘式生物滤器环节分别设硫化砂床支路和反硝化支路，可高效去除氨氮、净化水质。反硝化单元采用毛刷状填料，流量控制在 2.1 m^3/h（图 5-17）。

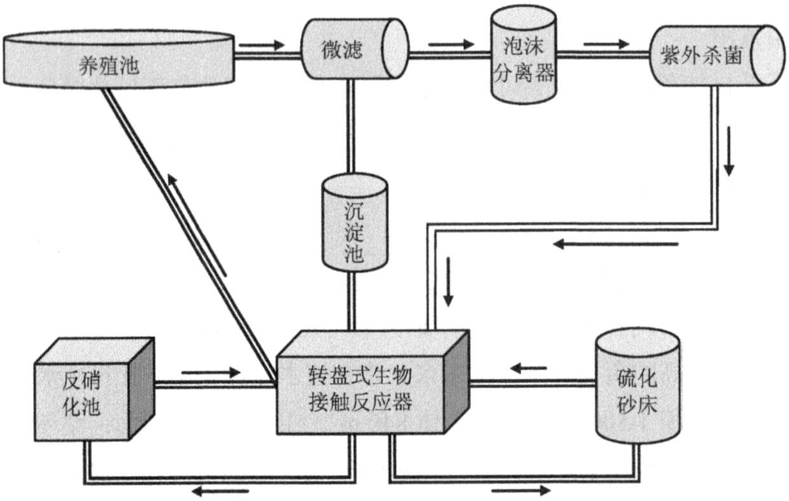

图 5-17 日本银汉鱼封闭式工厂化循环水养殖系统

资料来源：《循环水养殖系统：水产养殖的工业化新时代》。

【案例三：欧洲工厂化循环水养殖】

在欧洲，封闭循环水养殖被列为新型的、发展迅速的、技术复杂的行业，已涉及鱼类、虾类、贝类、藻类等多种水生动物的养殖，如丹麦和挪威的鲑鱼养殖；法国的大菱鲆种苗培育 100%采用全封闭循环水，养殖 60%以上采用封闭循环水；荷兰、德国也具有较高水平的循环水养殖产业；西班牙和葡萄牙有 70%的水产养殖都是通过循环水养殖模式来实现的。

欧洲的工厂化循环水养殖模式分为封闭式与开放式两种，其中高密度封闭循环水养殖是欧洲的主流养殖模式，采用自动化监控装备、纯氧增氧技术及养殖废水资源化利用与无公害排放技术改善水质。该模式配有养殖池自动排污装置、残饵捕集器及机械过滤器三个水处理装置，通过沉淀、过滤等方式去除养殖废水中的悬浮颗粒物；自动化监控装备通过收集和分析相关养殖水质和环境参数数据，如溶解氧、pH、温度、总氨氮等，并结合相应的报警和应急处理系统，对水质和养殖环境进行实时监控，以维持封闭循环水养殖水质和环境的稳定。开放式循环水养殖经过多年实践也取得了良好成效，目前已形成一套较为完善的养殖废物处理与循环用水模式。

开放式循环水养殖主要采用机械、物理等方式，通过微筛、生物过滤器、污泥池（塘）、生态湿地等截留和去除微粒；采用生物、化学方式，通过生物滤池、污泥池（塘）、生态湿地等去除水中的溶解物质。经过净化处理后的水可以循环使用，仅需要少量补水即可达到循环利用、节水、生态的效果。

【案例四：美国工厂化循环水养殖】

美国的工厂化循环水养殖在20世纪60年代就已得到迅速发展，水平较高，特别是在鲑鳟类冷水性鱼和罗非鱼等温水性鱼的养殖上有较广泛的应用。美国工厂化循环水养殖模式主要有两种差异较大的技术，即高集成循环水养殖系统模式和经济型循环水养殖系统模式。前者主要是利用多样化的水处理设备净化水质，并通过高精度的水质监控系统实时反馈系统运行状态，自动化程度很高；后者主要是简化水处理设备，采用简单的处理方式进行水产养殖与水质净化，以获得较高的综合效益。

高集成循环水养殖系统中（图 5-18），养殖废水先后经过物理过滤、生物过滤及增氧环节，能够有效去除悬浮颗粒物；成熟的饲料自动投喂系统、水质监测系统和报警系统能够有效保障水质。养殖系统中的鱼池一般为圆形，多采用双排水的设计。鱼池的中上层水通过设置在鱼池侧面的水位保持器直接进入微滤机过滤，鱼池底层水则从鱼池底部中心的排水口先进入沉淀池或水力旋流器，将可沉淀颗粒物（主要为残饵和鱼粪）去除后，再进入微滤机过滤。物理过滤后的水流到调节池，进行调温、补水等，然后使用水泵提升进入生物过滤器，采用流化砂床、移动床、微珠生物过滤器等方式进行过滤。经过生物处理后的水自流到脱气装置吹脱水中的 CO_2，再进入 LHO 或锥形增氧装置，增氧后的水回到鱼池循环使用。

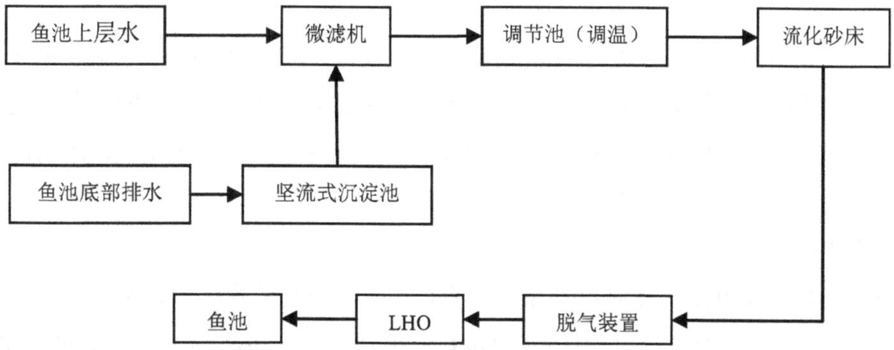

图 5-18　美国高集成循环水养殖系统技术流程

资料来源：《美国工厂化循环水养殖系统研究》。

生物絮凝循环水养殖是美国研究较热的一种经济型循环水养殖系统，在美国虾类的养殖中非常普遍。生物絮凝循环水养殖系统与传统的水处理方式不同，养殖池仅配备了压力式沙滤灌、泡沫分离器或采用沉淀池等物理设备，它利用异养细菌的同化反应，使用物理过滤及时去除水中的微生物和颗粒物；生物絮凝技术可以将氨氮等转化成细菌物质，将养殖环境中的浮游植物群落自养净化转变成异养的细菌群落净化，是水产养殖生物絮凝的关键。生物絮凝循环水养殖既可以净化水产养殖环境，又能够实现饵料的双重利用，被认为是解决水产养殖业面临环境制约和成本限制的有效替代技术（图 5-19）。

图 5-19 生物絮凝循环水养殖系统

资料来源：《美国工厂化循环水养殖系统研究》。

5.2.2.6 受控式集装箱循环水养殖模式及典型案例

受控式集装箱循环水养殖是一种新型水产养殖模式，采用定制的标准集装箱作为养殖水载体，将养殖池塘与集装箱耦合，从养殖池塘中抽取上层高氧水，把罗非鱼、乌鳢、宝石鲈、大鳞鲃、四大家鱼等养殖对象集中在标准集装箱内进行集约化养殖，运用高新技术全面有效地人为控制养殖环境和养殖过程。

（1）模式特点

受控式集装箱养殖模式针对箱养品种特点，综合集成高效集污、尾水生态处理、质量和品质控制、绿色病害防控、专用环保型饲料、循环推水、生物净水、物联网精准控制、便捷化捕捞等关键技术，精准控制养殖环境和养殖过程。

（2）适用范围

适用于海水养殖，可替代目前自然水域传统养殖模式，在不影响渔民生计和水产品生产供应的同时，逐渐替代网箱网围养殖模式。

（3）典型案例

【案例一：广东省受控式集装箱循环水绿色生态养殖】

广东佛山利用受控式集装箱循环水绿色生态养殖技术已成功试养了罗非鱼、巴沙鱼、四大家鱼、鳗鲡、乌鳢、宝石斑、加州鲈、尖吻鲈、淡水白鲳等多个品种。该技术将池塘养殖与集装箱耦合，从养殖池塘中抽取上层的高氧水，进入标准集装箱进行集约化养殖。

箱体外的循环水系统是整个技术的核心，集装箱的养殖尾水经过自流微滤机固液分离后回到池塘，经过池塘三级生态净化和臭氧杀菌消毒后，再次回到集装箱内，实现尾水生态处理和循环利用。池塘内的鱼类粪便和残余饵料得到有效过滤，表层的富氧水被推入集装箱，确保鱼类始终游动在健康水体中。箱内“斜面集污”和箱外无动力自转干湿分离器，使得养殖固体废物集污效率高达 90%以上，残饵和鱼粪还可作为肥料实现循环利用。

图 5-20　广东省佛山市受控式集装箱循环水绿色生态养殖现场

资料来源：《受控式集装箱循环水绿色生态养殖技术现场观摩记》。

【案例二：大鳞鲃受控式集装箱循环水养殖】

大鳞鲃受控式集装箱养殖系统主要由 3 个集装箱箱体组成，共分为 2 个标准养殖箱和 1 个智能水处理箱，处理箱位于两个集装箱中间。集装箱顶部有 4 个天窗，便于投喂饲料、观察鱼情、应急处置、养殖设施的管理等。大鳞鲃受控式集装箱循环水养殖包括箱体消毒、鱼种放养、饲料投喂、病害防治、日常管理等环节，系统集成了水质检测、水处理、供氟恒温、粪便处理、水体消毒、鱼菜共生、智能监控等技术特点，可通过控温、控水、控藻等技术达到养殖全程可控和质量可控来实现养殖智能标准化、资源集约化。其中水处理系统含有微滤机、气提管等设备，可以精准调节水体中的溶氧量、pH、氨氮、亚硝酸盐等指标。

使用受控式集装箱循环水养殖，可在一定程度上节约水资源和土地资源，既大幅降低了养殖废水的排放，达到绿色环保的效果，又减少了养殖成本，使得养殖过程更加便于管理，创造了更多的综合效益，适合进一步推广和使用。

5.2.2.7 养殖尾水全域综合治理

（1）模式特点

尾水治理技术主要采取沉淀、过滤、曝气、生物净化等技术手段，其中对一般污染养殖尾水（养殖品种主要为青虾、黄颡鱼、翘嘴红鲌等）采用二坝三池模式（两个过滤坝加上沉淀池、曝气池、生态净化池）；对较严重污染的养殖尾水（养殖品种主要为黑鱼）采用三坝四池模式（三个过滤坝加上沉淀池、曝气池、生态净化池、生物净化池）。

（2）适用范围

该模式以尾水治理为突破点，适用于经济较为发达的地区。

（3）典型案例

【案例一：浙江省湖州市德清县养殖尾水排放综合治理】

德清县是浙江省最大的内陆水产养殖县，也是全国第一个全域推进渔业养殖尾水治理的先行县。2017 年德清县开展水产养殖尾水全域治理工作，主要通过“三控三治”方式全域治理养殖尾水，即从源头管控（防）、尾水治理（治）、环境整治（提）三个层面来推进养殖尾水治理。2018 年，德清县渔业养殖尾水全域治理项目完成治理水域 18.9 万亩，养殖水域水质得到明显改善（图 5-21）。

图 5-21 浙江省湖州市德清县养殖尾水排放综合治理现场

资料来源：百度图片。

源头管控指通过控模式、控品种、控投饲来实现水产健康养殖，减少尾水排放。通过推广生态立体养殖、低密度健康养殖、循环水养殖等生态健康养殖模式，严控高容量、高耗能、超负荷、高污染养殖及直接排放尾水等落后的粗放型养殖模式。引进推广效益明显、污染排放少的养殖品种，严控需投喂动物源性饵料的养殖品种。并通过推广精准投喂技术、配合饲料替代冰鲜鱼及畜禽内脏、规范养殖用药等相关配套技术，降低水域环境污染，保障水产品质量安全。

尾水治理指通过治尾水和治河道来实现尾水达标排放或循环利用。建立沉淀池、曝气池、生物处理池、过滤坝等养殖尾水处理设施，推进规模养殖场自治和集中连片养殖尾水集中式治理。改造原有的废弃河道、排水沟渠，建立生态浮床，种植苦草、黑叶轮藻等沉水植物吸收氮、磷，投放洁水性鱼类、贝类，通过重建养殖区河道生态系统，控制集中养殖尾水排放节奏，增加养殖尾水滞留时间，发挥河道理化和生态净水作用，提高河道环境承载力和自净力。通过建立人工湿地、生态浮岛、生态驳岸，在驳岸和塘埂种植低矮景观经济作物，打造“花基”渔业，加强生产区域绿化和清洁工作，实现环境治理。

【案例二：浙江省乐清市渔业养殖尾水治理】

2018 年年初，乐清全市海水养殖面积达 12.12 万亩，其中海水围塘养殖 2.3 万亩，养殖尾水直排问题较为普遍，且长期存在。为全面推进现代渔业绿色发展，乐清市通过先行治理示范点带动其他养殖户的方式，逐步铺开，实现全域治理。如今围塘养殖尾水治理已在乐清全域铺开，截至 2018 年 10 月，乐清市共建立养殖尾水治理示范点 15 个，完成养殖围塘生态化改造 295 家。

乐清市蒲岐镇养殖尾水治理由镇政府牵头，当地围塘主要应用以简单的牡蛎壳打造的“生物滤坝”，牡蛎壳中间的棱柱层含有大量的微孔，众多微孔互相连通，形成多种不同功能的孔穴结构，这些结构具有很强的吸附作用和交换能力，能吸附水中的颗粒，去除水中的磷、氮等有机元素，起到净化水质的作用（图 5-22）。

图 5-22　浙江省乐清市蒲岐镇养殖尾水排放综合治理现场

资料来源：百度搜索《乐清实施全域渔业养殖尾水治理》。

乐清市雁荡镇农户通过增加设备，如生物浮床、增氧泵、增氧盘等增氧设施，进行尾水处理。雁荡镇有养殖户 85 家，存在部分养殖户散户分散、情况不明的情况，尾水整治工作按照规模养殖场带散户的方式，对养殖尾水进行集中式治理。如白沙岛保三塘，该海塘长 362 m，塘内共有 9 户养殖户，全部承包给塘长，由塘长统一购买，按照标准制作生态渠道、耐盐植物浮床、生物滤坝和增氧设施等一整套处理设施。

图 5-23　浙江省乐清市雁荡镇养殖尾水排放综合治理现场

第6章 种植业污染治理实践

种植业是农业的主要组成部分之一，在我国农业生产中占有重要比重，主要包括粮食、蔬菜、油料及其他经济作物的生产等。20 世纪 50 年代以前，我国主要以传统农业为主，种植业主要依赖于精耕细作、农家肥等传统手段来保证农作物的产量，农民大量施用有机肥，农业废弃物资源得到充分利用，污染问题尚未显现。50 年代后，随着化肥、农药、农膜的普遍推广和使用，在大大提高农作物产量、减少劳动力的同时，也带来了过度施用化肥和农药、秸秆焚烧、地膜残余等引起的农业面源污染问题。近年来，种植业污染问题已经引起政府部门和社会公众的普遍关注，种养结合、综合利用等污染治理模式和精准农业、生态农业等一些新的生产方式的出现，为解决农业面源污染问题提供了新的经验和发展方向。

本章在分析种植业污染来源及现状的基础上，整理总结国内外种植业污染防治措施和典型案例，提出与产业发展方向紧密结合的污染防治模式。

6.1 我国种植业污染来源及现状

我国种植业对化肥、农药、农膜等有较大的依赖。化学品的合理使用可有效提高土壤的生产力、防治各种病虫害、抑制杂草生长、提高农产品的产量，但农药、化肥等化学品的不合理使用甚至滥用会使过剩的营养物质和有害成分进入环境中，对空气、水和土壤造成不同程度的污染，成为农业面源污染的重要来源，也是温室气体排放的主要贡献源。同时，随着我国农村生产和生活方式的改变，农田秸秆已经由原本的主要燃料和饲料资源变成种植业残留的主要废弃物之一，带来占用土地或河道、形成空气污染等问题。

本节对化肥、农药、农膜生产和使用情况进行总结，对我国秸秆综合利用现状进行分析，为读者全面呈现种植业的环境影响途径和主要环境问题。

6.1.1 化肥

6.1.1.1 化肥生产和使用现状

中华人民共和国成立之初，我国化肥工业基础薄弱，生产力水平低下，化肥年产量仅为 6 000 t，有机肥料是农业生产所需养分的主要来源。20 世纪 70 年代以来，我国化肥工业实现了较快发展，化肥生产量大幅度提高，化肥替代有机肥的比例日益上升，有机肥用量相应减少。

目前，我国化肥年生产量约占世界总量的 1/3，消费量约占世界总量的 35%，已经成为世界上最大的化肥生产国和消费国。国家统计局数据显示，1998—2015 年我国农用化肥产量与施用量总体呈双增态势，农用化肥产量由 1998 年的 3 010 万 t 增加至 2015 年的 7 432 万 t，年均增长率 4.7%；化肥施用量由 1998 年的 4 084 万 t 增加至 2015 年的 6 023 万 t，年均增长率 2.1%。2016 年、2017 年化肥施用量连续下降，其中 2017 年化肥施用量 5 859 万 t，比 2015 年减少 164 万 t，减幅为 2.7%，其近 20 年的变化趋势见图 6-1。

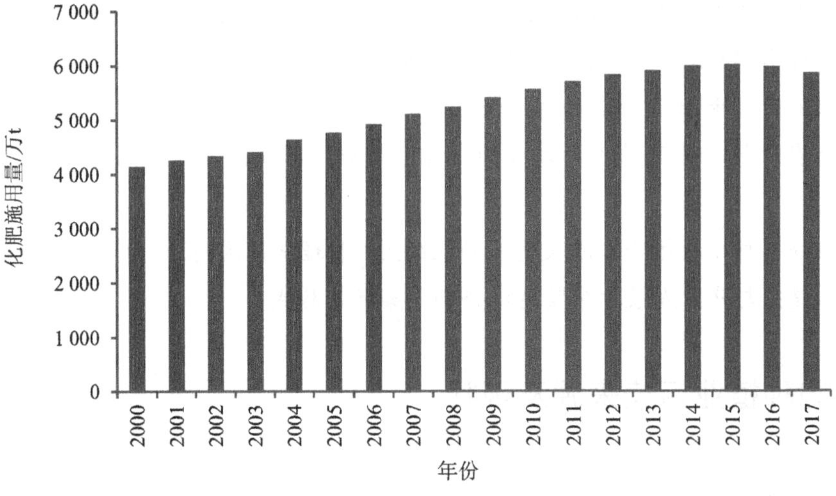

图 6-1 2000—2017 年我国化肥施用总量

化肥大量施用的同时，有机肥施用比例下降。农业部农技推广中心的数据显示，有机肥在肥料总投入量中的比例由 1949 年的 99.9%降低至 1990 年的 37.4%，1995 年降至 32.1%。据《2004 年中国环境状况公报》，2003 年全国有机肥施用量仅占肥料施用总量的 25%，而合理比例应占 40%左右。

化肥施用量大的同时，施肥强度整体较高：2016 年全国耕地面积为 13 492.1 万 hm^2，平均施肥强度为 443.5 kg/hm^2，尽管比上一年下降 2.6 kg/hm^2，但仍然远高于国际公认的施肥上限 225 kg/hm^2。

我国化肥施用中的主要问题除施用量大、施肥强度高之外，还有氮肥施用结构性过量但利用率低的问题。《中国三大粮食作物肥料利用率研究报告》表明：目前我国水稻、玉米、小麦三大粮食作物氮肥、磷肥和钾肥当季平均利用率分别为 33%、24%、42%，最突出的问题是氮肥的利用率低，其当季利用率仅为 33%，显著低于发达国家 50%～60%的当季利用率水平。从全国的化肥结构看，近年来大力推广测土配方施肥使施肥结构逐步趋于合理：氮肥投入量占比从 2000 年的 52%下降到 2017 年的 38%，磷肥投入量占比从 2000 年的 17%减少到 14%，钾肥投入量占比从 2000 年的 9%上升到 2017 年的 11%，复合肥投入量占比从 2000 年的 22%增加到 2017 年的 38%。

6.1.1.2　化肥施用的环境影响

化肥的过量投入及不合理施用，不仅导致化肥的作物利用率不高、对粮食增产边际贡献下降，由此带来的面源污染问题也日益严重。

（1）对土壤造成污染

化肥施用量增加对土壤产生的不良影响主要表现在：促进土壤酸化和次生盐渍化，增加土壤重金属与有毒有害元素含量，降低土壤微生物活性，进而降低土壤肥力和再生产能力，产生追施化肥的恶性循环。

长期过量而单纯地施用化肥，土壤溶液中和土壤微团上有机、无机复合体的铵离子量增加，可与土壤中的氢离子起代换作用，致使土壤酸化。同时，还能溶解土壤中的一些营养物质，如钾、钙、镁等。在降雨和灌溉的作用下，这些营养盐向下渗漏到地下水，一方面造成土壤中的营养成分过度流失，另一方面土壤胶体分散、土壤结构破坏，使土壤贫瘠化，直接影响农业生产成本和作物的产量及品质。

有些化肥中含有多种金属、放射性物质、有机污染物和其他有害成分，这些成分随施肥进入农田造成土壤污染。例如，随磷肥施用，镉、锶、氟、铀、镭等元素也进入土壤。施用磷肥过多，会使土壤含镉量比一般土壤高数十倍甚至上百倍，长期积累造成土壤镉污染。

大量盲目施用化肥，用养不结合，造成土壤有机质缺乏，土壤微生物和蚯蚓等有益生物减少，会进一步影响土壤微生物的活性，降低土壤肥力。

（2）对水体造成污染

过量施用的化肥进入水体，其中的氮和磷成为水体富营养化的主要原因。水体污染途径包括：大量施用氮肥时，过剩氮素随农田排水进入河流、湖泊；旱田因地面坡度、施肥后进行强烈灌溉或遇雨水冲刷，使氮素随地表径流而损失；水田施用氨水、硫酸铵等铵态氮肥后，过早排水也会使氮素随农田退水进入地表水体，导致水中营养物质含量增加。营养物质最终使水生生物大量繁殖，水中溶解氧含量降低，从而形成厌氧条件，造成水质恶化，引起鱼类大量死亡和湖泊富营养化。

农业生产上长期大量施用化肥是造成地下水硝酸盐污染的重要原因。研究表明，地下水中的硝酸盐含量增加主要是由施氮过量引起的，硝酸铵施入土壤后，很快解离成铵离子和硝酸根离子，硝酸根离子因土壤矿质胶体和腐殖质带大量负电荷受到排斥，很容易随水向下淋失，其淋失量随氮肥用量和灌溉量的增加而加大。

（3）对大气造成污染

化肥对大气的污染主要集中在氮肥使用上。氮肥施用后一部分以氨气、氮氧化物气体形态进入大气，造成空气中细颗粒物污染程度加剧，形成光化学烟雾等一系列问题。一般土壤表层施用硫酸铵 3 天后氮素损失 7%、硫酸氢铵损失 10%。还有相当数量的氮肥以有机或无机氮形态进入土壤，在土壤微生物反硝化细菌作用下，会以难溶态、吸附态和水溶态的氮化合物还原成亚硝酸盐，同时转化生成氮和氮氧化物进入大气，使空气质量降低。特别是氧化二氮气体，在对流层内较稳定，上升至平流层后，在光化学作用下，与臭氧发生双重反应，从而降低臭氧含量，破坏臭氧层，使到达地面的紫外线增加，对植物、微生物产生影响，并可引起人和动物罹患皮肤癌。

（4）化肥施用的环境风险分析

依据化肥施用环境风险指数（R，化肥施用强度与化肥施用安全上限 225 kg/hm^2 的比值）计算模型对化肥施用潜在的环境影响进行评价，依据 R 值的大小，由低到高，将化肥施用环境影响定义为安全到严重风险，具体分类如表 6-1 所示，共分为 6 个不同的等级。

表 6-1　化肥施用环境影响分类

等级	环境风险指数范围	环境影响类型	分类依据
5	$R>4$	严重影响	施肥强度超过安全阈值 4 倍以上
4	$3<R\leqslant4$	重度影响	施肥强度不超过安全阈值 4 倍
3	$2<R\leqslant3$	中度影响	施肥强度不超过安全阈值 3 倍
2	$1<R\leqslant2$	低度影响	施肥强度不超过安全阈值 2 倍
1	$0.5<R\leqslant1$	比较安全	施肥强度不超过安全阈值
0	$R\leqslant0.5$	安全	施肥强度低于安全阈值一半

我国化肥施用总量和化肥施用环境风险指数整体呈上升态势，近年出现小幅下降。从图 6-2 可知，1978—2016 年近 40 年间，化肥施用环境风险指数从 0.4 波动上升到 1.97，化肥施用总量和化肥施用环境风险指数双双呈上升趋势。其中，1978—1979 年，$R<0.5$，环境影响为安全等级；1980—1989 年，$0.5<R\leqslant1$，环境风险指数直线上升，影响类型下降为比较安全等级；1990—2016 年，化肥施用量持续增长，R 值不断增大，$1<R\leqslant2$，化肥

施用环境风险达到了低度影响等级。图中由于耕地面积统计口径的不一致，环境风险指数在 1999 年出现极度下滑。2000 年以后，尽管化肥施用量仍处于持续增长状态，但随着测土配方施肥等政策的实施，环境风险指数上升速度有所放缓，从 2014 年开始，环境风险呈现出下降趋势。

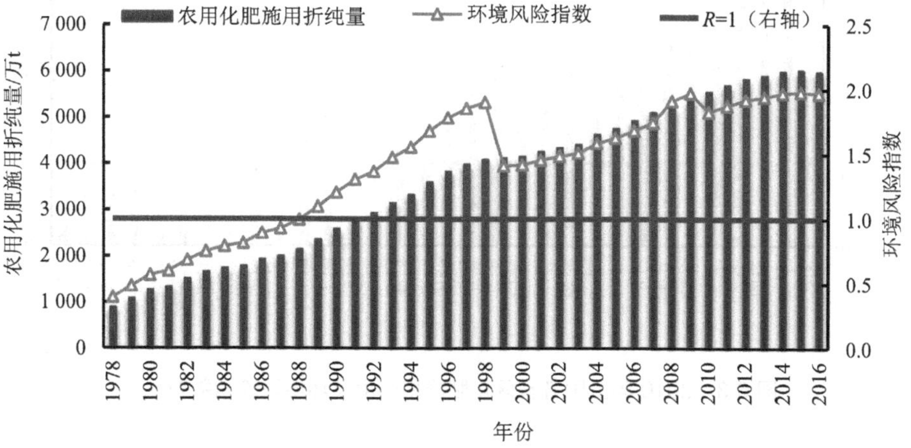

图 6-2 1978—2016 年全国农用化肥施用折纯量及化肥施用环境影响变化趋势

从地理分布情况来看，我国中东部地区的化肥施用环境风险明显高于西部。图 6-3 是 2016 年全国各省区化肥施用强度及环境风险指数对比。由图 6-3 可知，我国化肥施用总体处于低度影响等级。仅有西藏、青海、黑龙江、甘肃 4 省区的环境风险指数 R 小于 1，环境影响类型为比较安全等级。处于低度影响和中度影响等级的省区各有 11 个，河南、海南、江苏 3 省处于重度影响等级，广东、福建处于严重影响等级，化肥施用带来的面源污染不容忽视。其中，环境风险指数较高的河南、江苏中部地区以及福建、广东、海南 3 省均为蔬菜、水果种植大省，盛产瓜果和棉花的新疆环境风险指数为 2.13，明显高于与其相邻的甘肃、青海、西藏。

从农作物种类来看，蔬菜、水果化肥施用环境影响程度明显高于粮、油、糖类等大宗农产品。表 6-2 呈现了 2016 年主要农作物化肥施用环境影响程度。同其他农作物相比，大宗油料作物大豆处于化肥施用比较安全级别，小麦、玉米、稻谷、花生、油菜籽等作物处于化肥施用低度影响等级；桑蚕茧、甜菜、棉花、烤烟等农作物处于化肥施用中度影响等级；苹果、晾晒烟、橘、长绒棉处于重度影响等级；柑的施肥强度为 1 059.60 kg/hm^2、甘蔗的施肥强度为 959.10 kg/hm^2，均达到严重影响等级。蔬菜方面，除露地菜花处于化肥施用重度影响等级外，其他露地蔬菜均处于化肥施用中度或低度影响等级。

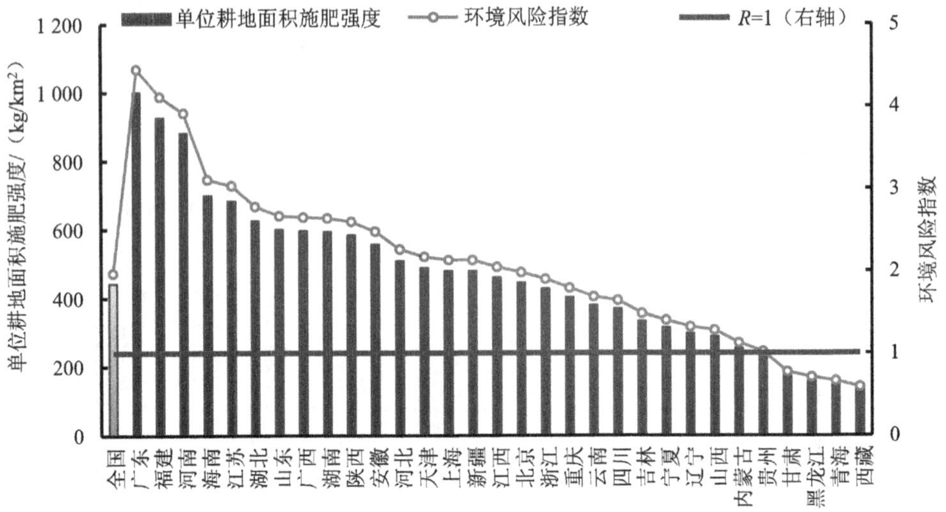

图 6-3 2016 年全国各省区化肥施用强度及环境风险指数对比

表 6-2 2016 年主要农作物化肥施用环境风险指数及环境影响程度

主要农作物	施肥强度/（kg/hm^2）	环境风险指数	环境影响类型	主要农作物		施肥强度/（kg/hm^2）	环境风险指数	环境影响类型
柑	1 059.60	4.71	严重影响	西红柿		629.40	2.80	中度影响
甘蔗	959.10	4.26	严重影响		露地西红柿	553.05	2.46	中度影响
苹果	864.00	3.84	重度影响		设施西红柿	705.30	3.13	重度影响
晾晒烟	751.05	3.34	重度影响	黄瓜		744.60	3.31	重度影响
橘	690.90	3.07	重度影响		露地黄瓜	564.90	2.51	中度影响
长绒棉	677.70	3.01	重度影响		设施黄瓜	923.25	4.10	严重影响
桑蚕茧	631.20	2.81	中度影响	茄子		639.15	2.84	中度影响
蔬菜平均	578.70	2.57	中度影响		露地茄子	564.15	2.51	中度影响
甜菜	543.75	2.42	中度影响		设施茄子	713.10	3.17	重度影响
棉花	530.40	2.36	中度影响	菜椒		657.30	2.92	中度影响
烤烟	516.45	2.30	中度影响		露地菜椒	576.45	2.56	中度影响
小麦	410.25	1.82	低度影响		设施菜椒	737.10	3.28	重度影响
玉米	372.30	1.65	低度影响	露地圆白菜		510.00	2.27	中度影响
稻谷	339.45	1.51	低度影响	露地大白菜		481.80	2.14	中度影响
花生	304.50	1.35	低度影响	露地马铃薯		388.05	1.72	低度影响
油菜籽	238.80	1.06	低度影响	露地菜花		807.60	3.59	重度影响
大豆	128.10	0.57	比较安全	露地萝卜		489.90	2.18	中度影响
				露地豆角		422.70	1.88	低度影响

注：2016 年主要农作物化肥施用强度来源于《全国农产品成本收益资料汇编 2017》。

6.1.2　农药

6.1.2.1　农药生产和使用现状

20 世纪 80 年代，我国农药年产量不到 20 万 t，90 年代以来，我国农药产量快速增长，2005 年我国农药年产量突破 100 万 t，到 2014 年农药年产量超过 370 万 t。目前，我国已能生产 500 多种原药产品、1 000 多种制剂、几十种剂型，是世界上农药生产第一大国。

随着产量的增长，我国农药使用量也大幅增加。资料显示，20 世纪 70—80 年代，我国农村仍然基本保持传统农耕模式，依靠人力进行农田除草等田间作业，农药年使用量不到 10 万 t。90 年代初农药年使用量达到 76 万 t 左右，21 世纪初接近 130 万 t，2014 年超过 180 万 t，达到了峰值。2015 年，农业部实施农药使用量零增长行动，当年农药施用总量比 2014 年减少 2.4 万 t，2016 年全国农药用量为 174.1 万 t，比 2015 年减少 4.2 万 t，比 2014 年减少 6.6 万 t。农药用量已经实现了连续下降，减量趋势基本形成（图 6-4）。

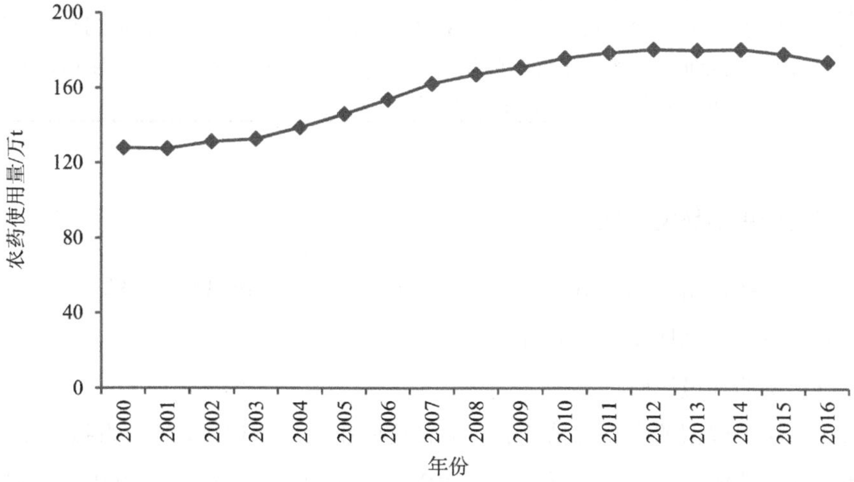

图 6-4　2000—2016 年我国农药使用量

尽管全国农药总使用量呈现下降的趋势，但仍然存在施用强度偏高的问题。目前，我国每年化学防治面积在 6.67 亿 hm^2 左右，全国平均施药强度为 12.9 kg/hm^2，单位耕地面积的农药使用量是世界平均水平的 2.5 倍以上，农药利用效率为 35.2%，低于发达国家 10～15 个百分点。除作物吸收外，大部分农药进入了水体、土壤和大气，加剧了农业面源污染。

主要使用的农药种也在发生变化。1970 年以来，我国杀菌剂的生产一直处于上升趋势。特别是进入 20 世纪 90 年代以后，我国水果、蔬菜的种植面积增长得很快，对杀菌剂的需求迅速增加，化学除草的面积以每年 3 000 万～5 000 万亩的速度扩大。农村经济比较发达的江苏、浙江和广东以及大面积机械化耕作的东北地区，除草剂使用量增加得更快。

进入 21 世纪以来，我国农产品产量短缺问题基本解决，农产品质量和环境友好要求日益受到重视，一批高毒高残留农药如六六六、滴滴涕、甲胺磷等先后被淘汰。近 40 年来，国家已明令禁止使用 33 种农药，限制使用 17 种农药，见表 6-3。此外，以杂环类农药和生物农药为主的高效、安全、经济、环保品种得到发展，此类品种目前已占到我国农药总产量的 60%左右。

表 6-3 国家明令禁止使用和限制使用的农药

国家明令禁止使用农药（33 种）	甲胺磷、甲基对硫磷、对硫磷、久效磷、磷胺、六六六、滴滴涕、毒杀芬、二溴氯丙烷、杀虫脒、二溴乙烷、除草醚、艾氏剂、狄氏剂、汞制剂、砷类、铅类、敌枯双、氟乙酰胺、甘氟、毒鼠强、氟乙酸钠、毒鼠硅、苯线磷、地虫硫磷、甲基硫环磷、磷化钙、磷化镁、磷化锌、硫线磷、蝇毒磷、治螟磷、特丁硫磷
限制使用、撤销登记的农药（17 种）	甲拌磷、甲基异柳磷、内吸磷、克百威、涕灭威、灭线磷、硫环磷、氯唑磷 8 种高毒农药不得用于蔬菜、果树、茶叶、中草药材上；三氯杀螨醉、氰戊菊酯不得用于茶树上；撤销氧乐果在甘蓝、柑橘树上的登记，撤销丁酰肼在花生上、水胺硫磷在柑橘上的登记，撤销灭多威在柑橘树、苹果树、茶树、十字花科蔬菜上的登记，撤销硫丹在苹果树、茶树上的登记，撤销溴甲烷在草莓、黄瓜上的登记，撤销氟虫腈除卫生用、玉米等部分旱田种子包衣剂外用于其他方面的登记

6.1.2.2 农药使用的环境影响

我国每年农药使用量达 170 万 t 左右，约有 80%的农药因残留和降解，通过土壤、水、大气等环境介质流失到环境中，对环境造成污染。

（1）对土壤的环境影响

农药在土壤中残留的主要方式有：一是农药施在农作物根部，导致直接残留于土壤中；二是农药稀释后喷洒在农作物的茎叶上，40%～60%的农药会落于土壤中；三是通过大气沉降、灌溉等进入土壤。

进入土壤的农药被黏土矿物或有机质吸附，其中有机质吸附的农药占土壤总吸附量的 70%～90%，其不仅是土壤酸化、有机质含量下降等土壤质量恶化的重要因素，也会破坏土壤生态系统的平衡。据测算，我国受农药污染的土壤面积高达 667 万 hm^2，占可耕地面积的 6.4%。一些农田土壤中农药残留检出率较高，上海地区 2 413 个土壤样点中农药滴滴涕的检出率高达 98.1%，其中 176 个样点的滴滴涕含量超过国家土壤环境标准中的 I 级标准。农药进入土壤，虽然有助于杀伤土壤中的害虫，但也会对土壤中的微生物群落造成伤害。如百草净除除草之外，还会对土壤中的蚯蚓产生危害；杀螨剂和氨基甲酸酯对无脊椎动物的影响较大；熏蒸剂在土壤中具有强烈的杀虫作用，99%的微生物受到该药物影响之后恢复较快，但是有的微型节肢动物需要两年以上的时间才能恢复。

（2）对水体的环境影响

农药对地表水和地下水的污染主要有四条途径：一是大气中残留的农药随降水进入水体；二是土壤残留农药随地表径流或农田排水进入地表水体，或向下淋溶进入地下水；三是直接在水体中施加农药，或在水体中清洗施药器械；四是农药厂向水体中排放未经处理的废水。农药在水中的降解也受到环境因子（水质、水温、pH、光照和微生物等）和农药行为特性（水溶性、吸附性、水解和光解等）的综合影响。

不同区域的农药残留与当地农业结构密切相关，呈现不同的水体污染特征。

长江流域主要表现为有机磷类农药、氨基甲酸酯类农药以及部分拟除虫菊酯类农药的残留量较高。长江流域特别是长江中下游地区是我国水稻的主产区，蔬菜以及经济作物种植也较多，为了防治病虫害，有机磷类、氨基甲酸酯类及拟除虫菊酯类杀虫剂被广泛使用，在附近水体汇集导致污染。

珠江流域的农药污染较轻。珠江流域大部分属于经济发达地区，传统农业有弱化趋势，较少有农药输入，而且随着时间的推移，以前累积残留的有机磷、氨基甲酸酯等农药不断降解，因而农药残留量较低。另外，珠江流域的农药检出多为广东与福建的交界处及福建地区，在一定程度上说明，福建地区是珠江流域主要的农药使用区，控制珠江流域的农药残留应重点控制福建地区的农药使用。

黄淮海流域的氨基甲酸酯类农药和拟除虫菊酯类农药的检出量很小，但酰胺类和三嗪类农药的残留量很大，尤其是乙草胺和阿特拉津。有机磷和有机氯农药也有不同程度的检出。黄淮海流域历来是我国农业重地，是主要的玉米、棉花、大豆和小麦产区。在棉花种植的过程中，为了防治棉铃虫，有机磷农药大量使用；磺胺类除草剂是棉花田、大豆田等阔叶杂草防治的主要药物；三嗪类药物主要用于玉米田杂草的防治，这些药物的大量使用，致使其在环境中具有极高的残留量。

松辽流域的三嗪类农药和酰胺类农药的残留也较为严重。松辽流域是我国重要的春播玉米区，阿特拉津残留量超出了地表水标准；与黄淮海流域不同的是，该地区同时也是我国重要的水稻产区，苯噻草胺作为稻田高活性杀稗剂被大量使用，其残留成为松辽流域水体的主要污染源。

（3）对大气的环境影响

农药使用对大气的污染主要有四条途径：一是地面或飞机喷洒农药时，漂浮于空中的药剂微粒；二是水体、土壤表面残留农药的挥发等；三是农药生产、加工企业排放废气中的农药颗粒物；四是农产品防蛀时的熏蒸处理。

进入大气的农药或被大气飘尘吸附，或以气体、气溶胶的形式悬浮在空气中。有研究显示，在从未使用过农药的珠穆朗玛峰，其积雪中也有持久性农药“六六六”检出。硫丹是一种危害性极高的有机氯农药，对我国 37 个城市及 3 个背景点的空气监测发现，α-硫丹和 β-硫丹的浓度范围分别为 0～1 190 pg/d^3 和 0～422 pg/d^3；同时发现，含量较高的采样点出现在棉花种植区，表明农业使用是我国空气中硫丹的重要来源。

农药对大气的污染程度与范围主要取决于两个方面：一是施用农药的性质、施用量和施用方法；二是施药地区的大气环境状况（如风向、风速、温度和湿度等）。通常，农药的蒸汽压越高，其挥发能力越强，使用后通过挥发作用进入大气中的农药量就越大；不同形态的农药，其挥发、漂移、污染大气的程度也不同，从高到低依次为烟剂、粉剂与水剂、乳油、粒剂；不同的施药方式造成的环境污染风险也不同，其中，飞机喷施的环境污染风险最高，地面喷施、地面撒施、穴施的环境污染风险较小。另外，风速越大、气温越高，农药的挥发量越大，环境污染风险越高。因此农药的种类和作业方式是控制农药污染需要重点考虑的方面。

（4）环境影响的空间分布

农药污染已成为我国影响范围最大的一类有机污染，且具有持续性和农产品富集性。随着使用量和使用年数的增加，农药残留逐渐增加，呈现出点—线—面的立体式空间污染态势。我国区域地理水文条件、气候等的差异导致了农业结构的区域性和农药污染的地区差异性。

我国农药施用强度较大的地区主要是海南、福建、广东、江西、湖南、浙江、湖北、上海、广西、山东，其中海南、广东和福建用药强度居前三，分别达到了 47.08 kg/hm^2、43.58 kg/hm^2 和 41.44 kg/hm^2。以小麦为主要农作物的北方干旱地区施药量小于南方水稻产区。需针对各区域污染特征而因地制宜地控制农药污染。

研究发现，农药施用水平受作物类型和种植方式的影响较大。果蔬类作物农药施用水平远高于其他作物，其对推高农药使用量具有极大的贡献。蔬菜中，西红柿、茄子、黄瓜、菜椒四种蔬菜农药使用水平较高，且设施种植的农药耗费高于露地种植。糖料、油料、粮食作物单位面积农药施用水平较低，而粮食作物中稻谷的农药施用水平相对较高。

农药减量控害需要给予重点关注的高影响作物及地区见表 6-4。

表 6-4　农药施用高影响作物及地区

农药施用高影响作物	农药施用高影响地区
苹果	山东、河南、甘肃、北京
柑橘	广东、福建
西红柿	浙江、辽宁、山东、内蒙古、北京、四川、河北、吉林
黄瓜	辽宁、青海、山东、河北、山西、江苏、甘肃、内蒙古、北京
茄子	辽宁、浙江、四川
菜椒	辽宁、宁夏、安徽、甘肃、上海、北京、浙江

6.1.3　秸秆

6.1.3.1　秸秆综合利用现状及管理政策

（1）秸秆综合利用现状

农作物秸秆是成熟农作物茎叶（穗）部分的总称，主要包括玉米、水稻、小麦、豆类、薯类等作物秸秆，富含氮、磷、钾、钙、镁和木质素、纤维素等有机质，是一种多用途的、可再生的生物质资源，具有来源广、污染小、热值含量高等特点，一直以来是我国农村主要的牲畜饲料和生活燃料。

目前我国农作物秸秆产量尚没有直接的统计数据。通过《中国统计年鉴》中农作物产量的统计数据整理，筛选较为客观的秸秆系数，估算出 1991—2016 年我国农作物秸秆总产量从 1991 年的 5.52 亿 t 增加到 2016 年的 7.9 亿 t，增量为 2.38 亿 t，增加 43.1%，年平均增长量 900 万 t，年平均增长率为 1.66%。

2015 年，全国农作物秸秆的理论资源量为 10.4 亿 t，可收集资源量约 9 亿 t，主要分布在华北平原、长江中下游平原、东北平原的 13 个粮食主产省（自治区）。目前，作为肥料、饲料、基料、燃料以及造纸等用途利用的秸秆共计约 7.2 亿 t，尚有 1.8 亿 t 未处理利用。

近年来，由于农村生活水平的提高和生产方式的改变，秸秆的利用受到收集方式、利用技术和运输成本的限制，以田间焚烧、废弃的方式处理过剩秸秆的情况仍然突出，不仅造成了资源的浪费，还对环境产生一定的污染。针对这种情况，国家近年来颁布了一系列政策，大力推进农作物秸秆综合利用和禁止露天焚烧工作，农作物秸秆的利用技术和范围不断发展，综合利用水平取得长足进步。2015 年全国秸秆综合利用率已达到 80%以上，2017 年进一步达到了 82%，但距 2020 年实现 85%的综合利用率目标尚有不小的差距。

尽管全国秸秆综合利用率不断提高，秸秆禁烧形势依然不容乐观。据观测数据统计，2015 年夏秋收季全国监测到秸秆焚烧火点共计 4 454 个，主要分布在黑龙江、河南、吉林、辽宁、山东、河北、内蒙古、湖北、山西 9 省，达到 4 174 个，占火点总数的 94%；其中，黑龙江省火点数最多，达到 1 824 个，远高于其他省份，占火点总数的 41%。与 2014 年同期（4 197 个）相比，2015 年夏秋收季秸秆焚烧火点数增加了 257 个，同比增加 6%。秸秆焚烧问题主要集中在东北和华北地区，火点数大于 100 个的省份中，黑龙江增加最多，同比增加 132%，火点数增加 1 037 个；河北增幅次之，同比增加 91%；山东、湖北、山西等省也略有增加；安徽、河南、吉林、辽宁、内蒙古等省火点数有明显减少，其中安徽省减少最为明显，减少 403 个。

（2）秸秆综合利用管理政策

秸秆综合利用管理政策的发展大致分为四个阶段：1997 年之前，中央对秸秆利用的要求是实行秸秆还田，以调节土壤化学物理性能、增加土壤有机质为主要目标；1997—2008 年是政策发展的起步阶段，着重于促进其能源化、饲料化、基料化等综合利用单行技术；2008—2015 年是秸秆综合利用政策的强力发展阶段，重点推广适宜于不同类型地区的秸秆综合利用技术集成与产业化开发相结合的发展模式；2015 年至今，国家开始对秸秆综合利用给予资金支持，被称为攻坚阶段。

自 2012 年起，中央资金对秸秆综合利用和秸秆禁烧扶持力度呈快速增长态势。按照《耕地质量保护与提升行动方案》要求，中央财政每年 8 亿元支持综合采用秸秆还田、增施有机肥、种植绿肥、治理退化耕地等措施，保护和提升耕地质量。2008—2015 年，累计安排补贴资金 48 亿元。仅 2012 年，就利用财政补助资金 2.13 亿元用于秸秆能源化，重点支持秸秆成型燃料企业开展技术示范和推广。2016 年中央财政资助额为 10 亿元，2017 年达到了 15 亿元。

国家出台多个文件指导开展秸秆综合利用。《农业农村污染治理攻坚战行动计划》明确，到 2020 年，秸秆综合利用率达 85%以上的目标。国家提出要坚持节约资源和保护环境的基本国策，按照政府引导、市场运作、多元利用、疏堵结合、以疏为主的原则，完善秸秆收储体系，进一步推进秸秆肥料化、饲料化、燃料化、基料化和原料化利用，加快推进秸秆综合利用产业化，加大秸秆禁烧力度。

2016 年，中央财政重点支持农作物秸秆焚烧问题较为突出的河北、山西、内蒙古、辽宁、吉林、黑龙江、江苏、安徽、山东、河南等 10 个省区，安排资金 10 亿元（2017 年的资助额 15 亿元）开展了秸秆综合利用试点。项目实施后，河北、山西和内蒙古试点县秸秆综合利用率均达到 90%以上或在上年基础上提高了 5 个百分点，带动了区域秸秆综合利用率的整体提升。

6.1.3.2 秸秆综合利用存在的问题

秸秆综合利用是一项社会公益事业，社会效益和生态效益显著、经济效益较低，秸秆综合利用政策实施过程中，还普遍存在一些问题：

（1）政策性支持不足

现已出台的政策大多集中在秸秆禁烧、农机补贴、大气污染治理等方面，缺乏普惠性、针对性资金扶持。个别已出台补贴政策的省市补贴标准也明显偏低，如某些省区秸秆还田试点补贴标准每亩仅为 10～20 元，相当于还田实际成本的 1/3 左右，农民将要自己承担 2/3 的还田费用。以京津冀地区的调查测算数据为例，秸秆还田成本为单季作物纯收入的 9%～15%，离田成本为 15%～30%，这是造成农民秸秆还田、离田意愿不强、积极性不高的主要原因。同时，政府出台的吸引社会资本参与秸秆综合利用项目建设的优惠政策（如PPP）及对相关企业的扶持政策相对不足，龙头企业数量少，带动作用明显不足，限制了全社会参与该项工作的积极性。

（2）秸秆收储运成本过高

由于秸秆的堆积密度小、贮存占地面积大，贮存过程中还需配备秸秆场内运输、码垛机械和防雨、防潮、防火等设备设施，投资成本和维护费用较高；同样，由于秸秆堆积密度小，秸秆运输成本相对也较高。

（3）秸秆还田不规范影响作物生长

秸秆覆盖还田或是翻压还田都存在秸秆腐熟和矿化不充分的问题，影响出苗或幼苗的生长，导致作物减产。新鲜的秸秆施入田地时，在腐熟的过程中将与作物幼苗争夺养分，特别对氮肥吸收的影响较大。秸秆还田必须进行机械化粉碎操作，否则会造成孔隙大小比例不均，土壤与种子不能紧密接触，影响种子发芽生长。这些也是造成农民对秸秆还田不积极的重要原因。

（4）秸秆综合利用成本较高

饲料加工、有机肥加工、造纸、气化等秸秆综合利用方式，所需设施及设备等一次性投资较大，需要投资者具有一定资金实力或借助贷款，且成本回收期较长，而我国华北农村经济发展水平仍然较低，即使是大型的农村合作社也难以承受高昂的设备购置和维护费用，限制了秸秆的多元化和深度利用。

6.1.4 农膜

6.1.4.1 农膜生产和使用现状

农膜应用是近年来推广的先进适用技术，在农业生产中广泛使用，其中农用地面覆盖薄膜，也就是通常俗称的“地膜”，使用量最大、使用面积最广，在促进农业增产、农民增收方面发挥了重要作用。我国自20世纪70年代末开始引进地膜覆盖栽培技术，随后地膜覆盖技术逐渐在玉米、棉花等作物中推广应用，这一技术使我国农作物的产量得到大幅提高，获得显著的经济效益，被誉为农业生产上的“白色革命”。

图6-5是我国历年农用塑料薄膜使用量。1998—2015年，我国农用塑料薄膜使用量就从121万t增加到260万t，用量翻了一番还多，年均增幅约6.4%，农膜成为继种子、农药、化肥之后的第四大农业生产资料。据统计，2014—2016年3年间，农用塑料薄膜使用量分别为258.0万t、260.4万t、259.3万t。其中，地膜使用量分别为144.2万t、145.5万t、146.8万t，地膜覆盖面积分别为181.4万hm^2、183.2万hm^2、184.0万hm^2。虽然农用塑料薄膜使用总量开始有所减少，但地膜的使用量和和覆盖面积仍在持续上升。

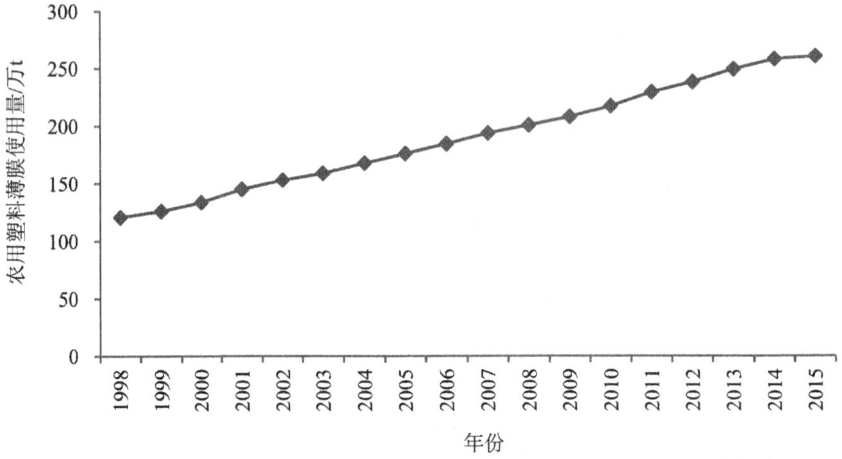

图 6-5 1998—2015 年我国农用塑料薄膜使用量

6.1.4.2 农膜使用的环境影响及回收问题

地膜覆盖技术可以有效提高农作物产量，特别是在干旱少雨的西北地区，可使粮食、棉花等作物增产 20%～30%，同时通过地膜覆盖技术提供反季节、超时令蔬菜，丰富了市场供应。在对农业提质增效方面发挥巨大作用的同时，地膜的使用也对环境造成严重危害。

目前传统农用塑料地膜材料主要是聚乙烯（PE），在自然环境条件下难以降解，加之缺乏有效的治理措施，废旧地膜在农田土壤中逐年增多。残留农膜主要的环境影响有：破坏土壤结构，降低土壤渗透性，甚至导致土地次生盐碱化；降低土壤肥力，影响作物出苗和根系生长，导致农作物减产；残膜弃于田间地头，被风吹至房前屋后、田野树梢，影响村容村貌；造成家畜和野生动物误食死亡等。更为严重的是，部分农膜添加剂中含有重金属离子，通过土壤扩散渗透和雨水淋溶污染水源，危害动植物健康。因此，农膜回收利用也是农业面源污染治理的重要内容之一。

据统计，全国农膜回收利用率不足 2/3，我国农田每年会新增 20 万～30 万 t 不能降解的残留地膜，局部地区亩均残膜量达 4～20 kg。2017 年，农业部制定了《农膜回收行动方案》，要求贯彻落实绿色发展理念，以西北为重点区域，以棉花、玉米、马铃薯为重点作物，以加厚地膜应用、机械化捡拾、专业化回收、资源化利用为主攻方向，推进农膜回收，提升废旧农膜资源化利用水平，防控“白色污染”。

自废旧农膜回收利用行动开展以来，多地做了有益的尝试。以甘肃省为例，在中东部旱作农业区和河西灌溉农业区，以玉米、马铃薯、蔬菜为重点作物，启动建设 45 个地膜治理示范县，在临泽、广河、合水三县试点建立“谁生产、谁回收”的地膜生产者责任延伸制度，在山丹、永昌、榆中、安定等县开展了全生物降解地膜应用示范，在肃州区等 17 个县的蔬菜作物上开展了高效环保地膜试验示范，委托两家地膜生产企业开展了地膜减量化研究，委托 4 家机械研发企业及高校开展了残膜捡拾机械研发。2017 年 45 个废旧地膜回收利用示范县建设项目共建成专业化回收网点 200 个，建立长期定位监测点 228 个，扶持回收加工企业 152 家，推广高标准地膜 1 891.54 万亩，高标准地膜推广率达 87.9%，回收废旧地膜 11.67 万 t，回收利用率达 80.56%，辐射带动省内地膜回收利用率达到 80.1%。

但从全国整体来看，农膜回收利用形势仍不乐观，制约废旧农膜污染治理效果的主要原因包括：

（1）环境保护意识淡薄

废旧农膜污染属渐进式、累加式污染，具有分散性、隐蔽性、随机性、不易监测和难以量化等特点，同时又与农业生产密切相关。广大农民群众长期生活在农村，对这种渐进式的污染习以为常；部分群众受认知水平所限，对废旧农膜污染造成的危害了解不多，环保意识缺乏；部分群众虽然知道废旧农膜污染的危害，但为了经济效益，往往忽视了环境效益、社会效益，明知不能为而为之；乡镇及村社干部受时间和经费所限，对废旧农膜防治工作重视不够，投放的精力不多。

（2）种地成本加大

以甘肃省张掖市玉米种植为例，包括种子、化肥、水电费（井灌、河灌）和人工（种植、锄草、收获）等在内的种植成本年均达到 15 000 元/hm^2 以上。而年均总收入受多种因素的影响，为 22 500～37 500 元/hm^2。收成好的年份，纯收入平均可达到 15 000 元/hm^2，而年成不好时平均纯收入只有 7 500 元/hm^2，收益本就有限，农民不愿意再投入资金捡拾废旧农膜。

（3）回收成本高

在捡拾环节，以 X 地为例，采用半机械化方式捡拾，两人跟一台拖拉机，一天可捡拾 1.07 hm^2，每天连人带机械的捡拾费用为 500 元；回收收益上，废旧地膜 45 kg/hm^2 左右，两人一天的捡拾量为 48 kg，废旧地膜回收价格按 0.4 元/kg 计算，捡拾地膜的回收收益为 19.2 元。成本和收益相差悬殊。若采用机械化捡拾方式，一天可捡拾 1.6 hm^2，每天支出作业费用 300 元，废旧地膜回收费为 28.8 元，成本和收益仍然悬殊。在回收环节，也存在成本高、难度大的问题。废膜捡拾机械不能实现膜杂分离，废旧地膜收到加工企业后，企业分离、清洗过程费工费时效率低，增加了成本支出。

（4）超薄地膜没有禁绝

厚度低于 0.008 mm 的超薄地膜在清理过程中一扯就烂，无论是人工还是机械，都很难完成有效清理。但传统的超薄地膜具有价格优势：5 kg 售价 45～47 元，可铺田地 0.10～0.12 hm^2，相当于投入 418.05 元/hm^2；而加厚地膜 5 kg 售价 52～55 元，可铺田地 1.0～

1.2 亩，相当于平均投入 729 元/hm^2。虽然各地方政府采取了多种措施打击和禁止生产、销售厚度低于 0.008 mm 的超薄地膜，但在利益驱动下，生产和销售超薄地膜行为依然屡禁不止。

（5）废膜捡拾机械功能单一

近年来，农机推广部门也引进和研制出了一些可对膜杂进行分离或可切碎玉米根茬的废膜捡拾机械，但在实际应用中尚不成熟。大多数废膜捡拾机械只能捡拾废旧地膜，无法同时清除草、秸秆和作物根茬。农户还需费工费时进行二次清除，导致废膜捡拾机械不能广泛应用。

（6）加工企业投融资困难，生存压力大

废旧农膜回收加工利润微薄，企业受自身资金限制，无条件和能力引进新技术、新工艺和新设备，只能进行初级加工，产品竞争力不强，效益不明显。只能维持企业的生存，很难承担起辐射带动治理废旧农膜的社会责任。

6.2 国内外种植业污染防治模式及典型案例

近年来，为减少种植业带来的环境影响，在相关部门“农药使用量零增长行动”“实施测土配方施肥”“有机肥替代化肥示范”等相关政策的推动和引导下，我国各地农村根据区域特征和实际情况，探索出针对化肥、农药、农膜污染防治的成熟模式，建立了秸秆收集、转化、利用的三级网络体系，从源头逐步改善种植业带来的面源污染状况，提升了种植业的生产效率和农产品品质。一些发达国家在发展现代种植业的过程中，通过实施生态农业及有机肥替代免税等经济管控方式，在减少化肥使用量方面积累了宝贵的实践经验。本节对国内外种植业污染防治模式进行梳理，通过典型案例的深入剖析，为我国各地开展种植业的污染防治提供参考借鉴。

6.2.1 化肥污染防治模式及典型案例

化肥污染是典型的面源污染，采用点源污染常用的末端治理模式不仅投入大、效果差，而且在我国现有技术经济背景下难以实施，国内外普遍采取源头防控的方式进行化肥污染防治。

6.2.1.1 测土配方施肥模式

测土配方施肥是指以土壤测试和肥料田间试验为基础，根据作物需肥规律、土壤供肥性能和肥料效应，在合理施用有机肥料的基础上，提出氮、磷、钾及微量元素等肥料的施用数量、施肥时期和施用方法。核心是调节解决作物需肥与土壤供肥之间的矛盾，有针对性地补充作物所需的营养元素。

（1）模式特点

测土配方施肥模式可降低肥料施用强度，提高肥料使用效率，促进农民节本增收，减少农业面源污染。但在具体应用过程中需要大量前期的研究工作，包括人力、财力、物力的投入，同时需要专业农业科技人员的指导，操作程序复杂。

（2）适用范围

目前我国测土配方施肥技术并不完善，不能适配较多的农作物。就目前的情况而言，测土配方施肥技术在粮食、油料作物等方面应用较多，而在蔬菜、果树等作物上的应用很少。

自 2005 年开始，我国在全国范围内大规模开展测土配方施肥。国家出台了一系列政策文件推动测土配方施肥项目的开展，原农业部也将测土配方施肥工作由技术措施提升为一项支农惠农的政策措施，利用加大农业补贴的方式提高农户采用测土配方施肥的积极性。测土配方施肥项目实施作物种类和实施区域范围不断扩展，作物种类包括粮食作物、经济作物和园艺作物，补贴范围扩大到几乎所有县级行政区。总结测土配方施肥模式在典型地区的应用情况，可以为该项技术模式的推广提供借鉴经验。

（3）典型案例

【案例一：湖南省测土配方施肥六大经验模式】

2005 年湖南省启动测土配方施肥补贴项目，10 多年来，105 个县市区实施该了项目，累计采集化验土样 86.9 万个，检测土壤 pH、有机质、碱解氮、有效磷、速效钾和中微量元素等 19 个指标，完成大量元素分析化验 357.7 万项次，中微量元素分析化验 36.83 万项次，其他项目 171.62 万项次。在主要农作物上完成各类田间肥效试验 9 600 多个，获取了大量试验数据。在推进测土配方施肥行动中，湖南省土肥系统初步探索出了 6 种测土配方施肥运作模式：

1）建卡服务模式。在做好土壤常规化验分析的同时，收集整理第 2 次土壤普查、土壤监测、地力调查、田间肥效试验等资料，做好水稻、棉花、油菜、蔬菜和水果等主要农作物前 3 年施肥情况调查。总结地区高产典型施肥经验，掌握当地土壤养分的变化趋势和基本规律，根据不同土壤养分含量和不同作物的需肥特点制定测土配方施肥建议卡，制作包括农户信息、肥料配方、肥料用量、施肥方法等内容的测土配方施肥建议卡，由县、乡两级农技推广干部将测土配方施肥建议卡送到农民手上并对农民进行施肥技术指导。

2）肥料购买与技术指导绑定模式。由县级以上土壤肥料技术推广机构根据不同土壤养分含量和不同作物的需肥规律研制肥料配方，将肥料配方交给测土配方施肥定点生产企业，由肥料企业按配方生产作物专用配方肥，建立起测土—配方—配肥—供肥—施肥技术指导的服务体系。这种模式将肥料作为测土配方施肥技术的载体，使农民在购买肥料的同时得到了科学施肥技术，既简化了农民的操作手续，又强化了测土配方施肥技术的推广。

3）种植大户带动模式。在村中抓住种粮大户或各种经济作物种植大户，由他们开展测土配方施肥技术。这些种粮大户对农业科学技术反应比较敏感，接受能力强，利用他们在当地农民群众中的影响力和辐射示范作用，带动和引导农民推广测土配方施肥技术。如衡阳市耒阳市大市乡长洲村陆魁丰制种 5.3 hm^2，带动村中 300 多农户施用配方肥。

4）农科教“三联合”模式。充分发挥农业科研、教学和推广部门的人才、技术和设备优势，邀请他们共同参与测土配方施肥行动，并在实践中形成良好的协作机制。如衡阳市耒阳市实行农业技术集成式推广，不仅整合了各部门的技术力量，充分利用了项目资金，而且拓宽了试验示范的范围，提高了工作效率，扩大了项目实施的影响力。由湖南省多家科研单位和公司联合开发的“田间道配方施肥软件”，解决了测土配方施肥实际操作技术难度大的问题：可以用手机软件计算出最佳的施肥方案。目前支持的主要农作物有：早稻、中稻、晚稻、玉米、红薯、油菜、棉花、烤烟等 8 个作物，覆盖湖南全省的测土施肥计算，应用后每亩每季为农民节本增收 50 元以上。

5）协会参与模式。由协会派员与农业部门一起进行野外调查采样，根据不同土壤养分化验结果、不同农作物需肥特性和农产品品质要求，共同研制肥料配方，推进测土配方施肥。如张家界市慈利县土肥站对这些协会开展“六统一”服务：统一宣传培训、统一选点取样、统一化验分析、统一制定配方、统一供应配方肥和统一技术指导，成效显著。

6）农技部门与加工企业、龙头企业、种植大户互动模式。由农业技术推广部门测土配方，肥料定点加工企业生产配方肥，龙头产品企业统一销售给基地农户。在基地生产上，形成统一供种、统一供肥、统一供药、统一收购、统一栽培管理措施的配方施肥推广模式。这种模式有利于形成配方肥生产企业与农产品加工企业和基地种植大户的利益共同体，充分发挥农产品加工企业与基地农户紧密联系的优势。

【案例二：美国测土配方施肥技术】

美国的测土配方施肥技术覆盖率超过了 80%，美国艾奥瓦州建立了一套适合于自身发展的测土配方施肥技术体系，促进了科学施肥体系的建立，对中国开展测土配方施肥工作具有一定启示。

一是完善施肥技术指标体系。艾奥瓦州立大学经过多年的试验，建立了一套包含不同测试方法、不同作物种类的施肥指标体系，并在实践应用中不断地修订完善，同时将这些施肥指标体系提供给各个肥料服务公司、农场主等，使从事农业生产者能够了解如何科学地施用肥料。二是强化农民科学施肥意识。美国农民已经主动接受并认真实施测土配方施肥技术，在艾奥瓦州立大学化验的土壤样品中，有 20%左右的土壤样品由农民自己采集、送检。三是建立健全肥料管理法律体系，美国肥料管理包括肥料生产、经营等许可、新型肥料审批、肥料市场监督等。四是建立有效鼓励机制。艾奥瓦州通过法律规定，每经营 1 t

肥料收取一定税费反哺土壤养分测试工作等。

6.2.1.2 有机肥替代化肥模式

使用有机肥是减量施肥的重要手段，国家给予了高度重视，通过减免税收、提高奖励、增加补贴的方式大力推广。2008 年财政部和国家税务总局联合下发《关于有机肥产品免征增值税的通知》，规定自 2008 年起，纳税人生产、销售和批发、零售有机肥产品免征增值税；2009 年在《中共中央 国务院关于 2009 年促进农业稳定发展 农民持续增收的若干意见》中指出“鼓励开展农民增施有机肥、种植绿肥、秸秆还田奖补试点”。2013 年农业部、财政部制定《2013 年土壤有机质提升补贴项目实施指导意见》，以土壤有机质提升补贴项目为依托，通过技术物资补贴方式，鼓励和支持农民应用土壤改良、地力培肥技术，促进秸秆等有机肥资源转化利用，减少污染，改善农业生态环境，提升耕地质量。

（1）模式特点

有机肥在普通化肥的基础上加入了菌群，能够充分改善土壤的理化性状，提高土壤肥力，起到减肥增效的作用。有机粮食作物、蔬菜、水果等市场价位好，能够促进农民增收致富。但与化肥相比，有机肥有效养分含量相对较低，肥效缓慢，且体积较大、用工多、不易贮藏。

（2）适用范围

该模式适用于发展果蔬菜茶精品农业地区。

（3）典型案例

【案例一：山东省补贴有机肥生产施用】

山东省自 2008 年起，每年由省政府采取公开招标的方式采购 12 万 t 有机肥，由市、县级政府出资购买运输车，将有机肥直接送到农户手中。省财政补贴标准为 100～300 元/t，示范县、市依托现代农业项目实行有机肥补贴标准为 300 元/t，县财政增加补贴 190 元/t。

2017 年山东省实施果菜有机肥替代化肥试点项目，组织沂源、栖霞、蓬莱和蒙阴 4 县（市）开展苹果有机肥替代化肥示范，安丘、金乡、平原、莘县和郓城 5 县（市）开展蔬菜有机肥替代化肥示范，每个示范项目商品（生物）有机肥补贴上限为 200 万元。示范基地内的农户自制使用或购买使用堆肥补贴 300 元/t；对与农户签署免费供应或低于市场价 300 元/t 的价格供销协议的大型养殖场、大型沼气工程公司或沼渣沼液社会化服务组织等实施主体，对其建堆沤池，购置固液分离、清运、翻抛、一体化堆肥机等机械设备给予补贴。补贴标准为：新建大型硬化堆沤池补贴 70 元/m^3，新购置有关机械设备补贴其价格的 30%，补贴总额控制在让利额度（让利额度以实际供应量乘以 300 元计算）以内且不超过 300 万元；果园种草补贴草种价格的 50%，限 300 元/亩。设施蔬菜建设生物反应堆，对所用菌种、密封膜给予补贴，每亩不超过 600 元；增施商品（生物）有机肥，补贴有机肥价格的 50%，每亩不超过 500 元。

【案例二：吉林省补贴有机肥施用】

吉林省自 2009 年在农安县、双辽市、乾安县、镇赉县、东丰县开展增施有机肥补贴试点工作，每亩施用有机肥（有机质含量 10%以上）达到 2 m^3 以上给予补贴 10 元。2016 年榆树、农安、德惠、九台、双阳、梨树、双辽、前郭、舒兰 9 个县（市、区）继续开展增施有机肥补贴试点，由各项目县（市、区）负责组织招标，试点县（市、区）与中标企业签订供肥合同，每亩施用商品有机肥 66.7 kg 以上（含 66.7 kg）补贴 50 元。

【案例三：重庆市梁平区补贴有机肥生产施用】

重庆市梁平区有机肥厂收购全县规模化养殖场和散户的畜禽粪便制取有机肥。企业自产肉牛存栏量 6 000 头/a，确保粪便来源稳定，同时可消纳县域内所有规模化养殖场、部分散户的畜禽粪便和部分生活垃圾有机质。政府对厂房建设、产品销售等环节给予补贴。市环保局前期补贴 100 万元用于项目建设，2017 年能源局补贴 1 400 万元用于厂房改（扩）建和运输车辆增配。成品有机肥价格 760 元/t，且销路通畅。每年镇政府以市场价向有机肥厂购买 1 万 t 有机肥，发放给农业合作社和种植大户。

6.2.1.3 种养结合治理模式

种养结合是指种植业和养殖业相结合的生态农业模式，将养殖业产生的畜禽粪便收集制作为有机肥施用于种植业。

（1）模式特点

种养结合形成较完整的生态系统，作物与动物互利共生，实现养殖业与种植业的协同发展，提高资源利用率，减少农业面源污染，增加经济效益，提高农产品安全。

（2）适用范围

该模式适用于畜禽养殖废弃物产生量大、有种养结合需求的地区。

（3）典型案例

【案例一：河南省种养结合 5 种典型模式】

（1）紧密结合家庭农场种养结合模式

此模式综合考虑了生猪粪便排泄量与土地消纳能力，具有用地少、造价低、环境好、出栏快、零排放、无污染、肥地力、高效益的特点。但是受养殖用地属性不明确的制约，影响了进一步推广。该模式适合适度规模养殖企业就近流转耕地和低产田进行循环消纳的地区。

如平顶山市某百亩地千头生产线模式，以每 3.3～6.7 hm^2 土地为一个生产单元，在大田中间建设一条占地 0.13 hm^2、每批出栏 1 000 头的生猪养殖生产线（主要建设内容是下沉式半地下大棚养殖场和储液发酵池各 1 座），每条生产线造价 40 万元左右，年产值达 200

余万元。该生产线能充分发挥猪舍地处大田中间的地理优势，实现粪污无害化处理后就地就近利用，有效解决养殖业粪污污染问题，不仅破解了养殖业的用地和环保难题，而且能改善土壤团粒结构，增强土地肥力，解决了种植业的土壤板结、地力不足问题，并大幅提高综合效益。

（2）全链条全循环集群种养结合模式

此种模式是以种养结合为基础的新型农业循环发展模式，不仅通过物质能量的多级循环实现产业链条拉伸，而且具有节约资源、减少污染的优势。缺点是前期投资太大，周期较长，管理运行复杂，一般养殖企业难以承担。

如南阳某生猪产业化集群立足农牧结合、种养一体，铺设粪尿水还田管网 141.5 万 m，将种养结合范围拓宽至大田作物和现代高效蔬菜大棚，逐步形成了“分级收集、厌氧发酵、沼气利用、沼液暂存、管网输送、施肥还田”的液态肥还田模式，使丘陵干旱地带的小麦产量由 133 kg 提高到 431 kg，每亩果菜大棚产值达到 20 万元，既解决了粪污利用处理难题，又促进了农业增产增效；同时还建立了集科研、饲料加工、种猪繁育、商品猪饲养、屠宰加工、有机肥生产、沼气发电、生态农业于一体的完善农业产业链，其中有机肥厂年处理猪粪 30 万 t、年产有机肥 10 万 t。

（3）休闲观光田园综合体模式

此模式与全链条全循环种养结合模式类似，需要借助当地特殊的地理环境和专业管理人才，适合城郊大型养殖企业，是畜牧业发展中出现的新业态。

如南阳某公司按照“养好猪、种好田、植好树、建好园”的思路，承包包括荒山荒坡在内的 666.7 hm^2 土地。养殖粪污经沼气工程等设施处理后，沼液和有机肥施入流转土地，发展现代有机农业和林果业，沼气供给农民使用。建设了集生态养殖、休闲采摘、滨河湿地、牧歌体验、现代农业、田园社区于一体的农牧循环产业园，打造出了具有地方特色的田园综合体，形成了农牧游一体化新型经济模式。

（4）托管合同种养结合模式

托管合同种养结合是在不改变农户土地承包经营权的条件下，将农业生产中的耕、种、管、收等全部或部分作业环节委托给畜牧企业完成的农业经营方式。此种模式一方面有效解决了养殖场粪污消纳问题，另一方面通过托管，可采用先进农作技术和新品种，充分发挥农业机械装备作业能力，实行标准化生产，提高农产品产量和品质，实现农业节本增效，有效解决了小农经济经营方式粗放、生产效率低下，“种不了地”和“种不好地”等问题，是最简便的种养结合模式。但普通养殖企业存在土地管理利用方面的资金、人才、技术等的困难和问题。

如南阳市某公司建设 3 000 m^3 沼气联户工程，利用“猪-沼-果”生产模式，托管种植有机桃 80 hm^2，年果业收入 350 万元，周边 500 多农户免费用上清洁能源。另一万头规模奶牛场，通过合同带动周边农户种植 1 333.3 hm^2 青贮玉米和优质牧草，与收获玉米籽粒相比，每亩带动农户增收 300 元左右，一个场带动周边农民增收 600 万元。

（5）“分散收集+集中处理+综合利用”种养结合模式

该模式将分散的畜禽养殖场粪污收集起来，统一进行无害化处理制作有机肥，以购买服务的方式，构建了畜禽粪污治理收储运和处理利用技术服务体系，通过综合利用，变废为宝，有效解决了中小养殖企业粪污污染问题。但是由于第三方法律责任界定不清、缺少约束措施、面临较高政策风险，合同保障缺乏连续性，制约了第三方治理模式的推广与应用。该模式属于第三方治理模式，适合在养殖密集区推广使用。

如河南省某公司建设 10 万 t 有机肥加工厂一座，通过与周边 28 家养殖场签订畜禽粪便消纳协议，派出专业运输车辆及人员收集区域内的养殖场粪便，运至生产基地进行集中无害化处理及有机肥生产，可解决出栏 20 万头生猪的粪污和 1 万 hm^2 秸秆的综合利用问题；同时，在有机肥厂周边开展 3 333.3 hm^2 的土地托管，实现种养结合。

【案例二：四川省丹棱县沼肥循环种养模式】

畜禽粪污“三二一”治理模式。“三二一”治理模式中，“三”即养殖户建设沼气池、干粪堆积池，做到干湿分离、雨污分流，镇政府建好集中沼液池；“二”即两次减量，养殖户对畜禽产生的粪尿自用灌溉，做到一次减量，将多余的粪尿由服务队运输到集中沼液池，做到二次减量；“一”即建好一支抽施粪服务队伍。畜禽干粪按“畜禽干粪—干粪堆积池—土地消纳或有机肥处理厂”的途径处理，畜禽尿液按“畜禽尿液—沼气池—沼液贮存池—土地消纳”的途径处理，有效解决了畜禽养殖废水处理问题。

建立推进畜禽养殖废弃物利用的奖补和考核管理机制。丹棱县财政先后投入“以奖代补”资金 3000 多万元补贴“三池”建设以及沼液运输专业合作社建设。沼液运输专业合作社每年通过竞标取得资格，每月进行绩效考核。每个合作社有 1 台抽施粪车，政府采用农机补贴一半购车款（6 万元），合作社向畜禽养殖户收取 10～15 元/车费用，向种植户收取 50～120 元/车费用。此外政府每年补贴每个合作社绩效考核资金 10 万元。以红石村沼肥运输专业合作社为例，2016 年人均年收益 10 万元。稳定的收益提升了村民参与有机废弃物收集的积极性。

目前，丹棱县沼液运输覆盖了全县 50%的村组，全县沼肥循环种养面积 16 万亩，占全县水果面积的 46%。采用沼肥循环种养，果农减少化肥施用 51%，柑橘产量提高 30%（达到 2 000 kg/亩以上），果品价格提高 200%（平均达到 10～18 元/kg），有效提高了土壤肥力、农产品质量和农产品附加值，实现了农民增收。同时，全县粪污处理率达 98%，由于有效截留畜禽污染，思濛河丹棱段水质监测中，2016 年比 2015 年高锰酸盐指数浓度下降 1.85 mg/L、氨氮下降 0.09 mg/L、总磷下降 0.02 mg/L。

6.2.1.4　规模化、标准化种植助力化肥、农药“双减”模式

标准化种植就是按一定的科学标准来进行种植。通过标准化种植，让作物达到高产量增收、高质量增值，最终实现产值的极大提升，实现经济与环保的双赢。国内规模化种植经营模式主要有两种：一是传统的土地流转经营，即通过租赁、转让等多种方式获得经营权，经营权及经营收益由普通农户转移至规模化种植业主；二是新兴的生产托管经营，即规模化种植业主或服务组织向普通农户提供菜单式服务，代为完成农业生产中的耕、种、防、收等全部或部分作业环节并获得相应收益。

（1）模式特点

与普通农户种植相比，规模化种植机械水平高、人工成本低，但服务费用比较高。此外，规模化种植所需土地的大部分需要从外部流转获得，导致土地成本较高。

（2）适用范围

耕地面积大、适合机械生产的地区。

（3）典型案例

【案例：美国水肥一体化技术】

通过水肥一体化技术，科学控制施肥与灌溉水，可以提高水肥利用效率、达到减少化肥引起的面源污染的效果。1998 年美国的水肥一体化技术已遍及 3 500 多个农场，规模达 400 万 hm^2。美国的大型灌区一般设有能自动控制的调度中心。为进行水肥有效化管理，美国通过分析水肥调度中心可溶性肥的分布规律及系统压力特征，制定了一系列灌溉制度，肥料利用率提高了 10.5%。

6.2.1.5　国外化肥减量经济政策

国外大量采取经济政策促进化肥减量使用，主要做法是一方面向农用化学品生产和销售者征收税费，另一方面向农户发放财政补贴，达到控制农业面源污染同时保障农业发展的目的。

【案例一：美国环境税费和政府补贴】

由于面源污染具有不确定性及广泛性等特点，用达标排放的方法来控制农业面源污染难以实施。美国主要采用环境税费的方式来防控面源污染。在美国，农用化学品的生产者和销售者需缴纳化学原料消费税，不同的农用化学品税率不同，一般每吨收取 10～24 美分不等的税费，但这些物品出口可以免税。美国部分州直接对化肥征税，如艾奥瓦州《地下水保护法案》规定对每吨氮肥征收 0.75 美元的税费。此外，美国通过制定《耕地保护计划》《耕地调整计划》及《土壤和水资源保护法》等土地保护政策法规来对农民进行经济补贴。这些政策法规在实施时，美国政府先估计当年某种农产品的市场供需、库存和下一

年国际国内市场需求状况，确定下一年该农产品的播种面积和休耕面积比例，同时确定对休耕农户损失进行补贴的高低。若估计下一年市场需求大，则鼓励农民扩大耕地面积，政府补贴就低一些；反之则高一些。1985 年美国依据《耕地保护计划》，对占耕地 24%的“易发生水土流失土地”实行 10～15 年休耕，休耕还林还草的农户从政府拿到的补助金多于从事耕作的收益，如补助不足，农户可以上诉，执行部门将遭受惩罚。20 世纪 90 年代初期，美国逐步把农业补贴转为向农业环境支付的“绿色补贴或支付”。该补贴法案中还规定了强制性条款，要求生产者必须满足最严的环境标准，政府按照环保标准对生产者行为进行核查，再决定是否给予补贴以及补贴数额，表现出色的可以获得减税等奖励，促使受补贴的农民严格执法环保要求。

【案例二：欧盟化肥施用税费和政府补贴】

为控制农业面源污染，欧盟成员国对农用化肥施用征税。如奥地利从 1986 年开始征收化肥税；芬兰 1990 年、1992 年分别引入磷肥税和氮肥税；瑞典对化肥生产和化肥进口征税。此外，自 1989 年第一个治理农业面源污染的法案出台以来，欧盟不断加大对于减少农田氮、磷养分总用量，提高农田养分利用率等方面的财政支持。欧盟在面源污染控制方面投资达 1 700 亿欧元/a，占欧盟财政预算总支出的 80%以上，各欧盟国家联邦政府、地方政府还有相应的投入。各地区根据本地的经济能力和控制目标，制定相应的奖惩措施。如德国萨克森州规定，农民从事氮肥用量减少 20%～50%的生态农业模式或综合农业模式的经营，可得到 80～1 500 马克/hm^2 的补贴，这笔资助主要用于进行土壤矿质氮的分析。此外，提出减少政府对谷类和油脂类作物的价格补贴，以引导农民减弱生产活动强度；并对那些减少肥料使用和农药施用量或将生产方式转向有机耕种的农民发放补贴。

6.2.1.6 国外规范农业生产促进化肥减量政策

发达国家通过规范农业产业和农业生产方式，变末端治理为源头防控，促进化肥减量。

【案例一：韩国的环境友好型农业推广政策】

韩国政府自 20 世纪 90 年代初期就着手促进环境友好型农业发展，针对农业发展中由于依赖高投入、高产出伴生的环境污染而导致的一系列影响农业可持续发展的问题，出台和实施了一系列“亲环境农业”政策促进计划。1997 年颁布《亲环境农业培育法》将亲环境农产品划分为有机农产品、转换期有机农产品、无农药农产品、低农药农产品、一般亲环境农产品等类型，并颁发相应证书。同时就亲环境农产品证书的申请、审批、审批机关的认定、证书有效期限确定以及违法行为的处罚等进行必要的规定，保障认证的公正性和有效性。2000 年制定的《亲环境农业培育五年计划（2001—2005 年）》，以农业与环境协调、可持续发展为理念，提出两大基本目标：第一，通过确立适宜于区域条件、农民经营规模、农作物特点的亲环境农业体系，提高农民收入，生产高质量安全农产品；第二，通过确立农产、畜产、林产相联系的自然循环农业体系，保护农业环境，增进农业的多元性公益职能。到2012年，韩国生态农业种植面积已达到17万hm^2左右，相当于全国农业耕作面积的9.5%。从2010年开始，政府结束了低农药产品的认证制度，集中支持无农药和有机农产品生产类型的认证，无农药、有机栽培的比率从2001年的不到40%，增加到了2012年的77.4%。

为补偿实践环境友好型农业的农民可能遭受的收入减少，奖励农业、农村的环境保护和安全产品生产，1999年韩国政府开始引进并实施亲环境农业直接支付制度，向亲环境农产品生产者直接支付补偿金。对种植生态农产品造成低于一般农产品收益的，两者差价由政府予以补贴，并对有机农产品和低农药农产品实行差别补贴。对生产普通农产品改为生产生态农产品的，韩国政府免费提供基础设备、材料并给予补贴。

【案例二：日本发展环保型农业政策】

从20世纪70年代起，日本政府为了减少农业面源污染，大力倡导发展环保型农业。自1992年日本农林水产省首次提出“环境保全型农业”概念以来，日本政府在防治面源污染方面制定了一系列行之有效的法律法规，主要有《可持续农业法》《农业污染防治法》《农药管理法》《农药取缔法》《肥料取缔法》《堆肥品质管理法》等。《可持续农业法》是农业面源污染管控的基本法律，该法旨在促进环保型农业的发展，在农业生产中减少化肥、农药的使用，增加堆肥及有机肥料的使用，明确提出促进12大类农业可持续发展的生产技术与标准。《农药管理法》是另外一部重要的控制农业面源污染的基本法律，该法全面规定了农药生产、进口、注册及管理的基本制度。凡是提请农药注册的企业，首先必须向农林水产省出具该药品的毒性试验、环境影响试验、农药残留试验等数据，经过农林水产省的审核，食品安全委员会对农药的毒性进行最终评价。农林水产省依据此评价，决定是否给予登记。此外，农林水产省还会依据天气、病虫害情况定期发布农药用量、用法等公开信息，指导农民正确使用农药。对不按照规定超标使用农药的农户，轻者公开进行经济处罚，重者追究其刑事责任。

为了促进环保型农业的发展，日本政府通过税收、信贷政策等优惠措施来提高环保型农业生产者的经济效益。农林水产省规定，凡是耕地面积在0.3 hm^2以上、农业年收入超过5万日元的农户均可以申请从事环保型农业种植，农户自行制订实施方案，经农林水产省批准后，即可实施。凡是被农林水产省核定为环保型农户的，银行可以为其提供长达15年的无息贷款，农协为其提供50%的农业设施资金支持，政府每年减免7%～35%不等的农业税费。截至2014年，日本从事环保型农业生产的农户达到了48.9%，有效地控制了农业面源污染的范围。日本部分地区对“环境友好农产品”直接补贴额度为（以每1.5亩计）：水稻面积在3 hm^2以下补贴5 000日元，超过3 hm^2的部分补贴2 500日元；设施蔬菜（主要指温室栽培的蔬菜）补贴3万日元，露天蔬菜补贴5 000日元；果树（梨、桃、葡萄和无花果）补贴 3 万日元，其他果树补贴 1 万日元，精准支持绿色农业。

【案例三：欧盟推行共同农业政策】

欧盟的共同农业政策是其最重要的共同政策之一。1992 年，欧盟部长会议正式通过对共同农业政策的修订，将环境保护措施、农业用地中的造林项目和农民早期退休计划等引入共同农业政策。欧盟在重要的水源保护区和流域，制定和执行限定性农业生产技术标准，减少农田、畜禽养殖业造成的农村地区氮、磷径流和淋溶。

在化肥和农药的管理上，欧盟国家建立了严格的使用登记制度。2000 年以来，欧盟陆续出台的《饮用水水质指令（98/83/EC）》、减少农业面源污染的《硝酸盐指令（91/676/EC）》、控制杀虫剂最大使用量的《杀虫剂法（91/414/EEC）》、限制水中杀虫剂残留的措施等已成为治理农业面源污染的重要法规。欧洲各国流域逐步实施农业投入氮、磷总量控制，连续多年氮、磷化肥用量大幅下降，使得欧洲农业面源污染得到了有效控制。曾经一度十分严重的地下水硝酸盐污染已经明显缓解，湖泊和近海水体富营养化也得到一定程度的改善。在大幅减少氮、磷化肥用量的同时，通过农业政策的落实，提升农业科技水平，提高氮、磷化肥和农业系统中有机氮、磷资源的利用率，促进高产水平下物质投入在生产系统内部的良性循环。在耕地面积和化肥投入量不断下降的条件下，欧洲耕地产出率和作物产量逐年上升，粮食总产和单产增加，各类农产品和生态系统中的农药残留、农用化学品残留已大幅度下降，农产品品质明显提高。

6.2.2 农药污染防治模式及典型案例

与化肥污染防治的思路类似，农业生产的清洁化变革是农药污染防治的根本途径，我国目前采用的模式主要为以经济手段激励低毒无毒农药的使用，同时大力回收农药包装，减少其造成的环境污染。

6.2.2.1 农药包装回收利用模式

农药废弃包装物是污染环境的重要载体，农药包装回收不影响农业生产，且效果立竿见影，是治理农业面源污染的重要途径。2013 年国家就明确要求建立农药包装容器等废弃物回收制度。2015 年，环境保护部提出，农药废弃包装物的回收必须要坚持“生产者负责—销售者回收—使用者交回”的原则，通过政府引导—企业负责—农户参与—市场驱动四方共建，最终实现对环境的零污染。

在实施土地流转的地区，规模化、产业化、集约化的农业经营方式有利于农药包装物源头管理。但我国农药包装规格及材料缺乏规范，回收过程复杂，因此回收利用也存在操作难、监管难等问题。当前我国的农药废弃包装物回收利用整体上还处于小范围探索状态。

【案例：浙江省平湖市农药废弃包装物统一回收和集中处置】

平湖市出台了《农药废弃包装物统一回收和集中处置三年（2017—2019 年）实施方案》，明确资金保障、回收规格及价格和费用补贴等，使农药生产者、经营者和使用者在处理农药废弃物方面有章可循，提高回收对象、主体和处置单位参与的主动性和积极性。

一方面，实现回收处置程序化。根据服务区域、种植品种，采用划区定点收购办法，各网点负责本区域内回收工作，专业公司及时到网点收集并运输废弃农药包装物到公司专用仓库，联系处置单位进行无害化处置，保证收处流程畅通。2018 年进一步严审回收主体资质，从全市 150 余家农资经营户中集中挑选 97 家进行签约，便民惠民的同时确保农药废弃包装物的真实有效回收。另一方面，确保回收处置规范化。各回收网点建立农药进货、销售、包装物回收三本台账，第三方专业公司作为回收储运单位做好核实登记和回收数量的抽验验收，监管单位不定时进行各环节核查，发现回收数量异常或回收非农药包装物的回收网点，联合执法部门予以查处，给予警告处罚，直到取消回收资格。坚决杜绝收购非农药瓶、袋和外来投机性农药废弃包装物现象。

6.2.2.2 病虫害绿色防控模式

病虫害绿色防控就是通过推广应用生态调控、生物防治、理化诱控、科学用药等绿色技术，助力农业绿色发展，保障农业生产、农产品质量和生态环境安全。农业部于 2011 年印发《农业部办公厅关于推进农作物病虫害绿色防控的意见》，推进病虫害绿色防控技术发展。2017 年，农业部召开全国农作物病虫绿色防控现场会，展示绿色防控新产品和新技术，总结绿色防控新模式。

病虫害绿色防控单项技术有成本高、管理复杂、见效较慢、功能单一等问题，与传统化学用药防治相比处于劣势。综合技术未实现单项技术的有效集成，缺乏经济、实用、简便的贯穿作物生长全程的技术模式。该技术模式目前主要依赖政府扶持引导，在 150 个果菜茶全程绿色防控试点县（区、市）和 600 个绿色防控与统防统治融合示范基地得到推广应用。

【案例一：河南省病虫害绿色防控经验】

河南省孟州市西虢镇采取农业合作社模式开展病虫害绿色防控，每年减少农药使用量约 35%；有机肥和化肥配合施用，有机肥量施用量为 3 000～3 500kg/亩；建立农产品、农业投入品溯源平台，通过监管倒逼机制，强化生产者标准化生产的主体责任，有效控制了农药、化肥施用强度。孟州市还通过合作社管理模式，加强肥水管理和病虫害统防统治，采取推广配方施肥技术、增施有机肥、合理搭配养分等措施降低面源污染。

【案例二：北京市草莓病虫害绿色防控技术】

北京市昌平区、密云区和平谷区 6 家草莓生产经营企业采用物理防控、生物防控等手段防治病虫害、避免土壤污染，提升农产品品质和安全水平。北京市、区两级植保站依托项目发放防虫网和黄（蓝）板、生物农药等绿色防控物资。昌平区由政府主导，对草莓种植户进行生物农药等绿色防控物资的补贴，有效降低了绿色防控技术应用的成本。在仅补贴生物农药和高效、低毒化学农药的情况下，应用绿色防控技术的成本为 1 800～2 000 元/棚，销售额为 4.5 万～6 万元（未扣除成本）。

6.2.3 秸秆综合利用模式及典型案例

6.2.3.1 秸秆收集、转化、利用三级网络模式

（1）分散型秸秆收储运模式

分散型秸秆收储运模式以秸秆经纪人为主体，由秸秆经纪人把分散农户组织起来，为企业常年提供秸秆原料。企业从周边农村挑选有经济头脑、有启动资金的农民，培育为秸秆经纪人，专门负责秸秆原料的收集、晾晒、贮存、保管、运输等任务。

秸秆经纪人一般采取两种方式收购秸秆：一是经纪人自行购置运输车辆，设立简易储料场，从农户手中收购秸秆，存放在储料场，定期向企业供应原料；二是秸秆经纪人培育一批秸秆收购户，并定期预支给收购户周转资金，用来收购秸秆、购买手扶拖拉机等农用运输工具，由这些收购户收购秸秆，并负责直接运送到秸秆利用企业。由经纪人负责与企业定期结算，并与小散户们进行利润分红。具体运行模式如图 6-6 所示。

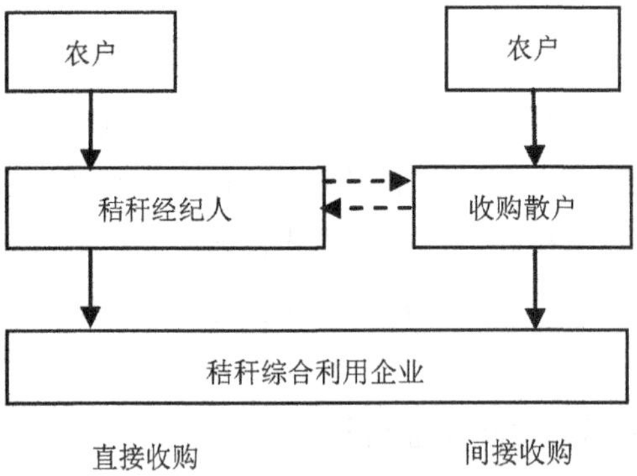

图 6-6 分散型秸秆收贮运模式

【案例：山东某纸业集团秸秆收集、转化、利用三级网络模式】

山东某纸业集团成功建立了秸秆收集、转化、利用三级网络，形成了“划片收储、集中转运、规模利用”的秸秆收储运管理体系，解决了秸秆综合利用的收效率低，贮存、运输困难的问题。通过建立秸秆收集、转化、利用三级网络，推动秸秆利用产业的高值化、

专业化和规模化发展。具体运行模式如图 6-7 所示。

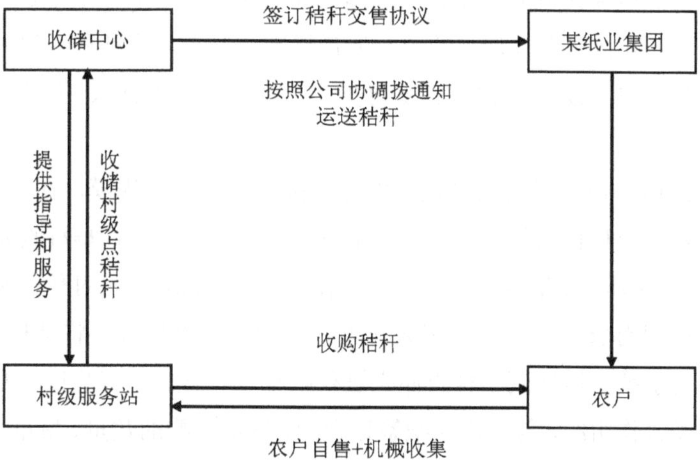

图 6-7　山东某纸业集团秸秆收储运模式

收储运：采用"企业+乡镇收储中心+村级收集点+农户"四位一体的收储运营机制，每村（约 1 000 亩土地）设立一个村级收集点，每村选出一位村民，专业从事秸秆收集打捆作业，并交售到乡镇收储中心，乡镇收储中心将秸秆二次挤压打捆后运送到秸秆堆存场。每个收储中心设立 30 个村级作业点，村级作业点辐射方圆 5 km，保证农民实现就近回收、及时交送。每个收储中心覆盖 3 万～4 万亩农田，秸秆收储量为 5 000 t/a 以上，秸秆收储场地 50 亩，大多租用盐碱地等未利用地。

转化利用：将秸秆转化为高附加值的黄腐酸有机肥、纸制品、精细饲料等产品，并在当地或周边地区推广应用，纸制品和黄腐酸有机肥销售市场良好。

该集团秸秆收集、转化、利用三级网络体系能够有效运行，根本原因是做到了农户、收储中心、企业三方受益，利润分析如下：

村级作业点：村级作业点向收储中心销售秸秆费用为 200～300 元/t，折算每个村级作业点年利润约 3.5 万元。农户的收益大约为 10 元/亩，但有专人进行收集打捆，农户可节省劳力，收集秸秆积极性增加。

收储中心：收储点与企业间供应链关系长期稳定，企业付给收储中心费用为每吨秸秆 550～600 元，每个收储点年利润为 35 万～60 万元。收储从业人员因受益可观而从业积极性高，解决了收储量不集中、利润低、收储积极性不足的问题。

企业：原料有效收集保证企业正常运行，集团研发配备秸秆收储专用机械，粮食收割当天即可实现秸秆全部离田，解决了秸秆收集效率低的问题。

（2）集约型秸秆收储运模式

集约型秸秆收储运模式以专业秸秆收储运公司为主体，负责原料的收集、晾晒、贮存、保管、运输等任务，并按照企业规定的统一质量标准，对农户或秸秆经纪人交售秸秆的含水、含沙和霉变程度进行质检、称重、支付货款、打捆（标准捆）、堆垛、统一防潮、防火和保存。

秸秆专业收储运公司一般是以乡镇为中心，按照一定储量规模，在一定区域范围内，分散设立一个或若干个秸秆收储点，形成一个收储网络系统，调控秸秆收储量并按企业原料使用需求，及时、保质、保量运送秸秆到厂。秸秆专业收储运公司对秸秆实行分散收集、统一储运管理。以现有农户或秸秆经纪人作为秸秆的主要收集者，将秸秆收集、晾晒后，按照收储公司的要求统一运送到秸秆收储点进行贮存、保管。还有些秸秆专业收储运公司通过培育秸秆农民合作组织，与合作组织签订合同，规定收购的数量、质量、价格等内容，由专业合作组织把分散农户组织起来，负责原料收集、预处理和小规模贮存，然后根据需要定期运送到收储站，逐步形成从农民合作组织到秸秆专业收储运公司再到秸秆综合利用企业的秸秆收储运体系，保证了原料的长期有效供应。具体运营模式如图 6-8 所示。

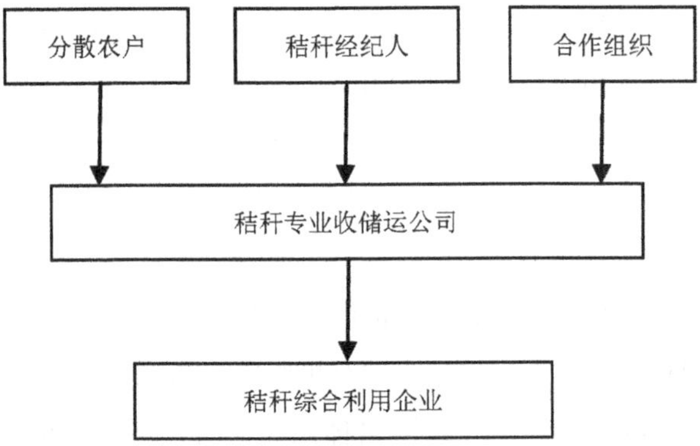

图 6-8　集约型秸秆收储运模式

【案例：山东省齐河县收集、转化、利用三级网络模式】

山东省齐河县是传统农业大县和传统畜牧养殖大县，粮食种植面积 220 万亩以上，秸秆产生量大。齐河县把华店镇作为三级网络试点乡镇，充分发挥合作社在秸秆收集环节的作用。通过村党支部领办创办农机合作社，注册成立了村级农机合作社 73 个、镇级农机服务专业合作社联合社 1 个，购置打捆机 76 台，对全镇小麦秸秆统一打捆回收、统一运输销售。

县政府与某专业公司开展合作，在全县域内规划两个 100 亩有机废弃物综合利用基地，生产天然气和有机肥，实现县域秸秆、畜禽粪便、餐厨垃圾等农村有机废弃物资源转化。

为扶持企业积极进行有机废弃物转化工作，政府将加快项目用地审批手续，陆续出台土地出让、税收、人才引进等优惠配套政策。

6.2.3.2　秸秆综合利用技术模式

（1）多元循环利用模式

该模式充分考量区域内秸秆利用方式、利用量及剩余量，通过集成多种秸秆利用技术，实现秸秆多元化循环利用。实施要点是集中配套完善的社会化服务体系和扶持政策，构建政府扶持和市场运作的综合管理机制，确保区域内秸秆全部得到处理利用。

1）模式特点

一是利用方式多元，区域内秸秆利用方式多样；二是以循环利用为主，采用秸秆—还田、秸秆—养殖—还田、秸秆—沼气—沼渣还田等途径实现循环。

2）典型案例

【案例：北京市顺义区秸秆多元循环利用】

北京市顺义区北务镇年产秸秆和蔬菜废弃物总量 6.63 万 t，其中小麦秸秆（0.13 万 t）通过机械化作业实现直接还田，玉米秸秆（0.4 万 t）进行青（黄）贮饲料化利用。顺义区推广秸秆（蔬菜废弃物）—沼气—农户生活用能—沼渣还田种植模式，可处理利用有机废弃物 1.8 万 t；利用蔬菜废弃物+秸秆生产有机肥模式，年处理有机废弃物 1.3 万 t；建设农村沼气工程，处理利用有机废弃物 3 万 t。同时探索建立秸秆收储运加工销售体系和秸秆综合利用管理体系，实现镇域秸秆多元循环的全量利用。

（2）还田利用主导模式

秸秆还田是当今世界上普遍重视的一项培肥地力的增产措施，在防治秸秆焚烧造成大气污染的同时，还有增肥增产的作用。还田利用主导模式是以秸秆直接还田肥料化利用为主、其他利用方式为辅的区域性秸秆处理利用模式。

1）模式特点

一是秸秆直接还田占绝对主导地位，秸秆机械化还田比例占区域可收集秸秆量的 80%以上；二是农机与农艺深度融合，要求粮食收获、秸秆粉碎、灭茬、翻耕、播种等机械在种类、数量上深度匹配，并配套适宜的农艺种植技术，以减少秸秆还田的负面效应。

秸秆还田的效果和秸秆的腐烂速度有直接关系，该模式主要适用于南方高温多雨地区，尤其丘陵山地地区就地资源化利用效果较好。

2）典型案例

【案例一：四川省丹棱县秸秆还田利用】

丹棱县按照“标本兼治、疏堵结合、属地管理、源头控制”的原则，采用镇政府出资或政府补贴的方式鼓励农户自行购买油菜脱粒粉碎机和秸秆粉碎机共计 15 台，并与多家水果专业合作社和家庭农场签订秸秆综合利用协议，将粉碎的秸秆还田施肥或腐热发酵成饲料。县农业局组织相关技术人员现场指导农户油菜秸秆集中堆沤还田技术，并制定了《丹棱县2018年秸秆综合利用工作方案》，开展多次培训指导。鼓励有机肥生产企业利用秸秆作为有机肥生产原料，鼓励平坦地区用油菜收割粉碎一体机将秸秆直接粉碎还田。

【案例二：内蒙古自治区秸秆还田利用】

内蒙古秸秆还田综合利用采用玉米联合收获机械边收获玉米边粉碎秸秆，实现秸秆第一次粉碎。机械收获后，秸秆粉碎不完全，难以翻压入土，通过机械二次粉碎，在灭茬的基础上秸秆长度可达到5 cm左右。按每亩2～4 kg用量及时、均匀喷洒秸秆腐熟剂，促进秸秆腐熟。喷洒腐熟剂的同时，每亩均匀施5 kg左右尿素，调节碳氮比。

【案例三：江苏省徐州市秸秆还田利用】

徐州地区秸秆还田的原则是“坚持麦秸还田为主，适度推广稻秆还田”。小麦秸秆机械化还田实施容易，农民接受度高，成本大约40元/亩，省财政按25元/亩标准进行补助，提升农民还田意愿。水稻秸秆机械化还田受到天气、土质、秸秆特质等的影响，实施困难，农民接受度低，成本大约为60元/亩，省财政补助标准也为25元/亩。徐州地区秸秆综合利用率为91%，提前达到2020年的全国标准（85%）。

【案例四：吉林省九台区秸秆还田利用】

九台区组织农业技术部门进行秸秆模式推广，结合农民的土地使用实际，根据保护性耕作应用推广情况，以及农民在应用过程中的认可程度，选取大面积适合机械化作业的地区，采取政府统一实施的方式，集中开展了秸秆深耕还田、堆沤还田以及宽窄行耕作等模式的秸秆还田示范推广项目，最大限度地实现秸秆无害化利用。2017年，九台区秸秆还田量达到41万t，占秸秆产量的31%。

（3）产业利用主导模式

该模式根据区域的自然条件、经济状况及社会需求，通过引进资金、先进技术和设施装备，在区域范围内做大、做强某个或某几个秸秆综合利用龙头企业，形成秸秆产业，完全消纳区域内全部剩余秸秆。同时实现秸秆从生产、加工到销售的完整链接，使秸秆由资源型的原料转化为增值性的商品。

1）模式特点

一是企业主导，按照市场化的运营方式，完成从秸秆收集、贮存、运输、生产以及转化产品销售的整个过程；二是秸秆产品商品化特征明显，有明确的产品标准和较为稳定的售价，能够在市场上进行公开交易并参与市场竞争；三是综合效益显著，不仅可以获得显著生态效益和社会效益，还具有较好的经济效益。

2）典型案例

【案例一：山东省某纸业集团研发秸秆高附加值产品】

山东省某纸业集团研发秸秆高附加值产品，首创本色纸制品和黄腐酸肥料，实现企业良好收益。一是以秸秆纤维素生产出高档纸品，首创秸秆本色纸制品。以秸秆纤维素开发的秸秆本色浆，不漂白，产品环保健康、特色鲜明，得到市场广泛认可。二是首创秸秆中提取高附加值黄腐酸技术，开发应用高端黄腐酸肥料产品。目前产品已在我国 30 多个省（市、区）4 000 万亩耕地面积上应用，在作物提质增产、增强抗逆、修复土壤、增效化肥农药等方面效果明显。

【案例二：内蒙古自治区秸秆饲料化和能源化综合利用】

内蒙古自治区秸秆综合利用主要为饲料化和能源化利用模式。

秸秆饲料化利用模式采取私建公助的形式，以秸秆资源丰富、牛羊优势集聚地区为重点，以旗（县）为单位，扶持有一定规模的企业和专业合作社建设专业化的秸秆饲料化利用加工企业，进行技术改造、装备升级，开展秸秆饲料商品化建设。在实施中，因地制宜完善秸秆资源收集、贮运体系，综合采取适宜的加工处理方式，开展符合区域农作物秸秆资源实际的饲料化开发利用，形成农作物秸秆饲料化利用收、贮、加、销一体化能力。

秸秆能源化利用模式向秸秆资源丰富、综合利用较好地区倾斜，优先扶持有实力、基础好、前景广、引领示范作用强的秸秆加工企业（组织、机构或个人）扩大再生产能力。以行政村为单位，重点支持“秸秆收集—颗粒燃料加工—户用节能炉具推广”等秸秆能源化利用模式。

【案例三：四川省浦江县秸秆制取高品质有机肥】

四川省蒲江县成立了由有机肥料生产企业、生态农业技术服务企业、畜禽养殖企业（合作社）、种植合作社组成的农业废弃物资源化利用服务联盟，依托专业公司的技术优势，实现蒲江县域的秸秆、畜禽粪便等农业废弃物综合利用。

联盟企业依托多家当地高校和科研院所，实现“产、学、研”有机结合，通过菌种选育、加工设备研发等技术攻关，把蒲江县域的秸秆、畜禽粪便等农业废弃物加工成高品质的生物有机肥。一方面减轻环境污染；另一方面明显增加产品中养分含量，氮含量提升10%～20%，易氧化有机质、腐殖酸含量明显提升。

6.2.4　农膜污染防治模式及典型案例

农膜污染防治主要包括两类模式：一类是废旧农膜回收利用模式；另一类是新型农膜替代模式。

6.2.4.1 回收网点+加工利用模式

回收网点和加工利用企业是开展废旧地膜回收利用工作的根本和核心，只有健全网点、做强企业，才能从根本上拉动废旧地膜回收和加工利用两个环节的工作开展，实现变废为宝和资源化利用。

（1）模式特点

该模式减少农膜污染，推进资源的可循环利用。但回收过程复杂（超薄地膜难回收），工作量大，监管困难。

（2）适用范围

适用于规模化生产、机械化程度高的地区。

（3）典型案例

【案例一：甘肃省推进农膜回收加工资源化利用】

近年来，甘肃省开展了大规模、多方面的农膜回收利用行动，效果良好，值得借鉴。

1）建立了完善的回收服务网络。全省按照“十有”标准，在 45 个废旧地膜回收利用示范县扶持新建了废旧地膜专业化回收网点 200 个，各示范县根据各地回收实际，合理布局网点，签订包片回收协议，督促网点以合理价格开展废旧地膜回收。各专业化回收网点积极参与开展“交旧领新”“以旧换新”活动，并负责对包片区域内农民未捡拾干净的废旧地膜进行了清理回收。同时鼓励回收网点引进适用本地区的废旧地膜回收机械，开展机械回收。张掖市甘州区建起规模不等的 9 家废旧塑料加工企业，可年回收废旧地膜 3 700 余 t、棚膜及其他农作物农膜近 3 300 t。政府协助回收企业设立乡镇集中回收点，在制种面积大、废旧农膜较为集中的村社统一规划设立废旧农膜机动回收站。全区 18 个乡镇共设立乡镇固定及流动回收网点 24 个、村级临时回收点 142 个。建设了一批田间垃圾收集设施，对废旧农膜进行定点堆放、定期处理，方便农民和废旧农膜经纪人交售。

2）扶持加工企业、补贴农户促进资源利用。采用“以奖代补”的方式，对各县废旧地膜回收加工龙头企业根据其回收加工量给予一定资金奖励，并督促其设置合理的回收价格，充分调动农民和经营者的积极性。甘肃省会宁县，常年地膜覆盖面积超过 130 万亩，现有规模以上加工企业 2 家、初级加工企业 8 家、乡村回收网点 28 个，常年从事废旧地膜收购的个体经营者 50 多人。由于使用高标准、易回收地膜已成为当地农民的普遍共识，加之回收每亩旧地膜可得约 11 元的补偿收益，平均每户旧膜增收可达 200~300 元，带动形成了符合当地实际的废旧地膜回收利用体系。

3）开展捡拾废旧农膜行动。张掖市甘州区组织全市机关干部针对废旧农膜污染防治，重点查找清理田间地头农用废旧地膜、棚膜和塑料袋残留等“白色污染”。各乡镇利用春秋两季组织种植农户、土地流转大户、制种企业、农场经营者和专业合作社，广泛开展废旧农膜捡拾及清理回收行动。并建立废旧农膜捡拾回收利用信用档案，按照农田中废旧农膜捡拾不干净不允许制种公司落实制种基地的刚性要求，全力做好农田残留地膜污染防治。

4）加强收购管理。明确乡镇在防治废旧农膜污染中的主体地位，要求乡镇在秋收期间组织人员逐村社逐地块开展废旧农膜捡拾指导和协调回收工作，指导农户将捡拾的废膜统一堆放并及时交售，严禁焚烧、填埋，甚至直接丢弃，确保在秋收结束后，彻底消灭田间地头、房前屋后等处的“白色污染”。

【案例二：江西省推进农膜回收加工资源化利用】

江西省安福县以政府宣传引导、企业积极带动、市场运作机制、多方共同参与为思路，以个体或企业投入为主、政府政策和资金扶持为辅的原则，加强废旧农膜回收综合加工利用工作。引进和建立废旧农膜塑料综合利用加工龙头企业、各乡镇设立废品回收网点，宣传和发动广大农户对废旧农膜塑料进行捡拾交售或置换，推动农村废旧农膜塑料的综合加工利用。

目前安福县已引进和建立多家废旧农膜塑料综合利用加工企业，初步建立废旧农膜及塑料包装袋捡拾、回收、综合加工利用的市场化运作模式，配套完善了相关扶持政策，废旧农膜回收利用率明显提高。

6.2.4.2　可降解地膜替代应用模式

可降解地膜是指暴露于自然环境条件下，在光、热、水、氧、污染物、微生物、昆虫以及风、沙、雨及机械力等联合作用下，引起降解的一类新型地膜。加快可降解地膜等新产品研发、推进可降解地膜替代普通地膜是解决农膜污染的重要途径。

（1）模式特点

可降解地膜使用后免回收，可降解为对环境无害的物质，具有环境友好性能。但加工成本高、科技投入大，使用时力学性能和耐水性能差。

（2）适用范围

南方高温湿润地区全年适用，北方干旱寒冷地区夏季作物适用。

（3）典型案例

【案例：甘肃省研发生产可降解农膜】

甘肃省组织开展各类试验示范，研究地膜残留的危害性、筛选有效提高回收率的农技措施、探索地膜减量化使用和替代产品使用新技术。通过对 2015—2017 年可降解地膜对比试验所获数据进行筛选，选择了两家适用性良好的可降解地膜产品，按照 2 000 亩的规模，在山丹县开展了全生物可降解地膜在覆土马铃薯上的大田示范。

6.2.4.3 可重复使用地膜减量模式

农膜重复利用不仅可以节约资源，还可以减少“白色污染”，是防治农膜污染的重要方式。2018 年 5 月，强制性国家标准《聚乙烯吹塑农用地面覆盖薄膜》（GB 13735—2017）正式颁布。新标准对地膜的适用范围、分类、产品等级、厚度和偏差、拉伸性能、耐候性能等多项指标进行了修订，明确要求在产品合格证明显位置标示“使用后请回收利用，减少环境污染”字样。

（1）模式特点

农膜重复利用对农膜质量和重复利用技术水平要求较高。

（2）适用范围

西北、东北等干旱寒冷地区为防止干旱和增加地温多使用加厚地膜，可实现重复利用。

（3）典型案例

【案例：甘肃省研发生产可重复使用农膜】

甘肃省委托兰州金土地塑料制品有限公司研发生产的环保高效地膜，厚度达 0.15～0.22 mm，可反复使用 5～8 个种植周期，且在 8 个种植周期后，仍具有较好的完整性和较强的拉伸强度，可全部回收再利用，实现了地膜的减量化、全回收、零污染。目前，该项技术正在甘肃省 17 个县的蔬菜作物上进行试验示范。

参考文献

[1] 王西琴，李蕊舟，李兆捷. 我国农村环境政策变迁：回顾、挑战与展望[J]. 现代管理科学，2015，10：28-30.

[2] 金书秦，韩冬梅. 我国农村环境保护四十年：问题演进、政策应对及机构变迁[J]. 南京工业大学学报（社会科学版），2015，6：71-78.

[3] 国家统计局. 1999—2007 年历年国民经济和社会发展统计报告[EB/OL]. http：//www. stats. gov. cn/tjsj/tjgb/ndtjgb/.

[4] 国家统计局. 1999—2016 年历年中国统计年鉴[EB/OL]. http：//www. stats. gov. cn/tjsj/tjgb/ndtjgb/.

[5] 生态环境部. 2017 年中国生态环境状况公报[EB/OL]. http：//www. mee. gov. cn/hjzl/zghjzkgb/Lnzghjzkgb/.

[6] 中国政府网. 第三次全国农业普查主要数据公报（第三号）[EB/OL]. http：//www. gov. cn/xinwen/2017-12/15/content_5247339. htm.

[7] 中华人民共和国环境保护部. 2011 年至 2015 年各年度环境统计年报[M]. 北京：中国环境出版社，2011—2015 年.

[8] 生态环境部. 2016 年中国生态环境状况公报[EB/OL]. http：//www. mee. gov. cn/hjzl/zghjzkgb/Lnzghjzkgb/.

[9] 中国政府网. 水污染防治行动计划[EB/OL]. http：//www. gov. cn/zhengce/content/2015-04/ 16/content_9613. htm.

[10] 联合国粮农组织. 世界渔业和水产养殖状况（SOFIA）报告. http：//www. cnafun. moa. gov. cn/zl/zsgx/201809/t20180917_6157461. html.

[11] 金书秦，张慧，吴娜伟. 2016 年化肥、农药零增长行动实施结果评估[J]. 环境保护，2018，1：45-49.

[12] 顾飞红. 明治时期日本殖产兴业政策及其演变[D]. 苏州大学，2004：4-32.

[13] 蓝庆新，张秋阳. 日本城镇化发展经验对我国的启示[J]. 城市，2013，8：34-37.

[14] 武春芳. 中国日本乡村现代化进程中若干发展领域的比较研究[D]. 杨凌：西北农林科技大学，2009：19-28.

[15] 郭冬梅. 战后日本农村地域社会的变迁[J]. 日本学论坛，2001，1：39-42.

[16] 焦必方，翟孝强. 日本“干净”的农村现代化得益于何？[J]. 环境保护，2010，8：16-18.

[17] 南川秀树，等. 日本环境问题改善与经验[M]. 北京：社会科学文献出版社，2017.
[18] 周维宏. 现代日本农村改革历程回顾[J]. 中国农村研究，2014，2：247-258.
[19] 刘吉双. 日本农村耕地保护制度与职业农民就近就地城镇化[J]. 学术交流，2017，8：135-140.
[20] 史磊，郑珊. 日本农村环境治理中的农户参与机制及启示[J]. 世界农业，2017，10：48-53.
[21] 王夏晖，张惠远，等. 农村环境保护：国内外的经验、做法与启示[J]. 环境保护，2009，6：24-26.
[22] 郅锦. 日本环境教育体制的特点及启示[J]. 赤峰学院学报，2018，3：139-141.
[23] 刘继和. 日本推进学校环境教育的若干措施[J]. 比较教育研究，2000，1：303.
[24] 姚忠，辛在军，吴永明，等. 日本里山环境管理模式及对我国新农村建设的启示[J]. 生态与农村环境学报，2017，9：769-774.
[25] 王国华. 日本农业环境政策体系分析与评价[J]. 世界农业，2014，2：92-96，100，179-180.
[26] 许勤. 美国、日本农业清洁生产补偿政策模式及其对中国的启示[J]. 中外企业家，2017，7：85-86，266.
[27] 付晓玫. 欧盟、美国及日本化肥减量的法律法规与政策及其适用性分析[J]. 世界农业，2017，10：80-86.
[28] 农业农村部. 农业部办公厅关于印发《重点流域农业面源污染综合治理示范工程建设规划（2016—2020年）》的通知，http：//www. moa. gov. cn/nybgb/2017/dsiqi/201712/t20171230_6133444. htm.
[29] 农业农村部. 农业部关于实施农业绿色发展五大行动的通知[EB/OL]. http：//www.moa.gov.cn/govpublic/BGT/201704/t20170426_5584189. htm.
[30] 韩智勇，费勇强，刘丹，等. 中国农村生活垃圾的产生量与物理特性分析及处理建议[J]. 农业工程学报，2017，33（150）：1-14.
[31] 中央农办、农业农村部等18部门印发《农村人居环境整治村庄清洁行动方案》的通知（农社发农社发〔2018〕1号）.
[32] 农村生活污染防治技术政策（环发〔2010〕20号）.
[33] 住房和城乡建设部等部门关于全面推进农村垃圾治理的指导意见（建村〔2015〕170号）.
[34] 安鑫龙，周启星. 水产养殖自身污染及其生物修复技术[J]. 环境污染治理技术与设备，2006，7(9)：1-6.
[35] 陈光莉. 分析水产养殖自身污染及防治[J]. 基层建设，2017（8）.
[36] 陈国鑫. 水产养殖水中抗生素的残留特性及其去除技术研究[D]. 广州：广东工业大学，2015.
[37] 李绪兴. 水产养殖与农业面源污染研究[J]. 安徽农学通报，2007（11）：61-67.
[38] 罗琳，舒廷飞，温琰茂. 水产养殖对近海生态环境的影响[J]. 水产科学，2002（3）：28-30.
[39] 湖北洪湖市采取五项措施应对水产饲料价格上涨[OL]. 中国农业网，2014.
[40] 王国清. 回形池种青养鱼淹青时的几点建议[J]. 渔业致富指南，2009（11）：66.

[41] 蒋明健，周春龙. 池塘“一改五化”集成养殖技术[J]. 农村新技术，2018（8）：28-29.

[42] 萧蕾，洪彦. 都市农业新技术　鱼菜共生系统及其立体化案例研究[J]. 风景园林，2014（4）：117-120.

[43] 张晓双，傅玲琳，吕振明，等. 国内外循环式工厂化水产养殖模式研究进展[J]. 饲料工业，2017，38（6）：61-64.

[44] 汤健. 循环水养殖系统：水产养殖的工业化新时代[N]. 农财宝典，2015-02.

[45] 胡金城，于学权，辛乃宏，等. 工厂化循环水养殖研究现状及应用前景[J]. 中国水产，2017（6）：94-97.

[46] 刘晃，张宇雷，吴凡，等. 美国工厂化循环水养殖系统研究[J]. 农业开发与装备，2009（5）：10-13.

[47] 罗国芝，朱泽闻，潘云峰，等. 生物絮凝技术在水产养殖中的应用[J]. 中国水产，2010（2）：62-63.

[48] 受控式集装箱循环水绿色生态养殖技术现场观摩记 [OL]. http：//www. farmer. com. cn/jjpd/yy/scyz/201901/t20190104_1426263. htm.

[49] 孙璐君. 大鳞鲃受控式集装箱循环水养殖技术[J]. 科学养鱼，2018（11）：39-40.

[50] 罗刚，刘兴国，张海琪，等. 全域治尾水　加快促转型　德清县开启水产养殖绿色发展新时代——浙江省德清县养殖尾水排放综合治理调研报告[J]. 中国水产，2018（1）：32-35.

[51] 乐清实施全域渔业养殖尾水治理[OL]. http：//www. yueqing. gov. cn/art/2018/10/9/art_1322072_21685905. html.

[52] 石有龙. 中国畜牧业发展现状与趋势[J]. 兽医导刊，2018，11：7-10.

[53] 农业部畜牧业司，全国畜牧总站. 中国畜牧业统计[M]. 北京：中国农业出版社，2017.

[54] 贺晋瑞. 畜牧生产过程对环境的污染与防治对策[J]. 卫生检疫，2008，29（4）：29-30.

[55] 陈晓鸥，贾永全. 规模化畜禽养殖污染现状及防治对策[J]. 中国畜牧兽医，2007，34（5）：137-138.

[56] 王湧，曹冬梅. 畜禽粪便中重金属污染现状及控制[J]. 猪业科学，2016，33（5）：48-49.

[57] 世界渔业和水产养殖状况[R]. 联合国粮农组织，2018.

[58] 要重视池塘水产养殖环境问题[J]. 环境发展专报，2018（32）.

[59] 白由路. 我国肥料产业面临的挑战与发展机遇[J]. 植物营养与肥料学报，2017，23（1）：1-8.

[60] 国家统计局. 中国统计年鉴[EB/OL]. http：//www. stats. gov. cn/tjsj/ndsj/.

[61] 金书秦，张惠，付饶，等. 化肥零增长行动实施状况中期评估[J]. 环境保护，2019，2：39-43.

[62] 尚来贵，张岩竹. 长期施用有机肥土壤磷素的演变规律研究[J]. 农业开发与装备，2013，8：46.

[63] 郑良永，杜丽清. 我国农业化肥污染及环境保护对策[J]. 中国热带农业，2013，2：82-84.

[64] 中国农村经济统计资料（1949—1996）[M]. 中国农业出版社，1997.

[65] 中国知网. 中国农业年鉴[EB/OL]. http：//tongji. cnki. net/kns55/navi/HomePage. aspx？id= N2013060001&name=YZGNV&floor=1.

[66] 刘松林. 我国农作物病虫害防治工作现状及展望[J]. 全国生物防治学术讨论会论文摘要，1995，10：45-47.

[67] 顾旭东. 我国农药产品结构调整取得重大进展[J]. 中国农药，2009，4：6，9-12.
[68] 卜元卿，孔源，智勇，等. 化学农药对环境的污染及其防控对策建议[J]. 中国农业科技导报，2014，16（2）：19-25.
[69] 王未，黄从建，张满成，等. 我国区域性水体农药污染现状研究分析[J]. 环境保护科学，2013，5：9-13.
[70] 统计年鉴分享平台. 全国农产品成本收益资料汇编 2017[EB/OL]. http：//www. yearbookchina. com/navibooklist-N2017120269-1.html.
[71] 于秋竹，孙国徽. 我国农作物秸秆资源量变化的研究[J]. 现代化农业，2018，9：13-15.
[72] 厉青. 基于卫星遥感的秸秆焚烧监测及对空气质量影响分析[J]. 生态与农村环境学报，2009，25（1）：32-37.
[73] 中国知网. 中国农村统计年鉴[EB/OL]. http：//tongji. cnki. net/kns55/navi/HomePage. aspx？id=N2017030076&name=YMCTJ&floor=1.
[74] 张丽娟. 2014—2015 年夏秋收期间全国秸秆焚烧遥感监测结果对比分析[J]. 环境与可持续发展，2016，6：61-65.
[75] 周荣，王延锋. 测土配方施肥技术应用现状及对策[J]. 乡村科技，2018，20：104-105.
[76] 刘如清. 湖南省测土配方施肥的主要模式[J]. 湖南农业，2011，3：20.
[77] 马常宝. 美国艾奥瓦州测土配方施肥现状与启示[J]. 世界农业，2007，1：58-59.
[78] 赵跃，黄楠，刘继培，等. 生物有机肥替代化肥对番茄产量和品质及土壤养分的影响[J]. 中国农技推广，2019，2：57-59.
[79] 林玉秋，王春艳，李秀娟. 有机肥的优缺点及开发利用措施[J]. 资源与环境科学，2018，6：180.
[80] 金书秦. 农药包装回收是农业面源污染治理的重要突破口[J]. 农药科学与管理，2016，37（9）：1-3.
[81] 林漫莎，段宗超，左两军，等. 包装管理视角下农药包装废弃物回收项目实施的困境与思考[J]. 广东农业科学，2018，45（9）：166-172.
[82] 徐小俊，孙继华. 农作物病虫害全面实施绿色防控的思考——以海南省绿色防控实施情况为例[J]. 农业开发与装备，2016，6：122-124.
[83] 欧高财，郑和斌，任凡，等. 农作物病虫害绿色防控发展制约因素及解决对策[J]. 中国植保导刊，2012，8：59-62.
[84] 刘玥含，王彤璐，王欲晓，等. 徐州地区秸秆综合利用的比较研究[J]. 农民致富之友，2019，6：99-100.
[85] 乔岩，李新军，郑书恒，等. 北京市草莓病虫害绿色防控技术应用现状及发展对策建议[J]. 中国植保导刊，2019，6：82-84.
[86] 吉林日报. 开启“绿色模式”——打造全国秸秆综合利用新样板的九台区实践[J]. 吉林农业，2019，

2：14-15.

[87] 李景潮. 张掖市甘州区农田残膜回收治理情况及建议[J]. 农业机械，2018，11：90-94.

[88] 曾林泉. 废旧农膜全面回收利用，促使化肥、农药使用零增长[J]. 农业开发与装备，2017，9：123.

[89] 赵记军，唐继荣，李崇霄，等. 推进甘肃省废旧地膜回收与综合利用的“五化”措施问题研究[J]. 河北农业科学，2018，22（2）：89-91.

[90] 周德庆，张志华. 绿色食品渔药实用技术手册[M]. 北京：中国农业出版社，2016.

[91] 国家统计局. 中国渔业统计年鉴[EB/OL]. http：//www. yearbookchina. com/naviBooklist-n3018112801-1. html.

[92] 中华人民共和国中央人民政府. 国新办就《关于加快推进水产养殖业绿色发展的若干意见》有关情况举行发布会. http：//www. gov. cn/xinwen/2019-02/15/content_5365939. htm#1.

[93] 国家统计局. 第一次全国污染源普查公报[EB/OL]. http：//www. stats. gov. cn/tjsj/tjgb/qttjgb/qgqttjgb/201002/t20100211_30641. html.

[94] 中国水产科学研究院. 2015 年中国渔业生态环境状况公告[EB/OL]. http：//www. cafs. ac. cn/kxyj/yysthjzkgb. htm.

[95] 环境保护部. 2016 年中国环境状况公报. http：//www. mee. gov. cn/hjzl/zghjzkgb/Lnzghjzkgb/.

[96] 生态环境部. 2017 年中国生态环境状况公报. http：//www. mee. gov. cn/hjzl/zghjzkgb/Lnzghjzkgb/201805/P020180531534645032372.

[97] ALICE N. PELL. Integarted Corp-Livestock Management systems in sub-saharan africa[J]. Enviornment. Development and Sustainability，1999，1：337-348.